Más allá de la modularidad
La ciencia cognitiva desde la perspectiva del desarrollo

Alianza Psicología Minor

Annette Karmiloff-Smith

Más allá de la modularidad

La ciencia cognitiva desde la perspectiva del desarrollo

Versión española de
Juan Carlos Gómez Crespo (capítulos 1 a 4 y 7 a 9)
María Núñez Bernardos (capítulos 5 y 6)

Alianza Editorial

Título original: *Beyond Modularity. A Developmental Perspective on Cognitive Science*

Reservados todos los derechos. De conformidad con lo dispuesto en el art. 534-bis del Código Penal vigente, podrán ser castigados con penas de multa y privación de libertad quienes reprodujeren o plagiaren, en todo o en parte, una obra literaria, artística o científica fijada en cualquier tipo de soporte sin la preceptiva autorización.

© 1992 Massachusetts Institute of Tecnology
© Ed. cast.: Alianza Editorial, S. A., Madrid, 1994
  Calle Juan Ignacio Luca de Tena, 15; 28027 Madrid; teléf. 741 66 00
  ISBN: 84-206-7711-6
  Depósito legal: M. 40.315-1994
  Fotocomposición: EFCA, S. A.
  Avda. Doctor Federico Rubio y Galí, 16. 28039 Madrid
  Impreso en: Milofe, S. L. Río Tormes, 12. Pol. Ind. «El Nogal». Algete (Madrid)
  Printed in Spain

ÍNDICE

Prefacio 13

CAPÍTULO 1. EL DESARROLLO, TOMADO EN SERIO 17

¿Es modular la arquitectura inicial de la mente infantil? 18
Módulos predeterminados y proceso de modularización 21
¿Qué constituye un dominio? 23
El desarrollo desde la perspectiva de la generalidad de dominios 24
El desarrollo desde la perspectiva de la especificidad de dominios 25
Cómo reconciliar el innatismo con el constructivismo de Piaget 27
La noción de restricciones del desarrollo 30
Nuevos paradigmas para estudiar a los bebés 30
Más allá de las restricciones de dominio específico: el proceso de
    redescripción representacional 33
El modelo RR 36
La importancia de la perspectiva del desarrollo para la ciencia cognitiva .. 46
La importancia de la perspectiva de la ciencia cognitiva para el desarrollo 47
Plan del libro 49

CAPÍTULO 2. EL NIÑO COMO LINGÜISTA 51

La adquisición del lenguaje como proceso de dominio general: el
    bebé piagetiano 53
La adquisición del lenguaje como proceso de dominio específico: el
    niño innatista 56
La sensibilidad del bebé y del niño a las restricciones semánticas 62
La sensibilidad del bebé y del niño a las restricciones sintácticas 66

La necesidad de facilitación [*bootstrapping*] tanto semántica como sintáctica 68
Más allá de la infancia 70
El modelo RR y cómo convertirse en un pequeño lingüista 71
De la maestría conductual al conocimiento metalingüístico sobre las palabras 75
De la maestría conductual al conocimiento metalingüístico del sistema de los artículos 78
Más allá de la palabra y de la oración 85
Del bebé innatista al lingüista constructivista 88

CAPÍTULO 3. EL NIÑO COMO FÍSICO 91

La comprensión del mundo físico: el niño piagetiano 91
La comprensión del mundo físico: el niño innatista 93
Restricciones sobre la percepción de objetos en la primera infancia 93
La comprensión de la conducta de los objetos: principios innatos y aprendizaje posterior 100
La permanencia de los objetos, reconsiderada 101
El estatus representacional del conocimiento precoz: ¿tienen teorías los bebés? 105
Cómo convertirse en un pequeño teórico 106
La distinción entre lo animado y lo inanimado: de la maestría conductual al conocimiento metalingüístico 107
Las leyes de la gravedad y del par: de la maestría conductual al conocimiento metacognitivo 111
La redescripción representacional y la construcción de teorías 117

CAPÍTULO 4. EL NIÑO COMO MATEMÁTICO 119

La adquisición del número como proceso de dominio general 119
La oposición al punto de vista de Piaget 121
La adquisición del número como proceso de dominio específico innatamente guiado 124
El papel de la «subitización»: ¿perceptivo o conceptual? 127
Restricciones sobre el aprendizaje del recuento 129
El estatus representacional del conocimiento temprano del número . 133
Cómo se aprende el lenguaje del recuento numérico y de las matemáticas 135
¿Es esencial la notación matemática para el desarrollo del número? . 137

Cómo reconciliar los principios de recuento de dominio específico
  con la incapacidad de conservar: universales culturales 138
Cómo convertirse en un pequeño matemático 141
El conocimiento metamatemático: cómo cambia la teoría del niño
  sobre el número 141
El número en especies no humanas 143
El modelo RR y la representación del número en el niño humano.... 146

CAPÍTULO 5. EL NIÑO COMO PSICÓLOGO 147

La perspectiva piagetiana del niño como psicólogo 148
La perspectiva de la especificidad de dominio: prerrequisitos de la
  teoría de la mente en el bebé 148
Qué aspecto tienen los miembros de la propia especie 149
Cómo interactúan los miembros de la propia especie 152
La teoría de la mente en especies no humanas 155
¿Qué hay de especial en los cómputos de la teoría de la mente? 158
La teoría de la mente del niño preescolar 159
¿Es el lenguaje fundamental para distinguir las actitudes proposi-
  cionales de los contenidos proposicionales? 161
El desarrollo en el niño de la psicología de creencias y deseos 163
El modelo RR y los cambios en la teoría de la mente de los niños..... 164
¿Debería situarse la teoría de la mente en un contexto de dominio
  general más amplio? 167
¿Es la teoría de la mente igual que cualquier otro proceso de cons-
  trucción de teorías? 171

CAPÍTULO 6. EL NIÑO COMO GRAFISTA 173

¿Implica la precedencia derivación? 174
La notación desde la perspectiva de dominio general 175
Un enfoque de dominio específico de la notación 176
La competencia notacional de los niños antes de la adquisición de
  los sistemas alfanuméricos 178
El modelo RR y las primeras destrezas gráficas 180
Biología frente a cultura: la paradoja de los sistemas de notación...... 182
El empleo del dominio de las notaciones para explorar el modelo
  RR y el cambio microgenético... 184
La importancia de la maestría conductual 191
Restricciones sobre la redescripción representacional 192
Las representaciones implícitas y su estatus procedimental 199

RR y la relajación progresiva de las restricciones secuenciales.......... 200
El cambio por causas exógenas y por causas endógenas..................... 201

Capítulo 7. Innatismo, especificidad de dominio y constructivismo piagetiano 203

La especificidad de dominios y la teoría piagetiana.................... 204
Especificidad de dominio y desarrollo anormal........................... 206
¿Qué queda de la teoría de Piaget? 210

Capítulo 8. La elaboración de modelos del desarrollo: redescripción representacional y conexionismo 215

Enfoques «duros» y enfoques «blandos» en la construcción de modelos del desarrollo 215
Arquitectura básica de los modelos conexionistas............................. 217
Innatismo y conexionismo.. 220
Especificidad de dominio y conexionismo 221
Maestría conductual y conexionismo.. 222
Representaciones implícitas y conexionismo..................................... 223
Representaciones explícitas y conexionismo..................................... 228
¿Qué falta en los modelos conexionistas del desarrollo?.................... 230
¡En este libro no hay diagramas de flujo!.. 232

Capítulo 9. Especulaciones a modo de conclusión................. 235

Epílogo para la edición española.. 239

Notas.. 247

Bibliografía 257

Índice analítico 287

Para Marek y Samuel

PREFACIO

Este libro no sólo pretende llegar a los psicólogos del desarrollo infantil, sino también convencer a estudiantes y científicos de otras áreas de la ciencia cognitiva —la filosofía, la antropología, la lingüística, la etología, la psicología cognitiva de las personas adultas, la neurociencia, la ciencia de los ordenadores— de que el estudio del desarrollo cognitivo debe tratarse como una ciencia teórica seria, capaz de contribuir a la cuestión de cómo se encuentra organizada internamente la mente humana, y no sólo como una simple base de datos empíricos acerca de *cuándo* empiezan a observarse las conductas externas. Actualmente, buena parte de la bibliografía se centra en lo que la ciencia cognitiva puede ofrecer al estudio del desarrollo. En este libro me concentro en lo que la adopción de la perspectiva del desarrollo puede ofrecer a la ciencia cognitiva.

A medida que la concepción piagetiana del bebé sensoriomotriz se va viendo seriamente socavada por los nuevos paradigmas que han surgido para el estudio de la infancia, la batalla entre innatismo y constructivismo alza, una vez más, sus más bien poco constructivos estandartes. En este libro no opto por ninguna de estas dos posturas epistemológicas; una, a favor de un conocimiento predominantemente preestablecido; la otra, a favor de una base innata mínima en la que se basan los subsiguientes aprendizajes de dominio general. Mi suposición es, en cambio, que el innatismo y el constructivismo piagetiano son esencialmente complementarios, y que la teoría última del conocimiento humano abarcará aspectos tomados de ambos. La situación actual de la elaboración de teorías sobre el desarrollo es tal que parece un momento adecuado para explorar las posibilidades de integrar el innatismo y el constructivismo piagetiano.

Pasé unos trece años inmersa en la teoría de Piaget en la Universidad de Ginebra, primero como estudiante y después como colaboradora de investigación. Durante ese tiempo, los piagetianos autóctonos siempre me consideraron una hereje, tanto en lo personal como en lo teórico. Me negaba a dirigirme a Piaget como el *Patrón*, es decir, el «Jefe», que era lo que él esperaba que todo el mundo hiciese en su departamento; me atreví a poner por escrito la idea de que Piaget había subestimado el papel del lenguaje en el desarrollo cognitivo; y lo peor de todo es que yo defendía que el desarrollo sensoriomotor por sí solo nunca podría explicar cómo se producía el despegue inicial en la adquisición del lenguaje, que tenía que existir algún componente innato, aunque en el desarrollo posterior operasen procesos más generales. Y, sin embargo, cada vez que salía por el ancho y vasto mundo de los congresos de psicología, se me consideraba como una constructivista piagetiana prototípica, conocedora de Descartes, Kant y Hume, pero que ni siquiera había oído hablar de la revista *Child Development*.

¿Es este extraño cóctel de cavilaciones teóricas piagetianas y antipiagetianas síntoma de un principio de esquizofrenia epistemológica? No; más bien creo que refleja el estado de la teorización sobre el desarrollo en estos últimos años, cuando la teoría de sistemas dinámicos y el conexionismo han empezado a ofrecer modelos formales de una serie de ideas piagetianas, al mismo tiempo que la investigación sobre la infancia indica que la mente humana posee más fundamentos innatos de lo que se había supuesto hasta ahora. Los piagetianos conceden al bebé humano un nivel absolutamente mínimo de estructura innata. Los innatistas, en cambio, atribuyen al recién nacido una gran cantidad de conocimiento preestablecido y relativo a dominios específicos, relegando al aprendizaje a un papel de menor importancia. Sin embargo, estas dos epistemologías no tienen por qué ser mutuamente excluyentes en una teoría del desarrollo. En este libro sostengo que un aspecto fundamental del desarrollo humano es el proceso mediante el cual la información que se encuentra *en* un sistema cognitivo (aspecto que capta parcialmente la actitud innatista) se convierte en conocimiento *para* ese sistema (aspecto que capta parcialmente la actitud constructivista). Las discusiones teóricas se ilustran con descubrimientos empíricos relativos tanto al desarrollo lingüístico como no lingüístico. Este libro pretende entusiasmar al lector con las posibilidades que puede ofrecer una perspectiva sobre el desarrollo que abarque tanto las predisposiciones innatas como el constructivismo.

Muchos amigos y colegas han influido sobre mis pensamientos, entre ellos, ni que decir tiene, Jean Piaget, Bärbel Inhelder, Mimi Sinclair y sus numerosos colaboradores de la Universidad de Ginebra. Si a veces parezco algo antipiagetiana, en modo alguno debe esto desmerecer la enorme influencia que mis estudios y mis trabajos en la Universidad de Ginebra siguen teniendo sobre mi pensamiento. Me gustaría también tener unas palabras de especial reconocimiento para las fecundas discusiones de los últimos años con todos mis colegas, antiguos y actuales, de la Cognitive Development Unit del Medical Research Council en Londres, especialmente su director, John Morton. La CDU ha constituido un entorno de trabajo sumamente estimulante, gracias en gran medida al hondo compromiso de John tanto con los avances teóricos como experimentales. Las reuniones semanales del cuerpo docente de ciencia cognitiva del University College de Londres, organizadas por David Green, también me han proporcionado un activo foro para explorar ideas. También me gustaría dejar constancia de las sugerentes discusiones que, en distintos momentos, he sostenido con Liz Bates, Ursula Bellugi, Ellen Bialystok, Susan Carey, Andy Clark, Jeff Elman, Rochel Gelman, Ed Klima, Jay McClelland, Lila Gleitman, Lissa Newport, David Premack, Lolly Tyler y, sobre todo, Jean Mandler. Distintas personas me hicieron generosamente comentarios sobre diferentes capítulos del libro: Simon Baron-Cohen, Maggie Boden, Mani DasGupta, Jeff Elman, Rochel Gelman, Ron Gold, Francesca Happé, John Morton, Joseph Perner y Jim Russell. Los ánimos de Uta Frith me resultaron de especial ayuda para evitar que arrojara la toalla cuando me empantanaba en los comentarios críticos de otras personas.

Quiero dar las gracias sobre todo a Susan Carey, por su laboriosa lectura de la totalidad del texto y las numerosas páginas de sugerencias constructivas que me proporcionó, sacando a la luz incoherencias y planteando cuestiones profundas y difíciles, y a Julia Grant, que peinó cada página en busca de incorrecciones lingüísticas y conceptuales, actuó como mensajera mientras yo estaba en Pittsburgh haciendo el trabajo de última hora con las referencias y las figuras, y se comportó en todo momento como una colega y amiga maravillosa. Rich Lehrer leyó el manuscrito desde el punto de vista del psicólogo educativo; Marie-Claude Jones, desde el del estudiante de licenciatura, y Yuko Munakata, desde el del estudiante de doctorado. Todos ellos me hicieron muchas sugerencias valiosas. Leslie Tucker me ayudó en la lectura de pruebas.

Hay que ser una clase especial de editor para tener la generosidad de ofrecer comentarios editoriales a pesar de que el libro no se vaya a publicar en su propia casa; por eso he de estar especialmente agradecida a Philip Carpenter por sus impresiones sobre el capítulo 1. Las llamadas a media noche de Betty y Harry Stanton me recordaban de la manera más encantadora posible que debía volver al ordenador cuando las cosas se habían puesto difíciles. Teri Mendelsohn me fue de vital ayuda cuando el manuscrito se acercaba a su fin; ¡sé que, de haber sido posible, me habría enviado té de jazmín a través del correo electrónico para ayudarme a superar las últimas noches! Paul Bethge, de MIT Press, ha realizado un espléndido trabajo editorial. Igor Karmiloff me ayudó con sus sugerencias editoriales como profesional fuera del campo de la psicología y me permitió usar su hermoso hogar de Provenza para escribir algunos de los capítulos.

Por último, quiero expresar mi especial agradecimiento a mis queridos amigos Marek Dobraczynski Johnson y Samuel Guttenplan. Leyeron, releyeron y (¡oh, no, otra vez no!) volvieron a leer diferentes partes del texto, dándome su impresión desde el punto de vista de la neurociencia cognitiva y la filosofía, respectivamente. Le estaré eternamente agradecida a Samuel por haberme convencido de que me gastara todos mis ahorros en un buen ordenador, y a Marek a quien debo especial agradecimiento por tantas cosas, entre otras por arrastrarme a ir a conciertos de jazz y exposiciones de arte como gentil recordatorio de que hay más cosas en la vida que escribir un libro (él ya había terminado el suyo). Fiona Crampton-Smith y Connie Musicant me sacaron a hacer ejercicio cuando menos me apetecía pero más lo necesitaba. Mis hijas, Yara y Kyra, leyeron varios fragmentos del manuscrito haciéndome comentarios crudos, pero valiosos, sobre su ininteligibilidad; también aprendieron a invertir los papeles y cuidarme ellas a mí.

Capítulo 1
EL DESARROLLO, TOMADO EN SERIO

> *La naturaleza se las ha arreglado para tener las dos cosas, lo mejor de los sistemas estúpidos pero rápidos y lo mejor de los sistemas contemplativos pero lentos, simplemente negándose a elegir entre ambos.*
> (Fodor, 1985, p. 4).

¿Se ha parado a pensar alguna vez en la gran cantidad de psicólogos infantiles que son reacios a atribuir predisposiciones innatas al bebé humano? Estos psicólogos, en cambio, no dudarían en hacerlo con respecto a la hormiga, la araña, la abeja o el chimpancé. ¿Por qué iba la Naturaleza a dotar a todas las especies, excepto a la humana, de predisposiciones específicas? Pero, si resulta que todas las especies poseen predisposiciones de ese tipo, que la mayoría es capaz de sostener una meta aunque cambien las condiciones ambientales y que la mayoría tiene también la capacidad de aprender en interacción con sus congéneres y el entorno físico, ¿qué tiene entonces de especial el conocimiento humano? ¿Se trata sencillamente de que el *contenido* del conocimiento difiere de una especie a otra? ¿Es el lenguaje el que hace que los seres humanos seamos especiales? ¿O es que en la mente humana se ponen en juego procesos cualitativamente distintos? ¿El cambio cognitivo del ser humano afecta a todos los dominios del conocimiento simultáneamente o el desarrollo se produce de manera específica en cada dominio? ¿Son las diferencias entre especies importantes sólo en lo que respecta al conocimiento de los individuos adultos o los seres humanos difieren de las demás especies desde el momento mismo del nacimiento?

El objetivo de este libro es abordar estas cuestiones y demostrar que al niño recién nacido se le pueden atribuir distintas predisposiciones innatas, sin que eso suponga negar el papel de los ambientes físico y sociocultural ni poner en peligro esa convicción, tan profundamente asentada en nosotros, de que somos especiales: creativos, de cognición flexible, capaces de reflexionar conscientemente, de hacer invenciones e innovaciones y, en ocasiones, también de cometer estupideces sin límite.

¿Es modular la arquitectura inicial de la mente infantil?

El libro publicado por Fodor en 1983, *La modularidad de la mente* (que critico más adelante), tuvo una importante repercusión sobre las teorías del desarrollo porque sugería cómo las tesis innatista y de la especificidad de dominios del conocimiento son pertinentes para el problema de cuáles son las restricciones que posee la arquitectura de la mente humana. Para Fodor, la idea de «arquitectura» se refiere a la organización mediante especificaciones innatas relativamente fijas y sumamente restringidas, es decir, a los rasgos invariantes del sistema de procesamiento de información del ser humano. A diferencia de Bruner (1974-75) y Piaget (1952b), que defienden la idea de que el desarrollo es general para todos los dominios, Fodor sostiene la idea de que la mente está compuesta de «módulos» o sistemas de entrada de datos genéticamente especificados, de funcionamiento independiente y dedicados a propósitos específicos [1]. Al igual que Fodor, voy a usar las expresiones «módulo» y «sistema de entrada de datos» [*input systems*] como sinónimos. Cada módulo funcionalmente distinto tiene procesos propios con dedicación exclusiva y posee sus propias entradas de datos.

Según Fodor, la información procedente del ambiente externo pasa primero por un sistema de transductores sensoriales, los cuales transforman los datos poniéndolos en el formato que puede procesar cada sistema especializado de entrada. A su vez, cada sistema de entrada produce datos en un formato común adecuado para el procesamiento central de dominio general. Se considera que los módulos están preestablecidos (es decir, no se montan a partir de procesos más primitivos), poseen una arquitectura nerviosa fija, son específicos de cada dominio, rápidos, autónomos, obligatorios, automáticos, están activados por el estímulo, producen datos superficiales/poco elaborados *shallow* y son insensibles a las metas cognitivas de los procesos centrales.

Una característica adicional de los módulos es que se encuentran informativamente encapsulados (o, en palabras de Pylyshyn [1980], son «cognitivamente impenetrables»). Las otras partes de la mente no pueden influir en el funcionamiento interno de un módulo ni tener acceso a él, sólo a los datos que produce. Los módulos sólo tienen acceso a la información procedente de estadios de procesamiento situados a niveles inferiores, no a la información de procesos que ocurren de arriba abajo. Esto quiere decir que lo que nuestra mente sabe o cree no puede afectar al funcionamiento de un módulo.

Para Fodor, la característica esencial de los módulos es su encapsulamiento informativo. No se pronuncia acerca de si los módulos también pueden considerarse encapsulados desde el punto de vista de los recursos (es decir, si distintos módulos pueden compartir, pongamos por caso, unos mismos algoritmos inductivos [2]). En defensa del encapsulamiento informativo, Fodor cita el ejemplo de las ilusiones perceptivas, como la ilusión de Müller-Lyer (figura 1.1). En esa ilusión, aunque los sujetos hayan medido las dos líneas y, por consiguiente, tengan conocimiento explícito de que miden lo mismo, no pueden dejar de ver una de las líneas como si fuera más larga que la otra, en función de la dirección en que se orientan las puntas de flecha de sus extremos. El conocimiento explícito del sujeto sobre la igualdad de longitud de las líneas, localizado en lo que Fodor llama el «sistema central», no se encuentra a disposición del sistema perceptivo para computar las longitudes relativas. En otras palabras, el módulo de procesamiento perceptivo es independiente y no tiene acceso a la información de otras partes de la mente. Gallistel (1990) da una definición similar al analizar la arquitectura cognitiva de otras especies. Por ejemplo, aunque la rata puede representar datos no geométricos (tales como el color, el olor y la textura) y puede utilizarlos con diferentes propósitos, el sistema que este animal posee para determinar su posición y orientarse en el espacio sólo puede hacer uso de datos geométricos. Es impenetrable para la información procedente de fuentes no geométricas, aunque se trate de datos sumamente importantes para la meta que en ese momento tenga la rata.

Para Fodor, lo que define a un módulo o sistema de entrada de datos es la *presencia conjunta* de todas las propiedades mencionadas antes. La aparición de propiedades aisladas no entraña necesariamente modularidad. Por ejemplo, el procesamiento rápido y automático también puede tener lugar fuera de los sistemas de entrada. Anderson (1980) da algunos ejemplos relativos al aprendizaje de habilidades [3]. Según él, al aprender una habilidad nueva, los sujetos al principio se concentran consciente-

FIGURA 1.1. *La ilusión de Müller-Lyer.*

mente sobre sus partes componentes pero, una vez logrado el aprendizaje de la habilidad, esas partes se «compilan» formando un procedimiento que se ejecuta de manera rápida, automática e inconsciente. Este tipo de maestría o pericia en tareas específicas no debe confundirse con el concepto fodoriano de módulo, que además incluye las características de ser de una pieza, tener arquitectura nerviosa fija, realizar un procesamiento obligatorio activado por el estímulo, estar informativamente encapsulado y ser insensible a las metas cognitivas centrales.

Cada módulo es como un ordenador diseñado con un propósito especial y dotado de su propia base de datos privada. Por «privada» Fodor entiende que un módulo sólo puede procesar ciertos tipos de datos desentendiéndose automáticamente de otras fuentes de información potencialmente competitivas. Un módulo computa en la modalidad de abajo-arriba un tipo limitado de entradas específicas de información; es decir, se centra exclusivamente en entidades relevantes para sus propias capacidades de procesamiento. Además, un módulo tiene que ponerse a computar siempre que aparezcan los datos pertinentes; es decir, un sistema de entrada de datos no puede abstenerse de procesar las entradas pertinentes que le lleguen. De esta manera, asegurándose de que el organismo sea insensible a muchas clases potenciales de información procedentes de otros sistemas de entrada y a las expectativas que, de arriba abajo, genera el sistema central, se favorece la automaticidad y la velocidad del procesamiento

Los sistemas de entrada son, por consiguiente, partes de la mente humana inflexibles y carentes de inteligencia. Representan la estupidez de la máquina; pero también son lo que un organismo joven necesitaría precisamente para que su conocimiento inicial alzase el vuelo de manera rápida y eficiente.

Mi idea es que el desarrollo implica un proceso que consiste en ir más allá de la modularidad. En cambio, para Fodor el desarrollo es algo que no existe en realidad [4]. Lo que Fodor hace es postular una dicotomía preestablecida entre lo que los sistemas de entrada computan a ciegas y lo que el organismo «cree». Es en el «procesamiento central» en donde se erige el sistema de creencias humano, al derivar hipótesis de arriba abajo sobre cómo es el mundo gracias a la interacción entre los productos que salen de los sistemas de entrada y lo que se encuentra ya almacenado en la memoria a largo plazo. Fodor considera que, al contrario que los sistemas de entrada, el procesamiento central está influido por lo que el sistema ya conoce y, por consiguiente, es un proceso relativamente no encapsulado, lento, no obligatorio, controlado, a menudo consciente e influido por metas cognitivas globales. El procesamiento central recibe información de cada sistema de entrada en un formato representacional común, que es el «lenguaje del pensamiento» (Fodor, 1976). Por lo tanto, el procesamiento central es de propósito general y está consagrado a la fijación de creencias, la elaboración de conocimiento enciclopédico y la planificación de acciones inteligentes, en contraposición a las computaciones de propósito especial o dominio específico, que realizan los módulos.

Aunque acepto la importancia que tienen distintos aspectos de la tesis de Fodor para comprender la arquitectura de la mente humana, en este libro voy a desarrollar un punto de vista que se aparta de la idea de que los módulos se encuentran predeterminados en detalle y pone en cuestión el rigor de la dicotomía que Fodor establece entre módulos y procesamiento central [5]. También voy a atacar la pretensión de Fodor de que el producto que sale de los sistemas de entrada se codifica automáticamente en un único lenguaje, común, del pensamiento.

Módulos predeterminados y proceso de modularización

La detallada descripción que Fodor hace del encapsulamiento de los módulos se centra fundamentalmente en el papel que desempeñan en el procesamiento «en directo» [*on line*]. Apenas analiza el cambio ontogenético salvo para admitir la posibilidad de crear módulos nuevos (tales como un módulo de lectura). Fodor da por demostrado que los módulos del lenguaje hablado y la percepción visual se encuentran innatamente determinados. En cambio, yo quiero trazar una distinción entre la noción de módulos predeterminados y la de proceso de *modularización* (que, de acuerdo con mis especulaciones, ocurriría de forma reiterada como *producto* del desarrollo). En esto me aparto de la estricta concepción innatista de Fodor. Mi hipótesis es que si la mente humana termina poseyendo una estructura modular, entonces es que, incluso en el caso del lenguaje, la mente se modulariza *a medida que avanza el desarrollo*. Mi postura tiene en cuenta la plasticidad del desarrollo temprano del cerebro (Neville, 1991; Johnson, 1993). Resulta plausible que una cantidad muy limitada de predisposiciones determinadas innatamente y específicas de cada dominio (que no sean estrictamente modulares) basten para restringir las clases de datos de entrada que procesa la mente del bebé. Puede plantearse así la hipótesis de que, *con el tiempo*, se seleccionan progresivamente circuitos cerebrales para diferentes computaciones de dominio específico, llegando en ciertos casos a formarse módulos relativamente encapsulados. Por consiguiente, cuando en este libro utilizo la expresión «innatamente especificado», no pretendo referirme a nada parecido a una plantilla genética, presente desde el nacimiento, que predeterminaría los módulos [6]. Lo que yo defiendo, como quedará claro más adelante, es la existencia de predisposiciones especificadas innatamente que son más epigenéticas de lo que admite el innatismo de Fodor. El punto de vista que adopto a lo largo de este libro es que la naturaleza especifica sesgos o predisposiciones iniciales que canalizan la atención del organismo hacia los datos pertinentes del ambiente, los cuales, a su vez, influyen sobre el desarrollo posterior del cerebro [7].

La tesis de que el desarrollo consiste en un proceso de modularización gradual en lugar de en un conjunto de módulos predeterminados sigue siendo, en estos momentos, una especulación. Por consiguiente, no se va a desarrollar más en este libro. Sin embargo, merece la pena mencionarla en este capítulo introductorio para dar una idea de hasta qué punto me parece que las concepciones de Fodor son útiles para reflexionar sobre la mente humana y hasta qué punto propongo que se hagan ciertas modificaciones. Junto con bastantes otros investigadores del desarrollo cognitivo, creo que la tesis de Fodor ha servido para poner de relieve dónde es probable que los enfoques de dominio general del desarrollo, tales como el de Piaget, estén equivocados. Pero en este libro voy a defender una concepción del desarrollo más dinámica que la modularidad de la mente de Fodor.

La opción entre módulos predeterminados y proceso de modularización es de naturaleza empírica. Sólo la investigación futura mediante estudios de activación cerebral en directo con recién nacidos y bebés de pocos meses podrá decidir entre estas dos hipótesis. Si la tesis de Fodor sobre la predeterminación de la modularidad fuese correcta, esos estudios deberían mostrar cómo, desde el principio mismo, hay circuitos cerebrales específicos que se activan en respuesta a datos específicos de cada dominio. En cambio, si fuese correcta la tesis de la modularización, al principio los niveles de activación deberían encontrarse relativamente distribuidos por el cerebro y, sólo con el tiempo (un tiempo que podría ser corto o relativamente largo durante la infancia), habría circuitos específicos que se activasen sistemáticamente en respuesta a datos de entrada específicos de cada dominio [8]. La tesis de la modularización nos permite especular sobre el hecho de que, aunque existan sesgos atencionales controlados madurativamente y predisposiciones específicas para cada dominio que canalizarían el desarrollo temprano del niño, esta dotación innata interactuaría de manera compleja con los datos ambientales, viéndose a su vez influida por ellos.

Con independencia de sus inconvenientes, la tesis fodoriana de la modularidad ha dado a la ciencia cognitiva mucha materia de reflexión. A pesar de lo cual, mi propósito es atacar el rechazo por parte de Fodor de la importancia de la perspectiva del desarrollo en la ciencia cognitiva. En mi opinión, los procesos de desarrollo son la clave para comprender la mente del adulto. Más aún, pongo en cuestión esa afirmación de Fodor, tan frecuentemente citada, según la cual «es probable que los límites de la modularidad sean también los límites de lo que seamos capaces de comprender sobre la mente» (1983, p. 126). Voy a defender la idea de que los científicos cognitivos pueden ir más allá de la modularidad y estudiar los aspectos más creativos del conocimiento humano. Pero mi tesis es que esta empresa se verá enormemente facilitada si abordamos el problema desde la perspectiva del desarrollo.

¿Qué constituye un dominio?

Con independencia de que estén o no de acuerdo con la tesis modular estricta de Fodor, muchos psicólogos actuales consideran que el desarrollo es «específico de cada dominio» o «de dominio específico». Buena parte del problema depende, por supuesto, de lo que entendamos por «dominio», y es importante que no confundamos «dominio» con «módulo». Desde el punto de vista de la mente del niño, un dominio es el conjunto de representaciones que sostiene un área específica de conocimiento: el lenguaje, el número, la física, etc. Un módulo es una unidad de procesamiento de información que encapsula ese conocimiento y las computaciones que se hacen con él. Por consiguiente, considerar que el desarrollo es de dominio específico no implica necesariamente modularidad. En otras palabras, el almacenamiento y procesamiento de información puede ser específico de un dominio dado sin ser al mismo tiempo encapsulado, preestablecido u obligatorio.

El análisis de la modularidad que ofrece Fodor se define sobre dominios muy amplios, tales como el lenguaje. Fodor habla, por ejemplo, del «módulo del lenguaje» y del «módulo de la percepción». Otros autores tienden a trazar distinciones más finas dentro de un dominio, y hablan, por ejemplo, del módulo sintáctico, el módulo semántico o el módulo fonológico. Y otros (Marslen-Wilson y Tyler, 1987) rechazan por completo la noción de modularidad en el procesamiento «en directo». A lo largo de este libro, voy a defender la idea de que el desarrollo es un fenómeno de dominio específico más que modular en el estricto sentido fodoriano. Voy a conservar el término «dominio» para referirme al lenguaje, la física, las matemáticas, etc. También voy a referirme a la existencia de «microdominios», tales como la gravedad, dentro del dominio de la física; y la adquisición de los pronombres, dentro del dominio del lenguaje. Estos microdominios pueden considerarse como subconjuntos de dominios particulares.

La necesidad de hacer esta distinción más fina acerca de qué constituye un dominio surge del hecho de que voy a proponer un modelo de *fases* del desarrollo, más que un modelo de *estadios*. En un modelo de estadios, como el de Piaget, se producen cambios globales que abarcan distintos dominios más o menos simultáneamente. Hay también otro punto de vista alternativo según el cual, dentro de un dominio, se producen cambios amplios; por ejemplo, un tipo determinado de cambio se produce primero en el lenguaje y después en la física. El modelo presentado en este libro difiere de estas dos concepciones, ya que apela a la existencia de *cambios de fase recurrentes* que ocurren en un momento distinto en cada microdominio y, dentro de cada dominio, se producen de manera repetida. Tomemos, por ejemplo, el caso del dominio del lenguaje. En el microdominio de la adquisición de los pronombres, una secuencia de cambios X-Y-Z (p. ej., el paso de lo implícito a lo explícito y a la justificación verbal) puede haberse consumado en el niño a la edad de siete años, mientras que, en el microdominio correspondiente a la comprensión de qué es una palabra, la misma secuencia puede haberse completado ya a los cinco años. Por consiguiente, voy a distinguir entre dominios amplios (el lenguaje, las matemáticas, etc.) y los microdominios (p. ej., los pronombres o los números) incluidos en ellos. Cuando hable de teorías de dominio específico o de dominio general, me estaré refiriendo al nivel de los dominios amplios.

El desarrollo desde la perspectiva de la generalidad de dominios

La tesis innatista de Fodor contrasta radicalmente con las teorías del aprendizaje basadas en la idea de la generalidad de dominios (tales como la epistemología constructivista de Piaget) que han sido muy populares en la bibliografía sobre el desarrollo [9]. La teoría de Piaget defiende que ni el procesamiento ni el almacenamiento son de dominio específico. Por supuesto, aunque sólo sea de forma implícita, los piagetianos tienen que admitir que hay transductores sensoriales diferentes en la visión, la audición, el tacto, etc. Lo que no aceptan es que estos transductores transformen los datos en formatos informativos determinados innatamente y específicos de cada dominio realizando un procesamiento modular. Para los piagetianos, el desarrollo implica la construcción de cambios que afectan a las estructuras de representación, generales para todos los dominios y que operan sobre todos los aspectos del sistema cognitivo de manera similar.

Llegados a este punto, corro el riesgo de irritar a algunos de mis antiguos colegas de la Universidad de Ginebra por sugerir que Piaget y el conductismo tienen mucho en común. ¿Cómo? ¿Poner juntos a Piaget y a

Skinner? ¡Menuda aberración! A pesar de ello, al contraponer el enfoque de la generalidad de dominios con la explicación del desarrollo basada en la especificidad de dominios, me veo inevitablemente abocada a esta *liaison dangereuse* entre tan inverosímiles compañeros de cama.

Ni la teoría piagetiana ni la conductista otorgan al niño estructuras innatas o conocimiento de dominios específicos. Ambas admiten sólo la existencia de unos pocos procesos biológicamente determinados, generales para todos los dominios: para los los piagetianos, un conjunto de reflejos sensoriales y tres procesos funcionales (asimilación, acomodación y equilibración); para los conductistas, una serie de sistemas sensoriales fisiológicos heredados y un complejo juego de leyes de asociación. Se sostiene que estos procesos de aprendizaje generales se aplican a todas las áreas de conocimiento, lingüístico y no lingüístico. Piaget y los conductistas, por consiguiente, coinciden en una serie de concepciones acerca del estado inicial de la mente del bebé. Los conductistas consideraban al niño como una *tabula rasa* sin ningún conocimiento preestablecido (Skinner, 1953); la concepción de Piaget según la cual el niño pequeño se ve asaltado por percepciones «indiferenciadas y caóticas» (Piaget, 1955a) es esencialmente idéntica.

Ni que decir tiene que hay diferencias fundamentales entre estas dos escuelas. Los piagetianos consideran que el niño es un constructor activo de información, mientras que los conductistas lo ven como un almacenador pasivo de información. Los piagetianos creen que el desarrollo implica cambios fundamentales en las estructuras lógicas que dan lugar a una sucesión de estadios, mientras que los conductistas hablan de una acumulación progresiva de conocimiento. Sin embargo, a la luz de la situación actual de las teorías sobre el desarrollo, piagetianos y conductistas tienen mucho en común, por el hecho de que conciben la mente del recién nacido como «vacía de conocimiento» y defienden la idea de que un solo proceso de aprendizaje de dominio general explica el desarrollo posterior en todos los aspectos del lenguaje y el conocimiento.

El desarrollo desde la perspectiva de la especificidad de dominios

La tesis innatista/modularista proyecta una imagen muy distinta del niño pequeño. En lugar de considerar al bebé como un ser asaltado por datos incompresibles y caóticos procedentes de muchas fuentes rivales, se le ve como un ser preprogramado para entender fuentes de información específicas. A diferencia del bebé piagetiano o conductista, el bebé innatista comienza su carrera con importantes ventajas de salida; lo cual, por supuesto, no quiere decir que nada cambie durante la infancia o después de ella: el niño tiene mucho que aprender. Pero la postura innatista/modularista defiende que el aprendizaje posterior está guiado por principios innatamente establecidos y específicos para cada dominio, y que estos principios determinan las entidades sobre las que tiene lugar el aprendizaje posterior (Gelman, 1990b; Spelke, 1991).

La especificidad de dominio de los sistemas cognitivos se ve también apoyada por la neuropsicología del desarrollo y por la existencia de niños en los que uno o más dominios se encuentran alterados o intactos. Por ejemplo, el autismo podría consistir en un único déficit que afectaría al razonamiento sobre estados mentales (la denominada «teoría de la mente»), permaneciendo el resto de sus capacidades cognitivas relativamente intactas. En cambio, los niños que padecen el síndrome de Williams presentan un perfil cognitivo muy irregular en el que el lenguaje, el reconocimiento de caras y la teoría de la mente parecen relativamente intactos, mientras que el conocimiento numérico y espacial se encuentran gravemente retrasados. Existen, además, numerosos casos de *idiots-savants* en los que sólo hay un dominio que funcione a buen nivel (por ejemplo, el dibujo o el cálculo de fechas del calendario), estando el resto de las capacidades del sistema cognitivo a un nivel muy bajo. En cambio, el síndrome de Down parece reflejar un déficit más global, más generalizado a todos los dominios del procesamiento cognitivo.

Las lesiones cerebrales de los adultos apuntan también a la especificidad de dominios. Resulta extraordinariamente difícil encontrar en la bibliografía neuropsicológica ejemplos convincentes de trastornos globales, de dominio general (Marshall, 1984), aunque podría defenderse la posibilidad de que los pacientes con lesiones prefrontales sufran un déficit general en la capacidad de planificación (Shallice, 1988). Pero, por regla general, los trastornos de las funciones cognitivas superiores provocados por lesiones cerebrales son típicamente de dominio específico, es decir, afectan sólo al reconocimiento de caras, al manejo de números, al lenguaje o alguna otra habilidad, quedando el resto de los sistemas relativamente intacto.

Entonces, si los adultos presentan trastornos de dominio específico, y si puede demostrarse que los niños vienen al mundo con algunas predisposiciones también de dominio específico, ¿no significaría esto que los innatistas habrían ganado la batalla a los investigadores del desarrollo que aún se encuentran varados en las playas teóricas del lago Ginebra? (antiguo bastión piagetiano del antiinnatismo y la antimodularidad). No necesariamente. Es importante no olvidar que cuanto mayor sea la cantidad de propiedades de dominio específico de la mente del bebé, menos creativo y flexible será el sistema posterior (Chomsky, 1988). Aunque la existencia de restricciones fijas proporciona una ventaja adaptativa inicial, existe una relación de trueque entre la eficacia y la automaticidad de los sistemas de entrada de datos que posee el niño, por una parte, y su relativa falta de flexibilidad, por otra. Lo cual nos lleva a una cuestión crucial: *cuanto más compleja sea la imagen que acabemos construyendo de las capacidades innatas de la mente del bebé, más importante resultará que expliquemos la flexibilidad del desarrollo cognitivo posterior.* Ha sido en esta meta —explorar la flexibilidad y creatividad de la mente humana más allá del estado inicial— en la que se han concentrado mis trabajos sobre la adquisición del lenguaje y el desarrollo cognitivo, en un intento de identificar las aportaciones al desarrollo tanto de la generalidad como de la especificidad de dominios. Es poco probable que el desarrollo resulte ser totalmente de dominio específico *o* totalmente de dominio general. Y, aunque sea necesario postular la existencia de algunas restricciones innatas, es evidente que el desarrollo implica un proceso más dinámico de interacción entre la mente y el ambiente de lo que supone la postura estrictamente innatista.

Cómo reconciliar el innatismo con el constructivismo de Piaget

¿Qué teoría del desarrollo podría abarcar la dinámica de un rico proceso de interacción entre la mente y el ambiente? De entrada, la más apropiada parecería una teoría que, como la de Piaget, hiciese especial hincapié en la epigénesis y el constructivismo. La noción de constructivismo en la teoría de Piaget [10] es equivalente, en el nivel cognitivo, a la noción de epigénesis en el nivel de la expresión de los genes. Para Piaget, tanto la expresión de los genes como el desarrollo cognitivo son productos emergentes de un sistema autoorganizativo que se ve directamente afectado por su interacción con el ambiente. Este aspecto general de la teoría de Piaget, si se formalizase más, podría muy bien resultar apropiado para futuras exploraciones de esa noción de modularización progresiva que hemos mencionado anteriormente. Sin embargo, buena parte del resto de la teoría piagetiana se ha visto sometida a gran cantidad de críticas. Un número cada vez mayor de investigadores del desarrollo cognitivo [11] se ha sentido desencantado con la concepción piagetiana del bebé como un organismo puramente sensoriomotor. Para Piaget, el recién nacido no posee ningún conocimiento de dominio específico; simplemente, reflejos sensoriales y tres procesos de dominio general: la asimilación, la acomodación y la equilibración. En cambio, las investigaciones sobre el bebé que voy a analizar en los capítulos siguientes indican que, en la arquitectura funcional inicial del cerebro, hay bastante más de lo que Piaget postulaba. Sin embargo, la focalización exclusiva de innatistas como Fodor y Chomsky en módulos biológicamente especificados deja poco margen para la intervención de procesos ricos de construcción epigenética. Además, el hecho de que Fodor se concentre en los sistemas de entrada —tiene mucho menos que decir sobre los sistemas de salida o sobre el procesamiento central— no nos ayuda a entender de qué manera los niños se vuelven participantes activos en el proceso de construcción de su conocimiento.

Aunque, para Chomsky (1988) y Spelke (1991), la postura innatista excluye el constructivismo, yo sostengo que el innatismo y el constructivismo epigenético de Piaget no son necesariamente incompatibles, siempre y cuando respetemos ciertas condiciones. En primer lugar, a las ideas piagetianas hay que añadirles algunas predisposiciones innatas impregnadas de conocimiento [12], que den al proceso epigenético un margen de ventaja inicial en cada dominio. Esto no significa que nos limitemos a añadir un poco más de estructuración de dominio general del tipo que Piaget proponía, sino que debemos añadir sesgos de dominio específico a la dotación inicial. Ahora bien, la segunda condición para el matrimonio del constructivismo y el innatismo es que la base inicial con que parte el niño debe implicar especificaciones menos detalladas de lo que suponen algunos innatistas y un proceso de *modularización* más progresivo (en contraposición a los módulos preestablecidos). Por ejemplo, Fodor no discute los casos en que uno de sus módulos preestablecidos no puede recibir la entrada informativa que le corresponde (como sucede, por ejemplo, con la entrada auditiva al módulo del lenguaje en el caso de los sordos congénitos). Sabemos que en esos casos el cerebro se adapta selectivamente para recibir otras entradas no auditivas (p. ej., visomanuales) que procesa de modo lingüístico (Changeux, 1985; Neville, 1991; Poizner *et al.,* 1987). Muchos casos de lesiones cerebrales tempranas indican que en el cerebro hay mucha más plasticidad de lo que se desprende del punto de vista estrictamente modularista de Fodor. El cerebro no se encuentra preestructurado con representaciones ya acabadas, sino canalizado para *desarrollar* progresivamente representaciones en interacción tanto con el medio externo como con su propio medio interno. Y, como he señalado antes, es importante no identificar lo innato con lo que está presente en el momento del nacimiento o con la noción de una plantilla genética estática que determinaría la maduración. Cualquiera que sea el componente innato que invoquemos, sólo puede convertirse en parte de nuestro potencial biológico a través de la interacción con el ambiente. El componente innato permanece latente hasta que recibe la entrada de datos que necesita (Johnson, 1988; Johnson, 1993; Marler, 1991; Oyama, 1985; Thelen, 1989), y esa entrada, a su vez, influye sobre el desarrollo.

La reconciliación que propongo entre innatismo y constructivismo nos permitirá adherirnos a la concepción epigenética y constructivista de Piaget sobre el proceso de desarrollo, pero prescindiendo de su insistencia sobre la generalidad de dominios en favor de un enfoque que dé más peso a la especificidad de dominios. Por otra parte, el hincapié que Piaget hace en los sistemas de salida (es decir, en las *acciones* del bebé y del niño *sobre* el ambiente) constituye un importante complemento al acento que los innatistas ponen sobre los sistemas de entrada. Sin embargo, el fuerte antiinnatismo de Piaget y su defensa de la existencia de estadios generales de desarrollo han dejado de ser un marco viable para entender el desarrollo [13].

La necesidad de invocar la especificidad de dominios se hará evidente a lo largo de este libro. Por ejemplo, en el capítulo 2 quedará claro que el desarrollo sensoriomotor de dominio general no puede, por sí solo, explicar la adquisición del lenguaje. La sintaxis no surge simplemente de la exploración de juguetes y la resolución de problemas con objetos, como pretenden algunos piagetianos. Alinear objetos no es la base sobre la que surge el orden de las palabras. Intentar encajar un juguete dentro de otro no tiene nada que ver con la subordinación de oraciones. La actividad sensoriomotriz general no puede explicar por sí sola las restricciones específicamente lingüísticas; si pudiera hacerlo, resultaría difícil comprender por qué los chimpancés, que poseen capacidades sensoriomotrices y de representación muy ricas, no adquieren nada remotamente semejante al lenguaje humano, aunque reciban un extenso entrenamiento (Premack, 1986).

A pesar de estas críticas contra el punto de vista piagetiano sobre la primera infancia y mi rechazo de su concepción del desarrollo como sucesión de estadios generales, espero que, después de leer el libro, el lector quedará convencido de que es preciso conservar importantes aspectos de la epistemología de Piaget y que el desarrollo cognitivo es bastante más que el simple despliegue de un programa especificado genéticamente. Si queremos comprender la mente humana, nuestro foco de interés debe extenderse mucho más allá de las especificaciones innatas. Los bebés y los niños son constructores activos de su propio conocimiento, y esto implica tanto la existencia de restricciones de dominio específico como de procesos de dominio general.

En suma, parece que tanto el enfoque de Fodor como el de Piaget sobre el conocimiento humano tienen algo de razón. La solución que he dado a este dilema potencial ha sido adoptar una postura epistemológica que abarca aspectos tanto del innatismo como del constructivismo.

La noción de restricciones del desarrollo

Hoy en día, muchas controversias de la psicología del niño tienen que ver con el problema de las restricciones del desarrollo [14]. Pero las teorías de dominio general y las de dominio específico tratan la noción de restricción de modo distinto. Para el teórico de dominio general, la palabra «restricción» tiene una connotación negativa; considera que se refiere a factores que recortan la competencia del niño. En cambio, para el teórico de dominio específico, «restricción» adopta una connotación positiva: las restricciones de dominio específico, al limitar el espacio de hipótesis posibles, *potencian* el aprendizaje. Capacitan al niño para aceptar como entrada sólo aquellos datos que es inicialmente capaz de computar de maneras específicas. La especificidad de dominio del procesamiento permite al niño disponer de un sistema limitado pero organizado (no caótico) desde el principio, y no sólo al final del período sensoriomotor de Piaget [15].

Nuevos paradigmas para estudiar a los bebés

Los pioneros trabajos experimentales de Piaget sobre el desarrollo se realizaron con niños mayores. Sus estudios sobre el niño pequeño tuvieron que basarse exclusivamente en la observación de sus tres hijos. En aquella época no había paradigmas para el estudio experimental del bebé. Sin embargo, desde mediados de los años sesenta ha habido una serie de innovaciones metodológicas que han abierto nuevas y apasionantes posibilidades experimentales. Los experimentos se centran en la actualidad en los diferentes sistemas de entrada mediante los cuales los niños recién nacidos y los bebés computan datos pertinentes en diferentes dominios cognitivos. Y, aunque yo no comparta el pesimismo de Fodor sobre la imposibilidad de que comprendamos alguna vez los sistemas centrales [16], admito que tiene razón al decir que los sistemas de entrada son mucho más susceptibles de investigación experimental estricta, especialmente en los bebés.

Voy a permitirme una pequeña digresión para echar un breve vistazo a los nuevos paradigmas de investigación de los bebés, dado que aparecerán constantemente a lo largo del libro. Estas técnicas han sido usadas por investigadores interesados en la sensibilidad del bebé a datos relativos al lenguaje, la física, el número, la intencionalidad humana, la notación bidimensional, etc. Son importantes, por consiguiente, para todos los capítulos de este libro.

Las nuevas técnicas experimentales se diseñaron para superar los problemas de las investigaciones inspiradas en Piaget en las que se requería que los niños demostrasen sus capacidades mediante actividades de búsqueda manual. Los recién nacidos y los bebés pequeños no pueden usar aún sus manos para buscar cosas. En cambio, lo que hacen muy bien es chupar y mirar (y, por desgracia para los padres, también llorar). Los nuevos métodos de investigación se basan en estas capacidades. Hay tres técnicas principales para estudiar a los bebés: dos corresponden al paradigma de habituación y deshabituación; la tercera hace uso de las preferencias de mirada o audición.

En el paradigma de habituación y deshabituación, se presenta repetidamente al niño la misma estimulación hasta que da muestras de perder el interés empezando a prestar atención durante períodos de tiempo más breves. Entonces se le presenta un estímulo nuevo. Si el niño da muestras de renovado interés atendiendo durante un período de tiempo mayor, podemos concluir que la diferencia entre el estímulo anterior y el nuevo es captada (percibida, comprendida) por el niño. La estimulación puede ser visual, auditiva o táctil, dependiendo del experimento. El interés del niño por un acontecimiento (p. ej., ver un círculo después de que se le haya presentado una serie de cuadrados de diferentes tamaños y colores) se manifiesta típicamente en forma de atención prolongada. Manipulando hábilmente las variables de forma, color, tamaño, etc., el investigador puede acabar dando con la naturaleza de la diferencia a que el niño es sensible. Supongamos que el interés del bebé por los cuadrados ha menguado a pesar de que hemos hecho variar constantemente su tamaño y color, y de repente su interés se renueva la primera vez que le presentamos un círculo; la conclusión que podemos sacar es que la discriminación de formas está presente en el momento del nacimiento y no hace falta aprenderla. En cambio, si el bebé siguiese mostrando falta de interés al presentarle el círculo, la conclusión sería que captaba el círculo como equivalente a los cuadrados; es decir, la discriminación de la forma sería un logro posterior (aunque de hecho, como ha mostrado Slater [1990], está presente en el momento del nacimiento). Podemos estudiar la discriminación de otros tipos de estímulos usando la misma lógica.

El «interés» del bebé se mide por el aumento de la amplitud de la succión o de la duración de la mirada. En el primer caso, se proporciona al niño un chupete conectado a un aparato que mide la amplitud de la succión. Cuando el niño se habitúa al estímulo original, la amplitud de su chupeteo disminuye. Si el niño capta la novedad del nuevo estímulo, la amplitud de su succión aumenta; si no, se estabiliza o disminuye aún más. Como veremos en el capítulo 2, esta técnica se ha usado para explorar la preferencia del niño por escuchar su lengua materna antes que otra, así como su capacidad para percibir categorialmente distintos sonidos del habla. Así, si presentamos al niño una secuencia de sonidos «va», pronunciados con la «v» aspirada, y, después de que se haya habituado, le presentamos el sonido «ba», el aumento de la amplitud de su succión demuestra que el bebé es sensible a la diferencia entre ambos sonidos (es decir, al momento de inicio de la sonorización). Estas técnicas nos ayudan a explorar los efectos de la entrada de información ambiental sobre las predisposiciones innatas. Por ejemplo, un niño que se críe en un ambiente en el que se habla español puede mostrarse al principio sensible a la distinción entre «va» y «ba», pero esta sensibilidad puede desaparecer una vez aprendidas las pautas del lenguaje de su entorno porque, al hablar, el español no distingue entre «va» y «ba».

La técnica que mide la duración de la mirada se basa en el mismo principio que la de succión. Se presenta al niño repetidamente un estímulo visual. Cada vez que se le presenta, el niño mirará el estímulo durante menos tiempo, hasta habituarse. Entonces se registra la duración de su mirada a un nuevo estímulo para ver si su interés se renueva o se aburre. Manipulando sutilmente las variables también en este caso podemos determinar a qué rasgos es especialmente sensible el niño. En el capítulo 3 veremos cómo se usa esta técnica. Por ejemplo, los niños muestran sorpresa (miran durante más tiempo) al ver una bola suspendida en el aire sin apoyarse en nada o un objeto que aparentemente ha atravesado una superficie sólida; es decir, parece que los niños son sensibles a las violaciones de ciertas leyes de la física.

Medir la duración de la mirada es un poco más subjetivo que medir la amplitud de la succión. Por eso, es preciso que la duración de la mirada sea estimada por observadores que desconocen qué tipo de imagen miraba el niño en cada ensayo. Pero, como ha señalado Spelke, 1985 [17], la interpretación de las pautas de mirada y succión en los ensayos de prueba de este tipo de experimentos depende del descubrimiento, actualmente confirmado en cientos de laboratorios en todo el mundo, de que la habituación a una serie dada de estímulos va seguida de un aumento de la duración de la mirada (o la succión) al estímulo de prueba. En otras palabras, la interpretación descansa sobre el hecho de que los niños extraen un rasgo común en la serie de estímulos que se les presenta durante el período de habituación y son capaces de distinguirlo de un rasgo específico que contiene el estímulo de prueba.

Un tercer paradigma para estudiar a los bebés se basa en la preferencia de la mirada o la audición. En este caso no se mide la habituación ni la deshabituación; lo que se hace es presentar simultáneamente al niño dos estímulos y se mide a cuál prefiere mirar. También en esta técnica las estimaciones las efectúan observadores que no pueden ver los estímulos concretos a los que mira el niño en cada momento. En el capítulo 4 veremos cómo se usa esta técnica para medir si el niño es capaz de comparar el número de estímulos auditivos (p. ej., tres golpes de tambor) con el número de objetos en dos presentaciones visuales, una de las cuales contiene dos objetos y la otra tres.

Aunque los datos sobre los bebés que vamos a analizar a lo largo del libro son verdaderamente impresionantes, hay aún ciertas cuestiones acerca de las técnicas de habituación y preferencia que siguen sin resolverse. ¿Tiene que ser extrema la violación de un principio de la física, o los niños son igualmente sensibles a las violaciones sutiles? ¿Qué conclusiones cabe extraer legítimamente del hecho de que el niño sea sensible a un estímulo nuevo: que en la mente del bebé hay incorporados sesgos atencionales y principios de dominio específico o simplemente que hemos enseñado a los niños a discriminar en el curso mismo del experimento? Tomando cada experimento aislado, por sí mismo, seríamos incapaces de zanjar esta cuestión. Sin embargo, si los resultados de distintos experimentos demuestran que los recién nacidos o los niños de cuatro meses pueden discriminar ciertos tipos de estimulaciones pero no otros, no puede pretenderse que la discriminación sea simplemente resultado del aprendizaje de una tarea específica. Más bien, la tarea de discriminación se ve restringida por el hecho de si el niño es o no ya capaz de mostrarse sensible a las características particulares de los estímulos. Lo cual nos permite extraer conclusiones provisionales acerca de las especificaciones que son innatas y las que participan en aprendizajes posteriores, provisionales porque son posibles muchas otras interpretaciones.

Veremos las investigaciones sobre los bebés con cierto detalle en la primera parte de los capítulos 2 al 6. Pero a cada momento me esforzaré por mostrar que el desarrollo comprende mucho más que esas restricciones de dominio específico; especialmente, el proceso de «redescripción representacional», el cual aumenta la flexibilidad del conocimiento almacenado en la mente.

Más allá de las restricciones de dominio específico: el proceso de redescripción representacional

¿Cómo se almacena la información en la mente del niño? Mi idea es que hay varias maneras distintas. Una es mediante la especificación innata como consecuencia de procesos evolutivos. Las predisposiciones innatamente determinadas pueden ser específicas o no específicas (Johnson y

Bolhuis, 1991). En ambos casos se necesita la intervención de entradas de información procedente del ambiente. Cuando el componente innato está especificado en detalle, es probable que el ambiente actúe simplemente como un desencadenante que hace que el organismo seleccione un parámetro o circuito entre varios posibles (Changeux, 1985; Chomsky, 1981; Piatelli-Palmarini, 1989) [18]. En cambio, cuando la predisposición innata viene especificada simplemente como un sesgo o boceto en esqueleto, es probable que el ambiente actúe como algo más que un desencadenante, que influya realmente sobre la estructura posterior del cerebro a través de un rico proceso de interacción epigenética entre la mente y el ambiente físico y sociocultural. Ese esbozo esquemático consiste en sesgos que dirigen la atención hacia determinadas entradas y un número determinado de predisposiciones en forma de principios que restringen la computación de esas entradas. Como puede apreciarse, la hipótesis que planteo es que la mente humana posee *tanto* una determinada cantidad de cosas especificadas en detalle *como* algunas predisposiciones de dominio específico muy esquemáticas, dependiendo del dominio concreto de que se trate.

Hay otras maneras en que puede almacenarse información nueva en la mente del niño. Una es cuando el niño no consigue alcanzar una meta y tiene que tomar en cuenta información del ambiente físico. Otra se produce cuando el niño tiene que representar información directamente proporcionada por alguna afirmación lingüística, por ejemplo, de un adulto. En ambos casos se trata de fuentes externas de cambio [19]. Un ejemplo de fuente interna de cambio es el proceso anteriormente mencionado de modularización en el que el procesamiento de las entradas y las salidas de información va ganando en independencia respecto a otros procesos del cerebro. Esto hace que el conocimiento se haga más encapsulado y sea menos accesible desde otros sistemas. Pero hay otra faceta esencial del cambio cognitivo que va en dirección opuesta, haciendo que el conocimiento se haga progresivamente más accesible.

Mi idea es que una forma específicamente humana de obtener conocimiento consiste en que la mente explote internamente la información que ya tiene almacenada (tanto innata como adquirida) mediante el proceso de redescribir sus representaciones o, para ser más precisos, volviendo a representar iterativamente, en formatos de representación diferentes, lo que se encuentra representado por sus representaciones internas. Me ocuparé de este proceso detalladamente en un momento.

Por último, hay una forma de cambio cognitivo que se encuentra más claramente restringida a la especie humana: el cambio explícito de teorías, que consiste en la construcción y exploración consciente de analogías, experimentos de pensamiento y experimentos reales, típicos de niños mayores y adultos (Carey, 1985; Klahr, 1992; Kuhn *et al.,* 1988). Pero la idea que voy a defender es que esta característica tan obvia del conocimiento humano sólo es posible gracias a procesos previos de redescripción representacional, que convierten la información *implícita* en conocimiento *explícito.*

Para que la discusión teórica en que estoy a punto de embarcarme adquiera tintes más tangibles, voy a empezar con un par de ejemplos: uno es sobre cómo se aprende a tocar el piano y el otro sobre aprender a resolver el cubo de Rubik [20].

Cuando se aprende a tocar el piano, hay un período inicial durante el cual se practica denodadamente una secuencia determinada de notas. A éste sigue otro período durante el cual se ejecutan juntos bloques de varias notas cada uno, hasta que por fin la pieza entera puede interpretarse de modo más o menos automático [21]. Algo parecido a esto es a lo que voy a llamar más adelante «alcanzar maestría conductual». Pero la automaticidad está restringida por el hecho de que el aprendiz no puede ni empezar a tocar en medio de una pieza ni interpretar variaciones sobre un tema (Hermelin y O'Connor, 1989). La interpretación está generada por representaciones procedimentales que simplemente se ejecutan en su totalidad. Hay muy poca flexibilidad. En el mejor de los casos, el aprendiz empieza a ser capaz de tocar *toda la pieza* más bajo, más alto, más lento o más rápido. Sólo más adelante llega uno a ser capaz de interrumpir la pieza y comenzar, por ejemplo, por el tercer compás sin tener que volver al principio y repetir todo el procedimiento desde el principio. Mi hipótesis es que esto no podría hacerse a partir de las representaciones procedimentales automatizadas. Más bien, cabe postular, es necesario un proceso de redescripción de esas representaciones mediante el cual el conocimiento de las diferentes notas y acordes (en lugar de su mera ejecución secuencial) se convierte en un dato manipulable a nuestra disposición. Sólo después de pasar por un período de lo que he llamado «maestría conductual» puede el pianista generar variaciones sobre un tema, cambiar el orden secuencial de los compases, insertar fragmentos de otras piezas, etc. Ésta es la diferencia que hay, por ejemplo, entre la improvisación del jazz y la estricta adhesión a la música de una partitura. El resultado final es la flexibilidad y el control representacional, lo cual abre las puertas a la creatividad. También es importante el hecho de que la capacidad procedimentalizada anterior no se pierde: para ciertos fines, el pianista puede recurrir a su habilidad automatizada; para otros, recurre a representaciones más explícitas que le permiten ser flexible y creativo. (Por supuesto, algunos pianistas se quedan en el nivel procedimental.)

En contraste con la atención consciente que el pianista principiante tiene que dedicar inicialmente a determinadas notas, la cual se va procedimentalizando gradualmente, descubrí que, para resolver el cubo de Rubik, tenía que «desconectar» la conciencia. En otras palabras, ¡tuve que dejar de intentar analizar lo que hacía hasta que verdaderamente fui capaz de hacerlo! En las primeras fases de mi aprendizaje, desarrollé una especie de solución proprioceptiva que era capaz de ejecutar con mucha rapidez pero que me resultaba muy difícil repetir más despacio. En ese estadio, mi «conocimiento» se encontraba embutido en las representaciones procedimentales en las que basaba mi rápidez de ejecución. Pero no me detuve ahí. Después de repetir una solución muchas veces, descubrí que había empezado a reconocer ciertos estados del cubo y sabía si iba camino de la solución o no. Pero aún era incapaz de interrumpir mi solución y recomenzar a partir de un estado cualquiera. Al cabo de un poco más de tiempo, descubrí que era capaz de predecir algunos de los movimientos siguientes antes de realizarlos. Por último, llegué a un punto en que fui capaz de explicarle a mi hija cuál era la solución. Sin embargo, ella no usó mis instrucciones explícitas, sino que experimentó el mismo proceso que yo de pasar del conocimiento procedimental al conocimiento explícito (sólo que lo hizo más rápido). Este paso de la información implícita embutida en un procedimiento eficaz de resolución de problemas al hecho de hacer ese conocimiento progresivamente más explícito es un tema que aparecerá de forma recurrente a lo largo del libro. En eso precisamente es en lo que creo que consiste el desarrollo: los niños no se conforman con lograr aprender a hablar o a resolver problemas; también quieren comprender cómo hacen esas cosas. Y, al buscar dicha comprensión, se convierten en pequeños teóricos.

El desarrollo y el aprendizaje parecen, por tanto, adoptar dos direcciones complementarias. Por una parte, se basan en el proceso gradual de procedimentalización (es decir, hacer que el conocimiento sea más automático y menos accesible). Por otra, implican un proceso de «explicitación» y accesibilidad cada vez mayor del conocimiento (es decir, representar explícitamente la información implícita en las representaciones procedimentales en que se apoya la estructura de la conducta). Ambos procesos son importantes en el cambio cognitivo, pero este libro se va a centrar principalmente en el proceso de explicitación representacional, el cual sostendré que ocurre en distintos dominios lingüísticos y cognitivos a lo largo del desarrollo.

El modelo RR

A lo largo de varios años he ido desarrollando un modelo que incorpora un proceso reiterativo de *redescripción representacional*. Lo denomino el modelo RR. Voy a hacer primero algunas consideraciones generales y después haré un resumen del modelo.

El modelo RR pretende explicar de qué manera se hacen progresivamente más manipulables y flexibles las representaciones de los niños, cómo surge el acceso consciente al conocimiento y cómo construyen los niños teorías. Consiste en un proceso cíclico mediante el cual información ya presente en las representaciones del organismo que funcionan independientemente y están al servicio de propósitos particulares se pone progresivamente a disposición de otras partes del sistema cognitivo, gracias a la intervención de procesos de redescripción. En otras palabras, la redescripción representacional es un proceso mediante el cual la información que se encuentra implícita *en* la mente llega a convertirse en conocimiento explícito *para* la mente, primero dentro de un dominio y, posteriormente, a veces a lo largo de diferentes dominios.

Se postula que el proceso de redescripción representacional ocurre espontáneamente como parte de un impulso interno que empuja a la creación de relaciones intra e interdominios. Aunque haré hincapié en la naturaleza endógena de la redescripción representacional, es evidente que el proceso puede desencadenarse a veces por influencias externas.

El *proceso* de redescripción representacional es en sí de dominio general, pero se ve influido por la forma y el nivel de explicitud de las representaciones sobre las que se apoya en un momento dado un conocimiento de dominio específico determinado. Cuando digo que la redescripción representacional es de dominio general no quiero decir que implique cambios simultáneos en todos los dominios, sino que, dentro de cada dominio, el proceso de redescripción representacional es el mismo. Por repetirlo una vez más: el modelo RR es un modelo de *fases*, en contraposición a los modelos de *estadios*. Los modelos de estadios, como el de Piaget, dependen de la edad e implican cambios fundamentales que afectan a todo el sistema cognitivo. Mi hipótesis, en cambio, sostiene que la redescripción representacional ocurre de forma recurrente dentro de microdominios a lo largo del desarrollo, así como en la edad adulta en algunas clases de aprendizaje nuevo.

Volveré a ocuparme del modelo RR y el proceso de redescripción representacional en los capítulos 7 y 8. Pero es fundamental que hagamos ahora un resumen del modelo para situar teóricamente las investigaciones empíricas que veremos en los siguientes capítulos dedicados al niño como lingüista, físico, matemático, psicólogo y notador. A estas alturas, lo que voy a decir puede parecer un poco abstracto, pero el lector debe tener paciencia. Prometo que todo se hará más tangible después de habernos ocupado de los dominios específicos en los capítulos que van del 2 al 6. Además, espero que las analogías del piano y el cubo de Rubik sirvan de sostén a la exposición.

Echemos un vistazo detallado al modelo RR. Mi idea es que el desarrollo implica tres fases *recurrentes*. Durante la primera fase el niño se centra fundamentalmente en información proveniente del medio externo. Este aprendizaje inicial está guiado por los datos. Durante la fase 1, en cualquier microdominio, el niño se centra en datos externos para crear «adiciones representacionales». Las adiciones representacionales, según mi hipótesis, ni alteran las representaciones estables ya existentes ni se ponen en relación con ellas. Cuando las nuevas representaciones se hacen estables, simplemente se añaden, conservando la especificidad de dominio, al almacén ya existente afectando mínimamente a lo que ya se encuentra almacenado. En otras palabras, el almacenamiento independiente de nuevas adiciones representacionales no implica aún lo que yo entiendo por cambio representacional. La fase 1 culmina en la capacidad de ejecutar sistemáticamente de forma correcta las conductas de cualquier microdominio en que se haya alcanzado ese nivel. Eso es lo que llamo «maestría conductual».

La maestría conductual no implica necesariamente que las representaciones subyacentes sean como las del adulto. La ejecución correcta de una conducta puede generarse mediante una secuencia de representaciones almacenadas independientemente que, en última instancia, tendrán que unirse para constituir un sistema más coherente. La misma conducta (por

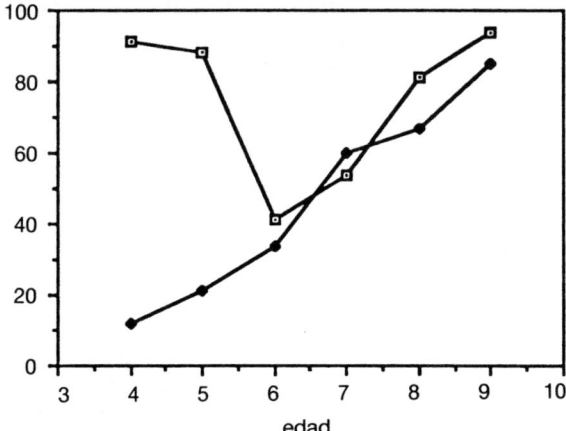

FIGURA 1.2. *El contraste entre cambios conductuales (□) y cambios representacionales (♦).*

ejemplo, producir correctamente una forma lingüística determinada o conseguir poner en equilibrio unos bloques sobre un soporte estrecho) puede generarse a distintas edades mediante representaciones muy diferentes. Puede haber conductas posteriores (de la fase 3) que parezcan idénticas a las de la fase 1. Por consiguiente, es preciso distinguir entre *cambio conductual* (que a veces produce una curva de desarrollo en forma de U) y *cambio representacional*, puesto que la maestría conductual no constituye necesariamente el punto final del desarrollo en un microdominio dado.

La fase 1 va seguida de una fase guiada internamente durante la cual el niño ya no se centra en los datos externos. Más bien, la dinámica interna del sistema pasa a controlar la situación de manera que las representaciones internas se convierten el centro del cambio. Durante la fase 2 ese estado actual de las representaciones que el niño tiene del conocimiento en un microdominio predomina sobre la información procedente de los datos que vienen de fuera. Ese descuido temporal de los rasgos del ambiente externo durante la fase 2 puede llevar a incurrir en nuevos errores e inflexibilidades, lo cual puede traducirse, aunque no necesariamente, en un descenso de conductas correctas, dando lugar a una curva de desarrollo en forma de U. Pero, como puede verse en la figura 1.2, se trata de un deterioro que afecta al aspecto conductual, no al representacional.

Finalmente, durante la fase 3, las representaciones internas se reconcilian con los datos externos alcanzándose un equilibrio entre la búsqueda del control interno y externo. Por ejemplo, en el caso del lenguaje se establece una nueva relación entre las representaciones de entrada y las de salida para restaurar el uso correcto.

¿Pero qué sucede con el formato de las representaciones internas sobre las que se apoyan estas fases reiteradas? El modelo RR defiende que existen al menos cuatro niveles en los que el conocimiento puede representarse y rerrepresentarse. Les he dado los nombres de Implícito (I), Explícito 1 (E1), Explícito 2 (E2) y Explícito 3 (E3). Estas tres formas distintas de representación no constituyen estadios de desarrollo dependientes de la edad, sino partes de un ciclo repetitivo que ocurre una y otra vez en diferentes microdominios a lo largo del desarrollo.

El modelo RR postula la existencia de distintos formatos de representación en cada nivel. En el nivel I, las representaciones se encuentran en forma de procedimientos de análisis y respuesta a estímulos del ambiente externo. Hay una serie de restricciones que operan sobre las adiciones representacionales que se forman en este nivel:

La información se codifica de forma procedimental.

Las codificaciones procedimentales están secuencialmente especificadas

Las representaciones nuevas se almacenan de forma independiente. Las representaciones del nivel I están entre paréntesis, por lo que aún no pueden formarse vínculos representacionales inter o intradominios.

Por lo tanto, la información contenida en las representaciones de nivel I no se encuentra a disposición de otros operadores del sistema cognitivo. Así, si hay dos procedimientos que contienen información idéntica, esta potencial comunidad interrepresentacional no se encuentra aún representada en la mente del niño. Los procedimientos están a disposición de otros operadores, en calidad de datos, *como totalidades*; no así sus *partes componentes*. Cuesta tiempo de desarrollo y redescripción representacional (véase la discusión del nivel E1 un poco más adelante) el que las partes componentes se hagan accesibles a potenciales vínculos intradominio, proceso que en última instancia lleva a la aparición de flexibilidad interrepresentacional y capacidades creativas de resolución de problemas. Pero en este primer nivel los vínculos representacionales potenciales y la información que contienen los procedimientos permanecen implícitos. Gracias a ello se desarrolla la capacidad de computar entradas específicas de modo preferente y responder rápida y eficazmente al entorno. Pero la conducta que se genera a partir de las representaciones de nivel I es relativamente inflexible.

El modelo RR postula un proceso repetitivo posterior de redescripción representacional[22] que implica los niveles E1, E2 y E3. Las representaciones del nivel E1 son resultado de la redescripción de las representaciones codificadas procedimentalmente en el nivel I en un formato nuevo comprimido. Las redescripciones son abstracciones en un lenguaje de nivel superior y, a diferencia de las representaciones de nivel I, no están puestas entre paréntesis (es decir, las partes componentes están abiertas a potenciales vínculos representacionales intra e interdominios).

Las representaciones E1 son descripciones reducidas que pierden numerosos detalles de la información codificada procedimentalmente. Un buen ejemplo de lo que tengo en mente en relación a esto es el caso de la imagen rayada que recibe el sistema perceptivo de una persona que ve una cebra (Mandler, 1993). Redescribir esta percepción como «animal con rayas» (ya sea con el lenguaje o mediante imágenes) supone perder muchos detalles. A lo cual hay que añadir que la redescripción permite al sistema *cognitivo* comprender la analogía entre una cebra de verdad y la señal de tráfico que denominamos «paso de cebra» (en Europa, un paso de peatones pintado con rayas anchas de color blanco y negro), a pesar de que la cebra y la señal de tráfico proporcionan al sistema *perceptivo* entradas sensoriales muy distintas. Una especie carente de redescripciones representacionales no podría trazar la analogía entre la cebra y el «paso de cebra». La representación redescrita es, por una parte, más sencilla y de propósito menos específico, pero al mismo tiempo es cognitivamente más flexible (porque puede trasponerse a otras metas). A diferencia de las representaciones perceptivas, las redescripciones conceptuales son productivas; permiten la invención de términos nuevos (por ejemplo, la «cebrina», anticuerpo que hace que ciertas clases de células adquieran una apariencia rayada).

Es importante resaltar que las representaciones originales de nivel I siguen intactas en la mente del niño, que puede recurrir a ellas para determinadas finalidades cognitivas que requieran velocidad y automaticidad. Las representaciones redescritas se utilizan para otros fines que requieren conocimiento explícito.

Aunque el proceso de redescripción representacional puede ocurrir sobre la marcha, mi propuesta es que también puede tener lugar sin necesidad de un análisis que ocurra al mismo tiempo que la entrada de los datos o la salida de un producto. Por consiguiente, puede haber cambios al margen de las relaciones normales entre entradas y salidas, es decir, simplemente como consecuencia de la dinámica interna del sistema, en ausencia de cualquier tipo de presiones externas. Volveré a ocuparme de esta cuestión en un momento.

A medida que las representaciones van redescribiéndose en el formato E1, somos testigos de cómo empieza a formarse un sistema cognitivo flexible sobre el cual podrán construirse posteriormente las incipientes teorías del niño. El nivel E1 consta de representaciones definidas explícitamente que pueden manipularse y ponerse en relación con otras representaciones redescritas. Por consiguiente, las representaciones del nivel E1 superan las restricciones impuestas en el nivel I, en el cual se utilizan simplemente representaciones de tipo procedimental en respuesta a estímulos externos. Una vez definido explícitamente el conocimiento que antes estaba embutido en procedimientos, es posible marcar y representar internamente las relaciones potenciales entre los componentes de esos procedimientos. Más adelante analizo varios ejemplos de este proceso, sobre todo en los capítulos 2 y 3. Más aún, una vez ha tenido lugar la redescripción creándose representaciones explícitas manipulables, el niño puede efectuar violaciones de las descripciones verídicas, guiadas por los datos, del mundo, violaciones que permiten la aparición del juego de ficción, la comprensión de creencias falsas y el uso de expresiones contrarias a los hechos. Todo esto se explora en detalle en el capítulo 5.

Es importante resaltar que, aunque las representaciones E1 están a disposición del sistema en calidad de datos, no necesariamente se tiene acceso consciente a ellas o se pueden expresar verbalmente. A lo largo del libro, examinaremos varios ejemplos de la formación de representaciones explícitas que aún no pueden ser objeto de reflexión consciente o expresión verbal, pero que han superado claramente el nivel procedimental. En general, los investigadores del desarrollo han tendido a pasar por alto la distinción entre conocimiento almacenado implícitamente y representaciones E1 en las que el conocimiento *está* explícitamente representado aunque aún no pueda accederse conscientemente a él. Han establecido una dicotomía entre una noción mal definida de algo que está implícito en la conducta (como si no hubiese información representada de alguna forma) y el conocimiento al que puede accederse de forma consciente y expresarse verbalmente. El modelo RR postula que el sistema representacional del ser humano es mucho más complejo de lo que esta dicotomía indica. Mi idea es que hay más de dos tipos de representación. Hay otros niveles entre la información procedimental almacenada de forma implícita y el conocimiento declarativo que puede expresarse verbalmente. Esta multiplicidad de niveles en los formatos de representación puede identificarse sobre todo gracias a la adopción de una perspectiva de desarrollo.

Según el modelo RR, la posibilidad de acceso consciente y de verbalización sólo se alcanza superando el nivel E1. La hipótesis es que en el nivel E2 las representaciones se hacen accesibles a la conciencia pero aún no pueden expresarse verbalmente (lo cual sólo será posible en el nivel E3). Aunque según algunos teóricos la conciencia puede reducirse a la expresabilidad verbal, el modelo RR defiende la idea de que las representaciones E2 —que son redescripciones de las representaciones E1— son accesibles a la conciencia pero están aún en un código representacional semejante al de las representaciones E1. Por ejemplo, las representaciones espaciales E1 se recodifican como representaciones *espaciales* E2 a las que puede accederse conscientemente. Muchas veces, dibujamos diagramas de problemas que no somos capaces de verbalizar. El resultado final de toda esta serie de redescripciones es que en la mente coexisten múltiples representaciones del mismo conocimiento con diferentes niveles de detalle y explicitud.

En el nivel E3, el conocimiento se recodifica mediante un código común a todos los sistemas. Mi hipótesis es que este formato común está lo suficientemente próximo al lenguaje natural como para que resulte fácil traducirlo a un formato comunicable, verbalmente expresable. Es posible que determinados conocimientos que se aprenden directamente de manera lingüística se almacenen inmediatamente en el nivel E3 [23]. Los niños aprenden mucho de la interacción verbal con los demás. Sin embargo, es posible almacenar un conocimiento determinado en formato lingüístico sin establecer vínculos entre éste y otros conocimientos similares almacenados en otros códigos. Muchas veces, el conocimiento lingüístico (p. ej., un principio matemático que regule la sustracción) no actúa sobre el conocimiento no lingüístico (p. ej., un algoritmo que se emplee en la práctica para restar [24]) hasta que ambos se redescriben en un formato semejante y pueden operar las restricciones interrepresentacionales.

En los próximos capítulos voy a distinguir tres niveles distintos de formato representacional: I, E1 y E2/3. No voy a distinguir entre los niveles E2 y E3, los dos que implican acceso consciente. No hay investigaciones que se hayan centrado directamente en el nivel E2 (acceso consciente sin expresabilidad verbal); la mayoría de los estudios metacognitivos, si no todos, se centran en la expresabilidad verbal (es decir, en el nivel E3). Sin embargo, como ya he dicho, no quiero renunciar de antemano a la posibilidad de que haya representaciones espaciales, cinestésicas o de otro tipo codificadas de modo no lingüístico y que sean accesibles a la conciencia.

Existen, por consiguiente, múltiples niveles en los que un mismo conocimiento puede representarse. La noción de codificación múltiple es importante; el desarrollo *no* parece regirse por un impulso hacia la economía. La mente puede resultar un almacén de conocimiento y procesos ciertamente redundante.

Antes de concluir mi exposición del modelo RR, es importante que distinga entre el *proceso* de redescripción representacional y las maneras en que este proceso puede llevarse a cabo en un *modelo*. El proceso consiste en recodificar información almacenada en un formato o código representacional pasándola a otro distinto. Una representación espacial puede recodificarse, por ejemplo, en formato lingüístico; o una representación propioceptiva, en formato espacial. Cada redescripción (o rerrepresentación) constituye una versión más condensada o comprimida del nivel anterior. Acabamos de ver cómo el modelo RR postula la existencia de por lo menos cuatro niveles jerárquicamente organizados en los que se produce el proceso de redescripción representacional. Ahora bien, pueden aparecer datos empíricos que refuten la existencia de esta jerarquía (es decir, que refuten el *modelo* RR) pero sin afectar al *proceso* mismo de redescripción representacional. En efecto, como puede apreciarse en la figura 1.3, hay varios modelos alternativos de cómo podría llevarse a cabo el proceso de redescripción representacional. En primer lugar, como supone el modelo RR, podría consistir en pasar de representaciones implícitas a un nivel de representaciones definidas explícitamente pero a las que no se puede tener acceso consciente (nivel E1), y finalmente a un formato

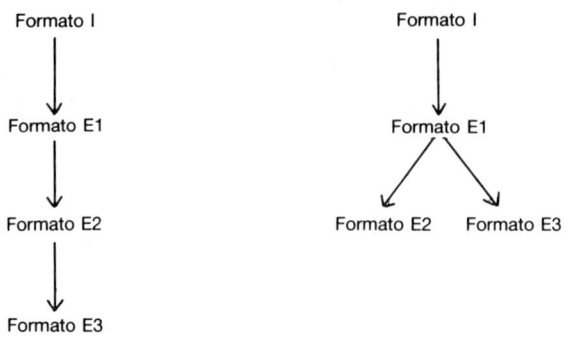

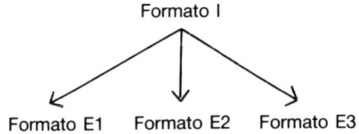

FIGURA 1.3. *Modelos alternativos de redescripción representacional (RR).*

que sí pueda ser objeto de acceso consciente (nivel E2) y expresión verbal (nivel E3). Un punto de vista distinto sería que las representaciones implícitas se redescriben directamente o al formato E1 o al E2 o al E3, de manera que la información podría recodificarse directamente en forma lingüística sin necesidad de pasar por el nivel E1 (que es lo que el modelo RR plantea).

También puede haber diferencias entre modelos respecto a las restricciones que operarían en el proceso de redescripción representacional. Por ejemplo, un modelo podría postular que cada vez que una nueva entrada se computa y se almacena se produce automáticamente una redescripción en uno o dos formatos distintos. En cambio, el modelo RR defiende la idea de que la mayoría de las veces es preciso alcanzar un período de «maestría conductual» antes de que se produzca la redescripción. De nuevo, si se demostrase que puede haber redescripción antes de lograr maestría conductual, sería preciso modificar el modelo, pero el concepto general de redescripción representacional seguiría intacto. El modelo RR defiende que hay tres fases recurrentes que conducen a la maestría conductual y más allá de ella. Una vez más, si se demostrara que esas fases no existen, el proceso de redescripción no se vería por ello necesariamente refutado. En cambio, si el proceso de redescripción representacional perdiera plausibilidad (es decir, si todas las representaciones de la mente poseyeran un estatus semejante, o si las restricciones que operasen sobre el conocimiento procedimental y sobre el declarativo fuesen totalmente distintas, en lugar de que cada nivel supusiese la redescripción del nivel anterior), entonces también el modelo perdería claramente su plausibilidad.

El lector me va a permitir que subraye, de nuevo, el concepto de fases de desarrollo repetitivas. En un momento dado, el niño podría poseer sólo representaciones de nivel I en un microdominio, al mismo tiempo que en otro posee representaciones E1; y en otro, representaciones E2/3. Obviamente, esta posibilidad también es válida entre dominios distintos. La hipótesis es que no se producen cambios generalizados del formato representacional en todos los dominios al llegar a una edad determinada. No existe nada parecido al «niño de la fase E2», sino que las representaciones de un niño pueden estar en el formato E2 en un microdominio determinado.

El *proceso* de redescripción representacional es, en sí, de dominio general, pero opera en diferentes momentos en cada dominio específico y está restringido por los contenidos y el nivel de explicitud de las representaciones de cada microdominio. Si resultase que cada nivel de redescripción representacional se alcanzase de modo generalizado a una misma edad (p. ej., el nivel I hasta los dos años de edad; el nivel E1, de los dos a los cuatro años, y el nivel E2/3 a partir de los cinco años), cosa que me parece sumamente improbable, el modelo se vería refutado y el proceso adquiriría un estatus teórico distinto.

Este modelo también plantea que el cambio representacional *dentro de* cada fase consiste en hacer adiciones representacionales, proceso en el cual desempeña un papel importante la retroalimentación negativa (los fallos, las insuficiencias, la inadecuación, la incongruencia entre entradas y salidas, etc.), llegando progresivamente a la maestría conductual[25]. Sin embargo, la hipótesis es que, en las transiciones *entre* fases distintas, la retroalimentación *positiva* resulta esencial para que comience la redescripción representacional. En otras palabras, se redescriben sólo las representaciones que hayan alcanzado un estado estable (lo cual sucede cuando el niño ha logrado maestría conductual).

Esta concepción del cambio cognitivo como proceso basado en el éxito contrasta con el punto de vista piagetiano. Según Piaget, un sistema estable no mejoraría por sí mismo. El proceso piagetiano de equilibración tiene lugar cuando el sistema se encuentra en un estado de desequilibrio. El modelo RR también está en contra de la idea conductista según la cual el cambio se produce como consecuencia de los fallos o del refuerzo externo. Para el modelo RR, ciertos tipos de cambio se producen *después* de que el niño haya tenido éxito (es decir, cuando ya es capaz de emitir unas producciones lingüísticas determinadas o de alcanzar sistemáticamente su meta en una situación de resolución de problemas). La redescripción representacional es un proceso que consiste en «apropiarse» de los estados estables para extraer de ellos la información que contienen, la cual puede entonces utilizarse con mayor flexibilidad para otros fines.

Por supuesto, no pretendo negar el papel que el conflicto cognitivo desempeña para generar otros tipos de cambios (por ejemplo, mediante la incongruencia entre las expectativas generadas por una teoría y los resultados reales). Lo que pretendo es hacer hincapié en el papel adicional —y, según mi hipótesis, crucial— que la estabilidad interna del sistema desempeña como base a partir de la cual se genera la redescripción representacional. La flexibilidad cognitiva y la conciencia surgen, en última instancia, en virtud de la reiteración del proceso de redescripción representacional, y no simplemente como consecuencia de la interacción con el ambiente externo.

La importancia de la perspectiva del desarrollo para la ciencia cognitiva

Si estamos interesados en la flexibilidad cognitiva y el acceso consciente al conocimiento, ¿por qué no estudiar datos psicológicos de personas adultas? Cognitivamente los adultos son sin duda mucho más flexibles que los niños. ¿Qué justifica entonces que adoptemos la perspectiva del desarrollo? Desde luego no el hecho de que los datos de niños sean tan encantadores. Basta con echar un vistazo a la bibliografía sobre desarrollo para darse cuenta de que hay un enorme número de investigadores absortos por el problema de a qué edades alcanzan los niños los hitos de su desarrollo cognitivo. Sin embargo, otros —entre los cuales me cuento yo— emplean el estudio del desarrollo como instrumento teórico para estudiar la mente humana desde la perspectiva de la ciencia cognitiva. Estos últimos investigadores no están interesados en los niños *per se* [26].

La perspectiva del desarrollo es esencial para el análisis del conocimiento humano porque el hecho de comprender la arquitectura preestablecida de la mente humana, las restricciones del aprendizaje y *cómo cambia el conocimiento progresivamente a lo largo del tiempo* puede darnos pistas sutiles acerca de su formato final de representación en la mente del adulto. El trabajo de Spelke (1990), del que me ocupo en el capítulo 3, ha sido especialmente influyente para mostrar la importancia de la perspectiva del desarrollo en la ciencia cognitiva [27]. Por ejemplo, en los adultos los procesos de segmentación de los agregados visuales en objetos están tapados por otros procesos cuya meta es reconocer las categorías de los objetos. Pero estudiando cómo segmentan los bebés los agregados visuales en objetos antes de que sean capaces de categorizar ciertos tipos de objetos, Spelke es capaz de generar nuevas hipótesis sobre el funcionamiento del sistema visual del adulto [28].

Por otra parte, resulta que, cuando se exploran en el contexto del desarrollo distinciones tales como declarativo/procedimental, consciente/inconsciente y controlado/automático, usadas tan a menudo para explicar el procesamiento adulto, éstas implican mucho más que una simple dicotomía. Pero, a la hora de adoptar la perspectiva del desarrollo, es preciso que nos tomemos en serio la noción misma de «desarrollo». Paradójicamente, muchas veces los estudios que se realizan con recién nacidos y bebés no son en absoluto estudios «de desarrollo». Como los estudios sobre adultos, suelen centrarse no en los procesos de cambio, sino en el procesamiento en tiempo real de sistemas en estado estable. Por supuesto, es esencial determinar cuál es el estado inicial de la mente humana, y para ciertas capacidades el estado inicial no se encuentra necesariamente presente en el momento del nacimiento, sino que aparece sólo después de que las estructuras neurológicas en cuestión hayan madurado (Mehler y Fox, 1985). Sin embargo, la noción de perspectiva «de desarrollo» va más allá de la especificación del estado inicial y no se aplica meramente a los detalles del procesamiento infantil en tiempo real y en estados estables. Asimismo, tampoco puede reducirse al hecho de centrarse en el aprendizaje de niños de diferentes edades en lugar de en el aprendizaje adulto. Cuando hacemos un uso teórico de la perspectiva del desarrollo dentro del marco de la ciencia cognitiva, la edad concreta en que los niños pueden realizar bien una tarea es, hasta cierto punto, irrelevante.

La implicación fundamental que tiene adoptar la perspectiva del desarrollo es centrarse en el cambio conductual y representacional *a lo largo del tiempo*. Muchas veces haré uso de una fase posterior del desarrollo para comprender el estatus de las representaciones que subyacen a unas conductas determinadas, sobre todo en aquellos casos de especial interés en que las conductas del niño y del adulto son prácticamente idénticas. La noción de *cambio representacional en el tiempo* constituirá el foco de mi interés a lo largo de este libro. Por todas estas razones es por lo que mantengo que la perspectiva del desarrollo tiene mucho que ofrecer a la ciencia cognitiva en sus esfuerzos por comprender mejor la mente del adulto.

La importancia de la perspectiva de la ciencia cognitiva para el desarrollo

La ciencia cognitiva estudia el conocimiento como forma de computación; y la mente, como sistema complejo que recibe, almacena, transforma, recupera y transmite información. Con este fin, recurre a diferentes disciplinas: psicología, filosofía, antropología, etología, lingüística, ciencia de los ordenadores y neurociencia. He señalado la importancia que la perspectiva del desarrollo tiene para la ciencia cognitiva. ¿Pero qué sucede con la posibilidad recíproca? ¿Qué importancia tiene que abordemos o no la psicología del desarrollo desde el punto de vista de la ciencia cognitiva?

Pensemos en la siguiente analogía. Los científicos de la computación utilizan los ordenadores de dos formas distintas: como herramienta práctica y como herramienta teórica (Rutkowska, 1987). Cuando los ordenadores se usan para resolver problemas prácticos, tales como diseñar robots o sistemas expertos, el foco de interés se centra en conseguir conductas apropiadas; la manera en que el ordenador consigue hacer su trabajo no importa (A. Clark, 1987, 1989). Por eso, no plantea ningún problema que se recurra a un *kludge* (algo que no sabemos por qué pero funciona en una tarea determinada). Pero cuando alguien utiliza el ordenador como herramienta teórica para simular los procesos mentales y comprobar teorías psicológicas, el foco de interés cambia a cuestiones relativas a por qué una arquitectura o un mecanismo son apropiados o cuál es la naturaleza de las representaciones, y entonces la manera en que el ordenador hace su trabajo se convierte en un problema fundamental.

Asimismo, los psicólogos del desarrollo son *grosso modo* de dos clases: la de quienes ven en el estudio del niño un fin en sí mismo y la de quienes lo utilizan como herramienta teórica para comprender los mecanismos de la mente humana en general. En el primer caso, como ya hemos dicho, muchos investigadores se centran en la conducta; por ejemplo, en la edad a partir de la cual un niño es capaz de hacer *x*. En mi opinión se han malgastado décadas de investigación sobre el desarrollo porque el interés se centraba enteramente en hacer bajar la edad en que los niños podían realizar bien una tarea sin preocuparse de *cómo* procesaban la información. Hace unos años, escribí un artículo que empezaba del siguiente modo (Karmiloff-Smith, 1981, p. 151): «El hecho más seductor y, al mismo tiempo, más desagradable del desarrollo infantil ¡es que los niños se desarrollan! Desagradable, porque ha dado lugar a toda una plétora de estudios, carentes de toda motivación teórica, que en determinados tipos de revista se aceptan para su publicación porque sus resultados son "significativos", esto es, *estadísticamente* significativos, ya que sin duda es fácil obtener efectos diferenciales entre, por ejemplo, niños de cinco y siete años, pero cuestionables en lo que a su significado *científico* se refiere». Pero afortunadamente el estudio de los niños se realiza también desde la perspectiva de la ciencia cognitiva, es decir, como medio teórico para comprender la mente humana en general. En estos estudios, el interés se centra en la arquitectura inicial, los mecanismos de procesamiento y la naturaleza del cambio representacional interno.

Hay muchos libros y artículos recientes que se centran en lo que la ciencia cognitiva y los modelos de procesamiento de información pueden ofrecer al estudio del desarrollo (Bechtel y Abrahamsen, 1991; A. Clark, 1989; Klahr *et al.*, 1987; Klahr, 1992; McTear, 1987). Mi meta en este libro es mostrar por qué adoptar la perspectiva del desarrollo es esencial para la ciencia cognitiva.

Plan del libro

La primera parte de los cinco capítulos que vienen a continuación —el niño como lingüista, como físico, como matemático, como psicólogo y como autor de notaciones— se concentra en el estado inicial de la mente del bebé y en el aprendizaje de dominio específico que se produce posteriormente durante la infancia. A continuación, cada capítulo presenta datos empíricos sobre las capacidades de resolución de problemas y construcción de teorías de niños mayores, haciendo especial hincapié en la flexibilidad cognitiva y el metaconocimiento.

Podría haber dedicado un capítulo propio al tema del niño como formador de conceptos, dada la gran cantidad de investigación sobre este tema [29]. Sin embargo, el desarrollo conceptual es un tema importante de los capítulos que van del 2 al 6: cómo categorizan los niños los objetos del mundo físico, cómo matematizan el mundo, cómo conciben a los agentes humanos frente a los objetos físicos y cómo codifican ese conocimiento lingüísticamente y mediante notaciones externas como los dibujos y los mapas. Por consiguiente, la formación de conceptos estará presente en cada capítulo en lugar de recibir tratamiento aparte.

En los capítulos 7 y 8 echo un nuevo vistazo al problema de la reconciliación entre el innatismo y el constructivismo piagetiano y analizo la necesidad de desarrollar modelos de desarrollo más formalizados. Compararé aspectos del modelo RR con la simulaciones conexionistas del desarrollo. En todo momento hago especial hincapié en el estatus de las representaciones sobre las que se apoyan las diferentes capacidades y en la multiplicidad de niveles en que el conocimiento puede almacenarse y hacerse accesible. Terminaré el libro echando un último vistazo al modelo RR y especulando sobre la naturaleza de las representaciones en organismos no humanos, que —con independencia de la complejidad de sus conductas— nunca se convierten en lingüistas, físicos, matemáticos, psicólogos o usuarios de notaciones.

Capítulo 2
EL NIÑO COMO LINGÜISTA

> *Los niños pequeños saben algo acerca del lenguaje que la araña no sabe acerca de la elaboración de sus telas.* (Gleitman *et al.*, 1972, p. 160)

> «*¿Qué es eso?*»
> *La madre: «una [máquina] escritora»*
> *«No, tú eres la escritora; eso es una máquina de escribir»*
>
> (Yara, 4 años) *

¿Qué nos hace específicamente humanos? ¿La complejidad de nuestro lenguaje? ¿Nuestras estrategias de resolución de problemas? Puede que al lector le sorprenda la idea de que, en un sentido muy profundo, el lenguaje y algunos aspectos de la capacidad de resolución de problemas del ser humano no son ni más ni menos complejos que las conductas de otras especies. Lo que importa no es la complejidad por sí misma: las arañas tejen telas complejas, las abejas transmiten información compleja sobre la fuente y la calidad del néctar, las hormigas interactúan en colonias complejas, los castores construyen diques complejos, los chimpancés poseen estrategias complejas de resolución de problemas y los seres humanos usan un lenguaje complejo. Sin embargo, hay personas que adquieren un lenguaje fluido pero son incapaces de resolver ciertos problemas que un chimpancé, sin lenguaje, sí puede resolver. Por consiguiente, no es por falta de habilidades generales de resolución de problemas por lo que el chimpancé no adquiere lenguaje. En los seres humanos debe de haber algo innatamente especificado en relación con la capacidad de adquirir el lenguaje. Aunque el lenguaje sea específico de los seres humanos, entre la inteligencia humana y la de los animales existe también una diferencia de dominio gene-

---

* En inglés, la máquina de escribir se designa con el nombre de «typewriter», que literalmente significa «tipoescritora». El problema de Yara en este ejemplo es que no entiende por qué se aplica a una máquina un sufijo («writ-*er*») que normalmente en inglés se reserva a las personas que realizan una acción. Ante esta irregularidad, ella sugiere su solución propia: la «typewrit-*er*» es su madre; a la máquina hay que llamarla «typewrite», lo cual elimina la incomodidad de ver un sufijo de agente humano aplicado a una máquina. [N. de T.]

ral. A diferencia de la araña, que se limita a tejer su tela, el niño humano —y sostengo que esto es algo que sólo el niño humano es capaz de hacer— posee la potencialidad de tomar sus propias representaciones como objeto de atención cognitiva. Los niños que se desarrollan normalmente no sólo se convierten en eficaces usuarios del lenguaje, sino que además se convierten espontáneamente en pequeños gramáticos. En cambio, las restricciones que operan sobre las arañas, las hormigas, los castores y, probablemente, incluso sobre los chimpancés son de tal naturaleza que estos animales carecen de la potencialidad de analizar su propio conocimiento.

Esta diferencia interespecífica está bellamente captada en la cita de la niña de cuatro años que abre este capítulo. ¡La máquina no puede ser una «typewriter», sino una «typewrite»! ¿Por qué no se limita el niño a aceptar la etiqueta que le da el adulto y utiliza la palabra correcta «typewriter»? ¿Por qué se ha molestado en llegar a la conclusión de que la función formal del sufijo «er» en inglés es la de identificar a un agente; es decir, que normalmente uno puede añadir a la raíz del verbo la terminación «er» para formar palabras que designen a agentes humanos (como «player» [jugador], «actor» [actor] o «painter» [pintor])? ¿Por qué no decir entonces «typewriter» [«escritor»] para referirse a la persona que escribe a máquina y no a la propia máquina de escribir? No podemos explicar esta capacidad del niño por mera referencia a las regularidades estadísticas de las entradas de información que recibe. Estas últimas podrían dar lugar a algún error esporádico de producción, tal como usar «typewrite» para referirse a la máquina, o a algún malentendido ocasional sobre la posibilidad de que «typewriter» se refiera a un agente humano. Sin embargo, las regularidades estadísticas no pueden explicar por qué se molesta el niño en ir más allá de las relaciones entre las entradas y las salidas de información y se pone a reflexionar metalingüísticamente sobre la palabra.

A lo largo de este libro, voy a defender la idea de que lo que los humanos tienen de peculiar es el hecho de que van espontáneamente más allá de las conductas apropiadas que les permiten tener éxito en una tarea. En el caso del lenguaje, como en otras áreas del conocimiento, los niños normales no se conforman con usar las palabras y las estructuras correctas, sino que van más allá de la maestría en el uso práctico del lenguaje y pasan a explotar el conocimiento lingüístico que tienen almacenado. Mi tesis es que esto es posible merced al proceso repetitivo de redescripción representacional que hemos visto en el capítulo 1. La reflexión metalingüística requiere representaciones lingüísticas flexibles y manipulables.

En cualquier dominio que exploremos, hay dos posturas teóricas principales que dividen a los investigadores del desarrollo en dos campos que se contraponen con cierta rigidez: o bien los procesos de adquisición son de dominio general, o bien son de dominio específico. El punto de vista modular e innatista sobre la adquisición del lenguaje defiende que se trata de un proceso de dominio específico; es decir, que hay estructuras lingüísticas innatamente especificadas que restringen el procesamiento por parte del niño de las entradas lingüísticas que recibe[1]. La postura basada en una estricta generalidad de dominios considera, en cambio, que el lenguaje es un mero caso particular de otros procesos y estructuras de dominio general[2].

En este capítulo voy a defender la tesis de que la adquisición del lenguaje es tanto de dominio general como de dominio específico; es decir, que ciertas restricciones iniciales de dominio específico canalizan la construcción progresiva de ciertas representaciones lingüísticas, también de dominio específico, pero que, una vez redescritas, estas representaciones están a disposición de procesos de dominio general. Esto da lugar a la existencia de múltiples representaciones de la misma información lingüística pero en formatos de representación diferentes. En otras palabras, voy a aceptar algunos aspectos de la tesis innatista en lo que se refiere a algunos estadios muy tempranos de la adquisición del lenguaje, con la salvedad de que voy a recurrir a una noción de módulo lingüístico menos estática, sin considerarlo como algo plenamente predeterminado, proponiendo, en su lugar, la existencia de un proceso de modularización progresiva. En la actualidad, existen datos abrumadores en favor de la hipótesis de que, desde el principio, los niños procesan los datos lingüísticos siguiendo restricciones específicas. En el bebé hay sesgos atencionales que sirven para construir representaciones lingüísticamente relevantes, y no sólo representaciones sensoriomotrices de dominio general. Sin embargo, a diferencia de los innatistas acérrimos, yo sostengo que la adquisición del lenguaje no puede reducirse a eso. Lo innatamente especificado hace que los niños presten especial atención a las entradas lingüísticas y fija las fronteras dentro de las cuales tiene lugar la adquisición del lenguaje; pero una postura más constructivista abre la posibilidad de que haya flexibilidad representacional, la cual, en última instancia, hace posible la conciencia metalingüística. Comenzaremos por ver de qué maneras tan distintas conciben las primeras fases de la adquisición del lenguaje las teorías de dominio general y de dominio específico.

La adquisición del lenguaje como proceso de dominio general: el bebé piagetiano

¿Si usted fuera discípulo de Piaget, cómo explicaría la aparición del lenguaje? En primer lugar, no admitiría que el neonato tuviese estructuras o mecanismos lingüísticos innatamente especificados que le hiciesen atender preferentemente a entradas de información lingüística. Por el contrario, los piagetianos sostienen que tanto la sintaxis como la semántica son meros productos de la organización estructural general de la inteligencia sensoriomotriz. Según esta teoría, con la culminación del período sensoriomotor es cuando el niño es capaz, por vez primera, de hacer representaciones simbólicas. Para explicar por qué el lenguaje empieza a aparecer hacia los 18 meses de edad, los piagetianos no recurren a posibles restricciones madurativas, sino que sostienen que el lenguaje no aparece antes porque forma parte integrante de la función simbólica (o semiótica), en la que se incluyen no sólo el lenguaje, sino también la imitación diferida, el juego simbólico y las imágenes mentales. Para los piagetianos, el lenguaje no es una capacidad que se desarrolle de manera independiente y explican su tardía puesta en marcha apelando al tiempo que tardan los esquemas sensoriomotores de acción en coordinarse e internalizarse progresivamente, haciendo posible de este modo la representación simbólica.

¿Pero puede uno realmente negar la capacidad de representación simbólica del bebé? Para hacerlo, sería preciso descartar los convincentes argumentos de Mandler (1983, 1988, 1993), basados en la amplia cantidad de datos actuales que indican que al principio de la infancia hay ya representación simbólica. ¿Cómo podría un bebé —se pregunta Mandler— recordar una acción e imitarla hasta 24 horas después de haberla presenciado (Meltzoff, 1988, 1990) si no contase con algún tipo de conocimiento accesible representado en una memoria a largo plazo? ¿O cómo podría un bebé de entre seis y nueve meses de edad recordar el tamaño exacto de un objeto y el lugar preciso en que estaba localizado detrás de una pantalla (Ashmead y Perlmutter, 1980; Baillargéon, 1986) si no pudiera tener una representación accesible de ellos? De hecho, los datos acumulados desde principios de la década de los ochenta ponen en cuestión la idea misma de que en el desarrollo humano exista un estadio puramente sensoriomotor anterior al lenguaje.

Un discípulo de Piaget tendría que pasar por alto o reinterpretar los nuevos datos sobre los bebés que voy a exponer a continuación para seguir defendiendo que el lenguaje forma parte de la función semiótica, y que sólo se podría disponer de ambos después de la culminación de la inteligencia sensoriomotriz. Los piagetianos buscan precursores de todos los aspectos del lenguaje en la interacción sensoriomotriz del niño con el ambiente. Por ejemplo, el fenómeno de la recurrencia lingüística no se achaca a ninguna limitación de dominio específico; la explicación de los piagetianos apela a un proceso de recurrencia de dominio general que surgiría a partir del encajamiento previo de esquemas sensoriomotores de acción, tales como ver y coger. Según ellos, este encajamiento es producto de reacciones circulares postnatales tales como la succión reiterada (Sinclair, 1971). Los piagetianos explican la aparición del orden de las palabras y las dificultades que conlleva en función exclusivamente de la comprensión anterior del orden de las acciones sensoriomotrices. Jugar con recipientes —meter unos objetos dentro de otros— se considera un precursor necesario de la inserción de oraciones. Los piagetianos creen que los conceptos cognitivos de agente, acción y receptor son prerrequisitos necesarios de las primeras estructuras oracionales (p. ej., sujeto, verbo, objeto). Nociones tales como sintagma nominal, sintagma verbal, sujeto y oración se motejan de «adultomorfismos» y se considera que no intervienen en las computaciones lingüísticas del niño pequeño hasta la adquisición de estructuras cognitivas elaboradas. De hecho, algunos piagetianos sostienen que «los estadios de desarrollo cognitivo determinan la naturaleza y la forma de las estructuras lingüísticas que los niños son capaces de producir y comprender» (Ferreiro y Sinclair, 1981), y, más recientemente, que «la competencia lingüística básica [es] construida por el niño después de sus adquisiciones fundamentales durante el período de la inteligencia práctica preverbal y siguiendo su modelo» (Sinclair, 1987).

¿Pero qué sucedería si, adoptando una postura piagetiana, abrazásemos el estructuralismo chomskyano negando, al mismo tiempo, las implicaciones innatistas de su teoría? Ciertamente los piagetianos tienden a aferrarse a la teoría chomskyana, hoy obsoleta, de las estructuras lingüísticas profundas y superficiales y sus diferentes transformaciones (Chomsky, 1965), sólo que, para ellos, esas estructuras y transformaciones son casos especiales de estructuras y operaciones cognitivas desarrolladas anteriormente (Sinclair, 1987). La psicolingüística piagetiana resulta más compatible con el modelo transformacional previo de Chomsky que con su modelo posterior, basado en principios y parámetros lingüísticos innatamente especificados (Chomsky, 1981). Resultaría difícil encajar este nuevo modelo con las ideas cognitivistas de los piagetianos sobre las primeras etapas de desarrollo del lenguaje [3]. Y, sin embargo, paradójicamente la teoría más reciente de Chomsky, que no se basa en reglas sino en principios, es más fácil de integrar con un punto de vista epigenético que su enfoque transformacional anterior, basado en reglas.

¿Sería posible que los mismos mecanismos que se utilizan para analizar escenas visuales explicasen también los principios específicamente lingüísticos que determinan las relaciones semántico-sintácticas? La vista y el lenguaje parecen seguir cada uno sus propios principios de dominio específico, por lo menos en las personas adultas, lo cual no significa necesariamente que dichos principios tengan que estar especificados innatamente de forma detallada, aunque podrían estarlo. Lo que sí sugiere ese hecho es que el bebé debe partir con predisposiciones lingüísticas y sesgos atencionales innatamente especificados, capaces de restringir el tipo de entradas computadas para evitar la violación de principios lingüísticos específicos, en lugar de que el bebé tenga que entregarse a un ejercicio de correlación de patrones, controlado por los datos, basado en el procesamiento de entradas externas y el uso de estructuras cognitivas no lingüísticas de dominio general [4].

Por otra parte, los piagetianos se ven en el apuro de tener que explicar las restricciones naturales que operan sobre las capacidades de inferencia de los niños. Si el niño recurriese sólo a generalizaciones basadas en procesos cognitivos de dominio general, entonces, con los datos de entrada que recibe, tendría que hacer muchas generalizaciones lingüísticas inapropiadas. Sin embargo, esas generalizaciones no se producen. Las inferencias que los niños hacen y dejan de hacer al adquirir el lenguaje están gobernadas por principios lingüísticos específicos que restringen la clase de entradas susceptibles de tales generalizaciones. Parece que, en los primeros estadios de la adquisición del lenguaje, la especificidad de dominios le gana la batalla a la generalidad de dominios. Sin embargo, los piagetianos siguen explicando todas las nociones lingüísticas como derivadas a partir de nociones cognitivas, sosteniendo que la sintaxis y la semántica son generalizaciones efectuadas a partir de representaciones sensoriomotrices y conceptuales.

Desde el punto de vista piagetiano, por consiguiente, cabría predecir que el retraso lingüístico debería ir necesariamente acompañado de un retraso cognitivo grave. Pero esa predicción resulta errónea. En efecto, estudios con niños aquejados de hidrocefalia interna y espina bífida (Anderson y Spain, 1977; Cromer, 1991; Hadenius *et al.*, 1962; Swischer y Pinsker, 1971; Tew, 1979) o que sufren el síndrome de Williams (Bellugi *et al.*, 1988; Udwin *et al.*, 1987) muestran que puede haber sintaxis y morfología léxica complejas (corrección gramatical, elocuencia de vocabulario, etc.) coexistiendo con trastornos cognitivos generales muy graves.

En suma, si usted fuera piagetiano, tendría que reducir los universales lingüísticos a universales cognitivos generales y respaldar la reciente afirmación de Sinclair (1987) en el sentido de que «la competencia lingüística y la manera en que se desarrolla en el niño [es] parte integrante de una competencia cognitiva general [5]».

La adquisición del lenguaje como proceso de dominio específico: el niño innatista

¡Qué diferentes serían sus ideas si usted fuese un teórico partidario de la especificidad de dominios! Junto con un número cada vez mayor de psicolingüistas evolutivos, defendería usted la idea de que los niños pequeños se centran específicamente en el lenguaje como un tipo de problema particular, y no como parte de las entradas de información de dominio general. Quienes adoptan una perspectiva de dominio específico sobre la adquisición del lenguaje esperan que el recién nacido posea una serie de sesgos atencionales orientados al lenguaje. Atribuyen la cronología de los inicios del lenguaje a la existencia de restricciones madurativas innatamente especificadas, en lugar de considerarla como el producto final de un proceso de desarrollo sensoriomotor de dominio general. Para muchos innatistas, el lenguaje es modular (es decir, totalmente independiente de otros aspectos del conocimiento)[6]. Para otros, es de dominio específico, pero no estrictamente modular. En ambos casos, el aprendizaje de la lengua materna por parte de los niños se considera un proceso guiado innatamente.

Por consiguiente, si usted adoptase una perspectiva de dominio específico sobre la adquisición del lenguaje, tendría que buscar en el recién nacido y en el niño pequeño precursores específicamente lingüísticos del surgimiento del lenguaje a los 18 meses. Y sus esfuerzos se verían recompensados.

El niño, al aprender el lenguaje, se enfrenta al menos a tres problemas[7]: cómo segmentar la corriente del habla en unidades lingüísticas significativas, cómo analizar el mundo en objetos y acontecimientos pertinentes para la codificación lingüística[8] y cómo hacer corresponder las unidades lingüísticas con los objetos y acontecimientos del mundo, tanto en el nivel léxico como en el sintáctico. Para un innatista, estos problemas no pueden resolverse si el niño no viene dotado de procesos previos lingüísticamente orientados capaces de restringir su manera de computar las entradas lingüísticas en comparación con otras entradas auditivas. Por consiguiente, debe existir algún componente innato para la adquisición del lenguaje (lo cual, repitámoslo una vez más, no significa que tenga que haber un módulo innato plenamente acabado). Los sesgos atencionales junto con algunas predisposiciones innatas pueden hacer que el niño se centre en las entradas de información pertinentes para el lenguaje y que, con el tiempo, construya representaciones lingüísticas que sean de dominio específico. Dada la rapidez con que procesamos el lenguaje, *con el tiempo* el sistema podría cerrarse a otras influencias, es decir, hacerse relativamente modularizado.

Vamos a centrarnos ahora en una serie de investigaciones dirigidas a descubrir cuáles son las restricciones lingüísticas que operan sobre los comienzos del lenguaje en el recién nacido y el bebé, explorando cómo construyen y almacenan representaciones lingüísticamente pertinentes. Varias investigaciones recientes indican que la mente del bebé computa una clase restringida de entradas lingüísticas específicas: los bebés interpretan las ondas sonoras distinguiendo entre las entradas sensoriales que son lingüísticamente pertinentes y las que no tienen que ver con el lenguaje. Según Mehler *et al.* (1986), los bebés de tan sólo cuatro días de edad son ya sensibles a ciertas características de su lengua materna. Empleando la técnica de habituación de la succión no nutritiva, que describimos en el capítulo 1, Mehler estudió si los bebés franceses eran sensibles a la diferencia entre el francés y el ruso pronunciados por un mismo hablante bilingüe. Unos estudios previos habían mostrado que, a las doce horas de vida, los bebés distinguen entre información lingüística y otros tipos de entrada acústica no lingüística. Pero otras investigaciones del propio Mehler habían puesto de manifiesto que, en el momento del nacimiento, los bebés no reaccionan aún a las diferencias entre distintas lenguas, lo cual significa que los estímulos que durante nueve meses recibe el feto *in utero* no proporcionan información lo suficientemente diferenciada como para que, en el momento del nacimiento, el niño muestre atención preferente por su lengua materna. Sin embargo, tan sólo cuatro días después del nacimiento —es decir, tras un período de experiencia sumamente corto—, los bebés estudiados por Mehler *et al.* se mostraban ya sensibles a los diferentes patrones prosódicos del francés y del ruso.

Los bebés no son sensibles sólo a patrones fonológicos o prosódicos globales. También atienden, desde muy temprano, a características que acabarán teniendo valor sintáctico. Jusczyk *et al.* (1989) estudiaron a un grupo de niños criados en un entorno de habla inglesa y descubrieron que, a los cuatro meses, los bebés eran sensibles a una serie de indicios que correlacionan con las fronteras entre oraciones, tanto en inglés como en polaco. Sin embargo, al cumplir los seis meses de edad, los niños habían perdido la sensibilidad a las fronteras oracionales del polaco, pero seguían mostrándose sensibles a las fronteras oracionales de su lengua materna. En otras palabras, la arquitectura de la mente infantil hace que, al principio, el bebé sea sensible a la estructura oracional de cualquier lengua humana. Por consiguiente, parece que hay una serie de características muy generales relativas a la estructura prosódica (y, tal vez, también sintáctica) del lenguaje humano que están ya incorporadas en el sistema o se aprenden sumamente pronto gracias a la existencia de ciertas predisposiciones lingüísticas. Estas sensibilidades iniciales canalizan el tipo de entradas que el niño computa posteriormente, permitiéndole seleccionar y estabilizar progresivamente las estructuras propias de su lengua materna.

Estos datos sugieren que hay predisposiciones y sesgos atencionales específicamente lingüísticos que permiten al niño aprender cualquier lengua humana y que, en interacción con las entradas sensoriales concretas correspondientes a la lengua o lenguas maternas del ambiente del niño, se seleccionan determinados caminos para representar y procesar el lenguaje. En la pubertad, la posibilidad de seguir los otros caminos ya se ha perdido y el procesamiento del lenguaje al estilo de la lengua materna se ha hecho relativamente modularizado.

Más grano para el molino de la antigeneralidad de dominios proviene de los trabajos que demuestran que las categorías perceptivas relacionadas con la fonología se estabilizan sin necesidad del establecimiento previo de programas sensoriomotores (Mehler y Bertoncini, 1988). También se han realizado experimentos que demuestran que los bebés son sensibles a la diferencia entre la tonalidad relativa, pertinente para el lenguaje, y la tonalidad absoluta (p. ej., distinguir una voz femenina de otra masculina), de importancia social; o que son sensibles a los aspectos rítmicos de la entrada lingüística, la duración de las vocales, el acento lingüístico, el contorno ascendente o descendente de la entonación o distinciones fonémicas sutiles [9].

También hay estudios que indican que, mucho antes de que puedan hablar, los bebés son ya sensibles a las fronteras entre palabras (Gleitman *et al.*, 1988) y a las fronteras oracionales en las que se aplican reglas gramaticales (Hirsh-Pasek *et al.*, 1987). Empleando un procedimiento de preferencia auditiva semejante al de preferencia visual descrito en el capítulo 1, Hirsh-Pasek *et al.* hacían que niños de entre siete y diez meses de edad escuchasen dos tipos de entrada auditiva. Trabajando con material grabado de una madre hablándole a su bebé, se elaboraron muestras de habla iguales en todo salvo por el hecho de que, en unas, se insertaban pausas en las fronteras oracionales normales, mientras que en las otras las pausas aparecían en el interior de las oraciones. Ya a los siete meses, los bebés se orientaban durante más tiempo a las muestras que estaban segmentadas en las fronteras oracionales normales que a aquellas en que las pausas violaban las fronteras lingüísticas naturales. En otras palabras, el niño pequeño ya analiza las entradas auditivas teniendo en cuenta los indicadores de las fronteras oracionales, es decir, de una manera lingüísticamente pertinente y sobre la que más adelante se apoyarán sus representaciones de la estructura sintáctica.

A este respecto, resultan muy interesantes unos estudios realizados con niños que no habían recibido ninguna estimulación lingüística inicial: niños sordos de nacimiento cuyos padres, oyentes, no sabían el lenguaje de signos. Lo apasionante es que se descubrió que, aunque carecían de los modelos lingüísticos que normalmente poseen los niños oyentes o los niños sordos cuyos padres emplean el lenguaje de signos, estos niños inventaron un sistema visomanual que presentaba varias restricciones propias del lenguaje natural (Goldin-Meadow y Feldman, 1979; Feldman *et al.*, 1978). Por supuesto, su sistema visomanual no se convirtió en un lenguaje de signos plenamente desarrollado. Para pasar de las predisposiciones lingüísticas a las restricciones específicas de una lengua (francés, inglés, lenguaje de signos americano, español, polaco, etc.) se necesitan entradas informativas ambientales. Pero casos como el que acabamos de mencionar subrayan, una vez más, la importancia de esos procesos de dominio específico, innatamente guiados, que pueden poner en marcha la adquisición del lenguaje incluso en ausencia de modelos.

Y en el caso normal, en que sí hay un modelo lingüístico, los niños pequeños claramente atienden, no a entradas de dominio general, sino a información de dominio específico relacionada con el lenguaje. Hay muchos datos que demuestran que, en su análisis inicial del lenguaje, el niño opera como si se tratase de un problema formal de dominio específico (Bloom, 1970; Karmiloff-Smith, 1979a; Valian, 1986, 1990). Un ejemplo que me parece especialmente revelador proviene de las investigaciones de Petitto (1987)[10], en las que estudiaba cómo adquirían los niños sordos los pronombres personales «tú» y «yo» del lenguaje de signos americano (ASL). Los sujetos de Petitto eran sordos de nacimiento, pero crecían en un ambiente lingüístico normal porque sus padres eran «hablantes» nativos de ASL. En esta lengua, los pronombres personales son de los pocos signos que se parecen a un gesto natural. «Yo» se codifica señalándose uno mismo con el dedo; «tú», señalando al interlocutor. Si los esquemas de acción sensoriomotriz fuesen la base necesaria para adquirir el lenguaje siguiendo un proceso de dominio general, los signos «yo» y «tú» deberían aparecer muy pronto en ASL, como prolongación natural de los gestos de señalar con el dedo. Además, no deberían producirse los errores deícticos típicos del lenguaje hablado, tales como la equivocación que temporalmente cometen los niños de usar «tú» para referirse a ellos mismos (Chiat, 1986; Tanz, 1980). Sin embargo, no se cumple ninguna de estas predicciones de dominio general sobre la adquisición del ASL. Los datos de Petitto demuestran que el gesto no lingüístico de señalar con el dedo aparece bastante antes que el uso sintáctico del pronombre en el lenguaje de signos y que el uso lingüístico de los pronombres aparece al mismo tiempo en ASL que en el lenguaje hablado. Esto no significa que no haya otros signos de naturaleza más léxica que no aparezcan antes en ASL (Bonvillian *et al.*, 1983; Meier y Newport, 1990)[11]. Pero la cuestión es que los pronombres no son una prolongación de los gestos, sino que forman parte integrante de un proceso de desarrollo de dominio específico: el del sistema lingüístico.

También es importante el hecho de que los niños sordos que adquieren el ASL como lengua materna empiezan a cometer errores en el uso de los pronombres personales con posterioridad. Al principio, usan los pronombres correctamente, pero después pasan por una etapa en que usan el signo de «tú» (señalar al interlocutor) para referirse a ellos mismos; o durante algún tiempo, en lugar de los pronombres personales, usan nombres propios. Es importante resaltar que los niños hacen esto a pesar de su pericia anterior en el uso del signo y a pesar de la aparente transparencia que en este caso existe entre las relaciones semánticas y sintácticas. Lo que sucede es que el niño sordo pasa por alto el carácter *indicativo* de los signos (la correspondencia entre los gestos de señalar y la información semántica) centrándose en su aspecto *formal* (el hecho de que son pronombres personales integrados en un sistema lingüístico formal).

El modelo RR explicaría este proceso de desarrollo en función de un cambio en las representaciones. Inicialmente el niño se centra en los datos de entrada y almacena dos representaciones independientes de nivel I correspondientes a «tú» y «yo». Posteriormente, cuando el niño está ya en condiciones de hacer producciones eficaces y sistemáticas, las representaciones de nivel I se redescriben, de tal manera que los componentes lingüísticos de la referencia mediante pronombres personales se definen explícitamente en el formato E1. Es entonces cuando pueden establecerse vínculos entre los componentes que ambas entradas tienen en común, de manera que las nuevas representaciones pueden formar un subsistema de pronombres personales.

La aparición tardía de errores ilustra de modo espectacular cómo los mecanismos de dominio específico que abstraen los datos restringen al niño haciéndole analizar solamente aquellos aspectos de la entrada que son pertinentes para el sistema lingüístico formal. En cambio, otros mecanismos de dominio específico distintos pueden interpretar esa *misma* entrada de forma no lingüística (p. ej., el gesto de señalar con el dedo puede interpretarse como un gesto social en lugar de como un signo lingüístico arbitrario).

Otro ejemplo que ilustra la naturaleza de dominio específico de los mecanismos de abstracción de datos y de producción proviene de los estudios neuropsicológicos sobre lesiones cerebrales en personas adultas «hablantes» del lenguaje de signos (Poizner *et al.*, 1987). Estos pacientes pueden ser capaces de imitar un movimiento manual, pero son incapaces de producir esa misma forma cuando se emplea en un contexto lingüístico. En otras palabras, su producción lingüística no se basa en procesos de dominio general; aparentemente, los *signos lingüísticos* realizados manualmente se almacenan y se procesan independientemente de los *gestos* manuales. Por consiguiente, parece que en el curso del aprendizaje el sistema lingüístico se vuelve de dominio específico y se hace relativamente modularizado. En los pacientes anteriores, lo que las lesiones han dañado son esos procesos de dominio específico, sin afectar a la capacidad de producir gestos manuales *no lingüísticos* de forma y complejidad semejante.

Una misma entrada puede, por consiguiente, estar abierta en cualquier momento a diferentes interpretaciones, dependiendo de cuál sea el foco concreto de dominio específico del niño (o del adulto). En lo que al lenguaje se refiere, desde el principio y a lo largo de todo el proceso de adquisición, parece haber restricciones de dominio específico relativas a la abstracción y representación de datos lingüísticamente relevantes, que operan tanto en la semántica como en la sintaxis.

La sensibilidad del bebé y del niño a las restricciones semánticas

¿Cómo pueden averiguar los niños cuál es la relación entre los conceptos y el léxico de su lengua materna? Una vez más, veremos cómo hay restricciones previas que reducen las hipótesis del niño sobre el posible significado de las palabras (Carey, 1982; E. Clark, 1987; Dockrell y Campbell, 1986; Gleitman, 1990; Hall, 1991; Markman, 1987, 1989; Merriman y Bowman, 1989). De esta manera puede evitarse un problema inductivo que, de otro modo, sería prácticamente imposible de resolver. Gleitman (1990) efectúa un análisis particularmente claro del problema general de las restricciones que operan en el aprendizaje de las palabras. Esta autora plantea el problema de Quine (1960) del siguiente modo: dada una producción lingüística y una situación a la que se refiere, ¿cómo podría un adulto inteligente, por no decir un niño de 18 meses, dar con el significado de una palabra nueva en vista de la multitud de posibles interpretaciones que tiene a su disposición? Por ejemplo, si un adulto señala un gato diciendo «¡mira, un gato!», ¿cómo puede saber el niño si el hablante usa la palabra «gato» para referirse a la totalidad del animal, a sus bigotes, al color de su pelo, al felpudo en el que está echado, a la escudilla de agua de la que bebe, a la acción de lamerse el pelo, al sonido que hace al ronronear, al lazo que adorna su cuello, al hecho de que al hablante le gustan los animales o a los detalles del fondo de esa escena (y así *ad infinitum*)? Veremos que los mismos problemas de inducción potencial afectan no sólo a los nombres sino también a los verbos. ¿Cómo podríamos inferir a partir tan sólo de los detalles del ambiente exterior cuál es la distinción lingüística entre, por ejemplo, «mirar» y «ver» o entre «perseguir» y «huir»? Según Gleitman, estos problemas inductivos surgirían sólo si el aprendiz estuviese únicamente pertrechado de la capacidad de hacer interpretaciones basadas en la observación de la escena que se le describe lingüísticamente. Pero las cosas no son así.

Según Gleitman, el procesamiento perceptivo y conceptual que el niño realiza de los acontecimientos y objetos de su ambiente está restringido para efectuarse en niveles específicos de abstracción y taxonomía. El niño no se enfrenta a la tarea de aprender las palabras a través de la mera observación, sino que el espacio de hipótesis que el niño puede plantearse respecto al posible significado de las palabras de su lengua está sujeto a restricciones de principio. Estas restricciones son producto, por un lado, de sesgos de dominio específico que afectan a las relaciones entre los objetos o acontecimientos del mundo y las palabras, y, por otro, de una sensibilidad a las distinciones que operan dentro del propio sistema lingüístico. Vamos a ocuparnos de cada uno de estos aspectos por turno.

En primer lugar, está el proceso de interacción entre las restricciones lingüísticas y las que se derivan de las interpretaciones que el niño hace del mundo físico (mediante la percepción visual o, en el caso de niños ciegos, mediante la percepción háptica). Carey (1982) [12] aborda este problema de manera sucinta planteando la siguiente pregunta: cuando un niño oye una palabra, ¿a qué tipos ontológicos supone que se refiere esa palabra: a objetos completos, a sus características, a sustancias o a qué? ¿Construyen los niños los significados de las palabras mediante un simple proceso de acumulación de rasgos semánticos (redondo, peludo, verde, puntiagudo, etc.), componente por componente (E. Clark, 1973; Baron, 1973), o hay restricciones en los significados posibles de las palabras que introducen un sesgo en la manera en que el niño interpreta las entradas lingüísticas? Ha habido varios intentos de dar respuesta a estas preguntas, pero el más interesante para nuestra exposición proviene de un enfoque sobre el aprendizaje de las palabras en la primera infancia y en períodos posteriores que se basa en la noción de restricciones.

Mandler (1988, 1993) ha proporcionado las especulaciones más concienzudas y mejor desarrolladas sobre la manera en que los niños pequeños construyen representaciones adecuadas para la codificación lingüística posterior. Según Mandler, los niños pequeños realizan un proceso de análisis perceptivo que va más allá de la computación rápida y automática de las entradas perceptivas. Este análisis perceptivo ocasiona la formación de primitivos perceptivos tales como MOVIMIENTO PROPIO / MOVIMIENTO PROVOCADO / TRAYECTORIA / SOPORTE / AGENTE. Estos primitivos guían la manera en que los bebés analizan los acontecimientos del mundo en entidades separadas que se encuentran sobre un soporte o están contenidas en un recipiente, y que se mueven de fuentes a metas siguiendo determinadas clases de trayectorias en función de que el movimiento sea animado o inanimado. Según Mandler, estos primitivos perceptivos se redescriben en un formato icónico-esquemático accesible, lo cual proporciona un nivel de representación intermedio entre la percepción y el lenguaje. Y son estos esquemas icónicos accesibles los que facilitan el desarrollo semántico (es decir, el establecimiento de relaciones entre categorías lingüísticas y categorías conceptuales). Los esquemas icónicos son representaciones no proposicionales, analógicas, de relaciones espaciales y movimientos; es decir, se trata de estructuras conceptuales que son proyección directa de estructuras espaciales.

El proceso de redescripción de los primitivos perceptivos en representaciones esquemáticas icónicas, y de estas últimas en formato lingüístico, muestra cómo puede aplicarse el modelo RR, bosquejado en el capítulo 1, a períodos muy tempranos de la infancia. He subrayado el hecho de que la redescripción representacional puede ocurrir al margen de las relaciones entre entradas y salidas. Mandler hace extensivo el modelo RR al procesamiento en directo, sugiriendo que también puede producirse la redescripción cuando el niño está activamente ocupado en el análisis de las entradas perceptivas redescribiéndolas al formato más accesible de los esquemas icónicos. Al igual que el modelo RR, Mandler postula que lo que tiene que estar innatamente especificado para la formación de esquemas icónicos es un mecanismo de análisis, no necesariamente sus contenidos.

La redescripción a formato lingüístico de los esquemas icónicos que conceptualizan las relaciones espaciales indica que, en el caso de la semántica, debe existir una relación más estrecha entre el lenguaje y el conocimiento que en el de la sintaxis.

¿Cómo aprenden los niños pequeños el significado de las palabras de su lengua? Es evidente que atienden al ambiente en que los adultos y otras personas utilizan las palabras y explican su significado. ¿Pero es suficiente con esto? Cuando el adulto señala un objeto y dice «Es un X», estamos ante un tipo de definición ostensiva que, por defecto, se queda muy lejos de determinar suficientemente el significado de las palabras. Para superar este problema, es preciso que los niños aporten a la tarea de aprender palabras un conjunto limitado de hipótesis sobre los posibles tipos de significado que éstas puedan tener. Markman y sus colegas (Horton y Markman, 1980; Markman, 1980; Markman y Wachtel, 1988 [13]) han mostrado cómo, ya hacia los tres años de edad (y puede que incluso desde los 18 meses, coincidiendo con el período de desarrollo explosivo del vocabulario [Bloom *et al.,* 1985; Dromi, 1987; McShane, 1979; Nelson, 1973]), los niños parecen regirse por tres suposiciones relativas a las relaciones entre las palabras y sus referentes: la suposición del objeto completo, la suposición taxonómica y la suposición de exclusión mutua. En primer lugar, entre los tres y los cinco años, los niños suponen que una palabra nueva se refiere a la totalidad de un objeto, y no a su sustancia, partes constitutivas, color, textura, tamaño, forma, etc. En segundo lugar, los niños hacen extensiva una palabra recién adquirida a objetos que pertenezcan a la misma clase taxonómica antes que a objetos relacionados temáticamente con el original. Así, si un niño oye la expresión «Mira el daco» mientras ve a un adulto señalando un objeto, el niño hace corresponder «daco» con el objeto completo en lugar de con una de sus partes, aunque en lo que el adulto ha dicho no haya nada que así lo indique. Además, los niños tienden a suponer que las palabras nuevas se refieren a niveles categoriales básicos (p. ej., perro), en lugar de a clases superordenadas o subordinadas (p. ej., animal o podenco). La tercera suposición se basa en el principio de exclusión mutua, de manera que, al oír una palabra nueva (p. ej., «víbora»), los niños tienden a aplicarla a un objeto para el que aún no tengan etiqueta, si la del resto de los objetos presentes (p. ej., perros, gatos, etc.) ya la conocen. Esto significa que el niño puede aprender una palabra nueva sin necesidad de que el hablante use un gesto indicativo.

Markman subraya que estos sesgos no son deterministas, sino probabilísticos [14]. Puede prescindirse de ellos cuando exista información alternativa suficiente en favor de otra interpretación. Por ejemplo, la suposición de exclusión mutua hace que los niños esperen que cada objeto se designe con una sola etiqueta. Por eso, cuando oyen decir «Mira qué *pelo* tan bonito», al tiempo que un adulto señala un gato, un niño que ya conozca la palabra «gato» puede usar la suposición de exclusión para prescindir de la de objeto completo y adquirir, así, una palabra nueva para referirse a una característica del objeto (el pelo). Asimismo, al oír «Es un *animal* muy majo», el niño puede prescindir de la suposición de categoría básica y aprender la etiqueta superordenada («animal»).

Hall (1991) ha demostrado recientemente que hay sesgos similares que restringen la manera en que los niños llegan a comprender lo que él denomina significados «limitados» frente a significados «ilimitados» de las palabras. Por ejemplo, mientras que la palabra «persona» sirve para referirse a alguien a lo largo de toda su vida y en cualquier situación, palabras como «joven» o «pasajero» sólo pueden usarse en determinados períodos o circunstancias; tienen significados «limitados». Más aún, alguien puede ser simultáneamente una persona y un pasajero. Todos éstos son hechos intrincados que afectan a las palabras y con los que el niño tiene que enfrentarse. La investigación de Hall muestra cómo los adultos son implícitamente conscientes de estas dificultades, y tienden a enseñar a los niños pequeños las palabras «ilimitadas» por ostensión pura, mientras que los significados «limitados» se enseñan mediante una combinación de ostensión y explicaciones directas que proporcionan al niño indicios acerca de cómo hay que limitar esos significados especiales. Es precisamente la ausencia de indicios extra la que inclina al niño a considerar que la ostensión pura se refiere a objetos completos de categoría media, en lugar de a propiedades, partes y niveles subordinados o superordenados.

Todas estas diferentes suposiciones o sesgos, asumidos por defecto, sirven para guiar las hipótesis iniciales del niño acerca del significado de los nombres, ayudándole a prescindir de innumerables inferencias que podrían hacerse pero que son incorrectas. Ahora bien, es evidente que estas suposiciones también pueden llevar a error. Por eso, aunque los sesgos sean fuertes, también deben ser lo suficientemente flexibles como para ser desplazados por otro tipo de información cuando resulte más pertinente. Es obvio que hay que distinguir entre los sesgos probabilísticos que operan en la determinación de las posibles correspondencias semánticas del significado de las palabras y las restricciones de la sintaxis, más deterministas.

La sensibilidad del bebé y del niño a las restricciones sintácticas

Quienes sostienen la idea de que la adquisición del lenguaje surge de restricciones cognitivas no lingüísticas seguramente no aceptarían la posibilidad de que los bebés sean sensibles a restricciones puramente sintácticas presentes en la estimulación lingüística. Sin embargo, Katz *et al.* (1974) demostraron que los bebés de 17 meses pueden usar información sintáctica para distinguir entre un nombre que se refiere a una clase de objetos y otro que funciona como nombre propio. Esta capacidad era evidente mucho antes de que los niños fuesen capaces de usar determinantes en sus propias producciones. Así, cuando los niños oían al experimentador decir «un daco», escogían una muñeca similar a la que el experimentador había dado ese nombre, mientras que, cuando oían «Daco», escogían la muñeca concreta a la que el experimentador había llamado con el nombre propio «Daco». Estos datos indican que, para los niños pequeños, el lenguaje constituye un ámbito de problemas *per se* desde mucho antes de que ellos mismos sean capaces de producir cantidades significativas de lenguaje. En otras palabras, los niños pequeños hacen uso de las sutilezas morfosintácticas del sistema lingüístico para averiguar cuál es el significado de las palabras.

¿Pero qué sucede con otros aspectos más complejos de la sintaxis? ¿Son los niños pequeños sensibles al orden de las palabras de las secuencias lingüísticas o a las diferencias entre estructuras verbales transitivas e intransitivas? Hirsch-Pasek *et al.* (1985) emplearon el paradigma de preferencias visuales, descrito en el capítulo 1, para ver si los niños pequeños eran sensibles al orden de las palabras. Se cogían bebés cuya producción lingüística era relativamente pequeña y se les enseñaban dos escenas de dibujos animados en un par de pantallas. Mientras contemplaban las escenas, un altavoz oculto emitía una oración que sólo encajaba con lo que sucedía en una de las pantallas. Si los niños mirasen durante períodos de tiempo significativamente mayores a la secuencia que se correspondía con la oración emitida, eso demostraría su sensibilidad a las distinciones codificadas lingüísticamente. Hirsch-Pasek *et al.* comprobaron que niños de 17 meses, incapaces aún de producir algo parecido a una oración, podían, sin embargo, distinguir entre oraciones como «El Pajarraco hace cosquillas al Monstruo de las Galletas» y «El Monstruo de las Galletas hace cosquillas al Pajarraco». Si sólo se fijasen en las palabras que aparecen en las oraciones sin prestar atención al orden, la mirada a las dos pantallas debería haberse distribuido al azar; pero no es eso lo que sucedía. Los niños miraban significativamente durante más tiempo a la pantalla que correspondía con la producción lingüística, lo cual demuestra que ya a esa edad tan corta el orden de las palabras es *lingüísticamente relevante* para los niños.

Aunque los niños pequeños sean sensibles al orden de las palabras, no hay que confundir éste con el orden serial. El orden lingüístico al que son sensibles es dependiente de la estructura (es decir, el orden relativo de sintagmas nominales y sintagmas verbales) (Chomsky, 1987; Crain y Fodor, 1993), no del orden de cada palabra aislada. Las teorías de dominio neutral defienden la idea de que los niños averiguan cómo funciona su lenguaje recurriendo a reglas que ponen en orden categorías conceptuales o acontecimientos del mundo real. Pero no es así. Por ejemplo, no hay ninguna razón *conceptual* por la que los pronombres y los nombres propios no puedan ser modificados por adjetivos pronominales. ¿Qué es lo que, conceptualmente, impediría que los niños señalasen a dos individuos y, usando pronombres deícticos, dijesen: «gran ella, pequeño él»? Sin embargo, según los estudios de Bloom (1990), en inglés los niños nunca violan esta restricción específicamente lingüística. Experimentos tanto de producción como de comprensión demuestran que, al procesar el lenguaje, los niños ordenan categorías *lingüísticas* abstractas, y no categorías *conceptuales*. Los niños analizan los pronombres como sintagmas nominales, no como palabras aisladas; y los sintagmas nominales no pueden modificarse mediante adjetivos prenominales, ya que eso violaría una restricción de la lengua inglesa. Ahora bien, si los niños generasen hipótesis cognitivas generales (es decir, no hipótesis específicamente lingüísticas) para comprender el lenguaje adulto, seguramente optarían por la hipótesis más sencilla (el orden de los elementos) en lugar de una hipótesis cognitivamente más compleja (el orden de los sintagmas dependiente de la estructura). En cambio, lo que los niños usan son hipótesis de dominio específico lingüísticamente relevantes.

Hirsch-Pasek *et al.* (1988) analizaron la comprensión infantil de una distinción lingüística aún más compleja. Estos autores estaban interesados en ver si los niños eran capaces de procesar las restricciones que afectan a los verbos causativos. Se hacía que los niños escuchasen oraciones como «El Pajarraco gira al Monstruo de las Galletas» (o «El Pajarraco gira con el Monstruo de las Galletas») mientras contemplaban dos escenas en las pantallas: en una, aparecía el Pajarraco haciendo girar al Monstruo de las Galletas, y en la otra tanto el Pajarraco como el Monstruo de las Galletas giraban juntos. Usando de nuevo la técnica de preferencias visuales, se comprobó si los niños miraban más a la escena que correspondía con la oración emitida. En otros ensayos se utilizaban verbos que era improbable que los niños conociesen, como, por ejemplo, «flexionar», también en oraciones transitivas e intransitivas. Aunque a los 24 meses de edad no se pudo encontrar ningún efecto sistemático, a los 27 meses (mucho antes de que esas distinciones se reflejen en su propia producción lingüística), los niños miraban significativamente más a la pantalla en que aparecía la escena que encajaba con la oración. Estos resultados nos permiten llegar a la conclusión de que, poco después de cumplir dos años, los niños saben que, en inglés, sólo los verbos transitivos expresan la presencia de un agente causal y que éste no puede ocupar la posición de un argumento oblicuo (el sintagma con la preposición *con*). Además, el niño comprende que el sintagma encabezado por *con* impide que se haga una lectura transitiva de la frase. Resulta difícil comprender cómo unos niños tan pequeños podrían haber aprendido distinciones lingüísticas tan sutiles basándose solamente en acciones sensoriomotrices de dominio general.

La necesidad de facilitación [*bootstrapping*] tanto semántica como sintáctica

Gleitman (1990) distingue entre la facilitación [*bootstrapping*] semántica (usar la semántica para llegar a la sintaxis) y la facilitación [*bootstrapping*] sintáctica (el uso de la sintaxis para predecir la semántica). Aunque la mayoría de los psicolingüistas evolutivos se ha centrado en uno u otro de estos procesos, según Gleitman el desarrollo del lenguaje se basa en los dos. Ambos hacen un uso fundamental de las relaciones canónicas entre la sintaxis y la semántica.

La hipótesis de la facilitación semántica implica el establecimiento de correspondencias entre las palabras y el mundo, para lo cual el niño explora el ambiente observable en busca de posibles candidatos a referentes (véanse las detalladas exposiciones de Pinker, 1984, 1987). Gleitman dice que ésta es la «hipótesis del aprendizaje observacional» y admite que, en parte, el niño adquiere el significado de los verbos de este modo. Las diferencias entre verbos estrechamente relacionados entre sí (por ejemplo, «romper/desgarrar», «despedazar/desmenuzar») deben captarse mediante aprendizaje observacional, puesto que los marcos sintácticos de dichos verbos no difieren entre sí (Fillmore, 1968).

Pero, aunque la facilitación semántica sea necesaria, no basta para explicar cómo adquieren los niños normales muchos significados verbales [15]. En apoyo de esta idea, Landau y Gleitman (1985) analizan los problemas a los que se enfrenta un niño ciego de nacimiento para distinguir entre los verbos «ver» y «mirar». ¿Cómo podrían los niños ciegos —se preguntan Landau y Gleitman— recurrir al aprendizaje observacional para guiar sus hipótesis sobre el significado de estos dos verbos? De hecho, el problema existe también en el caso de los niños videntes. Los indicios sobre el significado de las palabras no están solamente en el ambiente externo de objetos físicos y acciones. Más bien, esos indicios residen en la estructura del propio lenguaje, en los diferentes marcos subcategoriales en que esos verbos pueden usarse [16]. Algunos verbos toman tres estructuras argumentales; otros, sólo dos. Algunos verbos codifican medios y fines expresados en sintagmas preposicionales; otros, no. El uso de determinados verbos con determinados marcos subcategoriales depende de la perspectiva que adoptemos como hablantes, de que interpretemos una interacción entre dos personas como «dar a» o «tomar de», «huir de» o «perseguir a», etc. El mismo acontecimiento puede describirse de formas muy distintas. Para dar con los significados lingüísticos, el niño pequeño debe ser sensible a estas diferencias *intralingüísticas*. La estructura de los marcos de subcategorización ayuda a los niños a averiguar cuáles son las intenciones de los hablantes, así como las diferencias de significado entre verbos que se emplean para describir contextos extralingüísticos potencialmente equivalentes.

El mensaje fundamental que hay en la tesis de Gleitman es que, con independencia de que sean ciegos o videntes, los niños no pueden basarse sólo en el aprendizaje observacional, sino que es preciso que aporten a la situación de aprendizaje lingüístico presuposiciones relativamente complejas sobre la estructura del lenguaje mismo. Las personas que rodean a los niños no les proporcionan un comentario continuo sobre los acontecimeintos y escenas que suceden en el mundo. Y, aunque lo hicieran, las definiciones ostensivas están subdeterminadas. De cualquier forma, las producciones de los adultos también se refieren a cosas que no ocurren en el aquí y ahora. Por ejemplo, un padre puede decir a su hijo: «Cuando acabes de tomarte la cena, veremos *Barrio Sésamo*. Después Papá te quitará la ropa y te bañará antes de que Mamá vuelva del trabajo. ¡Ay, Dios mío, mira lo que has hecho! Lo has tirado todo al suelo. Voy a por el friegasuelos. ¡Qué tarde se nos ha hecho! Escucha, es el coche de Mamá». Si el niño se limitase a establecer correspondencias entre las palabras y el mundo, eso le llevaría a desarrollar incontables hipótesis erróneas sobre el significado de las palabras, en general, y el de los verbos en particular.

Gleitman adopta una postura distinta. Según ella, los niños tienen que establecer correspondencias entre las *oraciones* y el mundo para intentar dar con las distinciones semánticas que diferencian a verbos tan estrechamente relacionados como «mirar/ver», «escuchar/oír», «tirar/caer», «esconder/desaparecer» y «perseguir/huir». Estas diferencias raramente son observables en el contexto extralingüístico en que se emplean, pero pueden inferirse a partir del contexto intralingüístico en que aparecen, porque emplean distintos marcos de subcategorización. Se dice «Escondí la pelota», pero no «Desaparecí la pelota»; «Huí del hombre», pero no «El hombre persiguió de mí»; «El papel cayó», pero no «El papel tiró». Lo que reduce las opciones interpretativas es el hecho de que puedan expresarse significados semejantes mediante verbos con distintos marcos de subcategorización. De este modo, la sintaxis funciona, en palabras de Gleitman, «como una especie de *zoom* mental» que ayuda a centrarse, entre las distintas interpretaciones posibles de lo que el hablante intenta expresar, en la correcta. Una vez más, resulta difícil ver cómo podrían unos mecanismos de abstracción de datos de dominio general dar lugar por sí solos a la comprensión de distinciones lingüísticas tan sutiles.

Más allá de la infancia

La extraordinaria hazaña de adquirir el lenguaje tiene lugar sin esfuerzo en un período muy corto de tiempo. Cuando el niño tiene tres o cuatro años, ya habla y entiende con fluidez. ¿Es eso, por consiguiente, todo lo que hay en el lenguaje: un conjunto de restricciones para atender a las entradas lingüísticas, procesarlas y representarlas; sesgos que restringen la manera en que el niño representa objetos y acontecimientos del mundo y los procesos posteriores de facilitación semántica y sintáctica? ¿Se reduce la adquisición a lograr maestría conductual en cada uno de los aspectos del sistema lingüístico? Vamos a ocuparnos de estas cuestiones dando un salto de un par de años e imaginando que el niño se ha convertido ya en un hablante que usa con fluidez su lengua materna.

El modelo RR y cómo convertirse en un pequeño lingüista

Según el modelo RR, bosquejado en el capítulo 1, el desarrollo normal implica bastante más que alcanzar maestría conductual. Mandler ha postulado la formación de representaciones icónico-esquemáticas que median entre la percepción y el lenguaje y ha utilizado el proceso de redescripción representacional para explicar cómo se pasa de un formato de representación a otro. El modelo RR postula, además, que las propias representaciones lingüísticas son posteriormente objeto de redescripción, de manera que se convierten en objetos de atención lingüística al margen de su utilización en directo en procesos de comprensión y producción. En otras palabras, los niños pequeños van más allá de la maestría conductual, más allá de la fluidez en la producción de enunciados y el éxito en el establecimiento de la comunicación, pasando a explotar el conocimiento lingüístico que tienen almacenado. Es este paso el que les permite llegar a convertirse en pequeños lingüistas.

Las representaciones lingüísticas que se construyen durante la infancia les sirven a los niños para comprender y producir su lengua materna. Pero mi idea es que esas representaciones lingüísticas iniciales no están disponibles como datos para la reflexión metalingüística. Se almacenan y se utilizan como procedimientos que permiten comprender y producir enunciados de forma eficaz. Son, por utilizar la metáfora del capítulo 1, información *en* la mente; y aún no, conocimiento *para* la mente.

Para convertirse en datos flexibles y manipulables (representaciones del nivel E1) y, por tanto, llegar finalmente a ser accesible a la reflexión metalingüística y ser susceptible de relacionarse con otros aspectos del conocimiento a través de dominios distintos (representaciones del nivel E2/3), es preciso que el conocimiento embutido implícitamente en los procedimientos lingüísticos (representaciones de nivel I) se rerrepresente.

Sin duda, resulta fácil determinar cuándo un niño posee conocimiento metalingüístico verbalmente expresable. Pero el modelo RR postula un primer nivel de redescripción que no puede expresarse verbalmente y sobre cuya existencia es preciso buscar indicios empíricos más sutiles. El hecho de que ese nivel de redescripción tiene lugar se ve apoyado por fenómenos como los errores de aparición tardía y las autocorrecciones. Vamos a ver brevemente tres ejemplos.

El primero procede de la adquisición del francés. En francés la palabra «mes» es el adjetivo posesivo de primera persona del plural («mis»). «Ma voiture» quiere decir «mi coche»; «mes voitures», «mis coches». Pero, a diferencia de lo que sucede en castellano, en el francés oral el marcador de plural sólo se pronuncia en el adjetivo posesivo («mes»), pero no en el nombre («voitures»). Por lo tanto, en francés oral esa palabra tan pequeña, «mes», transmite una gran cantidad de información. Mis experimentos demuestran que los niños de cuatro años utilizan con facilidad este término en situaciones en que hay que expresar posesión y pluralidad (por ejemplo, «mes voitures» para referirse a «todos mis coches»). Poseen representaciones de nivel I que funcionan de forma eficaz. En cambio, los niños de seis años expresan de manera redundante los componentes semánticos de la palabra «mes», utilizando marcadores explícitos para cada uno de los rasgos que hay implícitos en ella, lo que les lleva a emitir frases como «Toutes les miennes de voitures» («Todos los míos coches»), donde la totalidad se expresa mediante «toutes»; la pluralidad, con «les», y la posesión, con «miennes». Si hacemos preguntas metalingüísticas a los niños de esta edad, comprobamos que las razones que les llevan a este exceso de marcaje explícito de los rasgos (representaciones de nivel E1) no les resultan accesibles a la conciencia. Para eso es preciso alcanzar otro nivel más de redescripción (E2/3). El exceso de marcaje desaparece posteriormente; los niños mayores vuelven a usar «mes», pero esta vez son capaces de explicar los distintos componentes semánticos del sistema de determinantes posesivos (Karmiloff-Smith, 1979a, 1986).

Un ejemplo semejante proviene de los estudios de Newport (1981) sobre la adquisición del lenguaje de signos americano (ASL). Los signos del ASL poseen estructura morfológica, pero inicialmente los niños utilizan los signos como totalidades (representaciones de nivel I). Los padres sordos que no son usuarios nativos de ASL (es decir, que adquirieron el lenguaje de signos de adultos) no son capaces de analizar los signos en sus componentes morfológicos. En cambio, los niños que adquieren ASL como lengua materna sí analizan su estructura morfológica. La existencia de ese conocimiento se pone de manifiesto a través de la aparición de «errores tardíos» en su producción después de haber usado los signos correctamente durante algún tiempo. Los errores consisten en realizar de forma entrecortada los movimientos de un signo separando dos marcadores morfológicos distintos, en lugar de ejecutarlo de un tirón con el movimiento fluido con que suele realizarse. Sería algo así como si, en el lenguaje hablado, al principio pronunciásemos correctamente la palabra «mecanógrafa», pero después empezásemos a decir «mecanó-graf-a». El hecho de que se extraigan las partes componentes de los signos inicialmente holísticos parece de nuevo un indicio de redescripción representacional (representaciones de nivel E1). Sin embargo, no hay ningún indicio en los datos de Newport de que los niños sean conscientes del carácter segmentado de sus nuevas producciones. En otras palabras, las representaciones no están todavía en el formato E2/3. El exceso de marcaje desaparece posteriormente y los niños mayores vuelven a usar signos externamente semejantes a los que usaban cuando eran más pequeños. Sin embargo, el modelo RR postula que las producciones posteriores, aunque idénticas, surgen de representaciones más explícitas que las representaciones procedimentales que subyacían a las producciones iniciales.

Es importante resaltar que ni en el ejemplo del ASL ni en el del francés los niños podían extraer la información relativa a los componentes morfológicos directamente a partir de la estimulación ambiental, dado que los padres no deletrean los marcadores morfológicos en sus producciones. Los errores cometidos en francés y en ASL indican que el niño analiza las representaciones de nivel I extrayendo la información implícita que contienen. Como los procedimientos originales siguen intactos y se producen al mismo tiempo que los que contienen un exceso de marcaje, creo que esto indica que el análisis se efectúa sobre redescripciones (nivel E1) de los procedimientos. Y son estas representaciones redescritas las que forman la base en la que los niños normales se apoyan para construir posteriormente teorías sobre el lenguaje y responder a tareas metalingüísticas [17] (representaciones de nivel E2/3). En otras palabras, el ambiente externo constituye la entrada sobre la que se centran los sesgos atencionales lingüísticos para formar y almacenar representaciones lingüísticamente pertinentes, pero son las redescripciones de las representaciones internas las que sirven de base para el desarrollo posterior y para las teorías intuitivas que los niños crean espontáneamente sobre cómo funciona el sistema lingüístico.

Nuestro tercer ejemplo de redescripción se refiere a las autocorrecciones espontáneas y su relación con la conciencia metalingüística posterior. He aquí una explicación metalingüística de un niño de diez años. El contexto estaba formado por dos lapiceros, un borrador, un pendiente y el reloj del propio niño. El experimentador ha escondido el reloj y ha preguntado: «¿Qué he hecho?». La conversación fue como sigue:

Niño: Has escondido el reloj.
Exp.: ¿Por qué has dicho «*el* reloj»?
Niño: Pues... «*mi* reloj» porque es mío, pero he dicho «has escondido *el* reloj» porque no hay otros relojes. Si te hubieras quitado el tuyo, habría tenido que decir «has escondido *mi* reloj», porque podría ser confuso, pero así es mejor que diga «has escondido el reloj» para que nadie piense que el tuyo también estaba.

Éste es un ejemplo bastante elocuente de cómo pueden producir los niños elaboradas explicaciones verbales una vez tienen acceso a esa parte de su conocimiento lingüístico. (Recuérdese que el uso correcto de «mi», «el», etc., ocurre mucho antes, hacia los cuatro-cinco años de edad).

Ahora bien, si nos limitásemos sólo a tomar en cuenta la diferencia entre el uso correcto en el niño más joven y las explicaciones metalingüísticas del niño mayor, sólo cabría postular dos niveles de representación: las representaciones implícitas de nivel I, que explican el uso correcto, y las representaciones de nivel E2/3, que posibilitan las explicaciones verbales. Para postular la existencia de representaciones E1 entre las dos anteriores, es preciso encontrar otra clase de datos. Las autocorrecciones espontáneas resultaron ser la clave que estaba buscando. Volvamos al juego de esconder cosas que acabamos de ver. Durante la prueba, es frecuente que los niños se corrijan a sí mismos. A veces, sus correcciones son léxicas: «Has escondido el lap... no, el reloj». Otras veces son correcciones referenciales: «Has escondido el lápiz azul... no, el rojo». Pero también efectúan lo que voy a denominar «correcciones sistémicas»: «Has escondido mi rel... el reloj». (Como puede apreciarse, esta última afirmación es exactamente equivalente, en el ámbito de las correcciones, a la explicación metalingüística anterior.) Estas correcciones no corrigen errores; la expresión «mi reloj» identifica el referente sin ninguna ambigüedad. Más bien, lo que hacen es denotar la sensibilidad de los niños a la fuerza de los distintos determinantes, que ya no se almacenan independientemente, sino como parte de un subsistema lingüístico. En mi opinión, estos subsistemas se construyen extrayendo rasgos comunes después de un proceso de redescripción representacional. Los niños más pequeños no hacen ese tipo de autocorrecciones en tales circunstancias, pero sí los niños de alrededor de seis años. En otras palabras, aunque sean incapaces de dar explicaciones verbales de su conocimiento lingüístico sobre las relaciones entre «el» y «mi» en la comunicación referencial, sus autocorrecciones dan testimonio de que algo ha cambiado en sus representaciones internas después del período de utilización correcta.

A continuación, me gustaría entrar en mayor detalle en algunos de mis experimentos psicolingüísticos dirigidos a examinar distintos aspectos del modelo RR. Los datos muestran cómo se progresa desde la maestría conductual al posterior cambio representacional y, más adelante, a las teorías conscientemente accesibles sobre cómo funciona el sistema del lenguaje. Comenzaremos con los usos y pensamientos de los niños en torno a la cuestión de qué es una «palabra»; después veremos cómo construyen teorías sobre el funcionamiento de palabras como «un» y «el» dentro de oraciones y, por último, yendo más allá de la oración, entraremos en el terreno del discurso extendido.

De la maestría conductual al conocimiento metalingüístico sobre las palabras

¿Cómo segmentan los niños pequeños la corriente continua del habla para dar con las fronteras formales apropiadas entre palabras? En la entrada sensorial no hay ninguna base física simple que pueda indicar a los niños cómo separar la palabras (Tunmer *et al.*, 1983). Si los niños fueran conductistas estrictos, sin duda este hecho les plantearía un serio problema y sus producciones estarían plagadas de errores de segmentación. Sin embargo, aunque en las etapas más primitivas de la adquisición del lenguaje ocurren algunos errores de segmentación (Peters, 1983), éstos son raros una vez que la morfología y los functores han aparecido en las producciones del niño. Además, cuando los errores de segmentación llegan a producirse (p. ej., «a nadult», «un léléphant», «una beja»), no persisten. Los niños no aprenden el lenguaje absorbiendo pasivamente las entradas del medio con todos los problemas que le son inherentes, sino que construyen activamente representaciones en las fronteras formales de las palabras basándose en restricciones lingüísticamente relevantes y abstracciones —no copias— de las entradas lingüísticas. En efecto, una vez que los niños han superado el estadio más primitivo de la adquisición del lenguaje y se han puesto a producir sistemáticamente tanto palabras de clase abierta como palabras de clase cerrada en contextos nuevos, no formulistas, no cabe la menor duda de que, en algún nivel, éstas deben estar representadas internamente como *palabras*. Pero, aunque los niños de tres años representan y procesan las fronteras formales entre palabras como tales, explícitamente parecen saber poco, por no decir nada, sobre qué es una palabra.

Hay numerosos estudios [18] que han mostrado cómo hasta aproximadamente los seis años de edad (y, en el caso de algunas tareas, incluso hasta más tarde) los niños no saben explícitamente que tanto las palabras de clase abierta (p. ej., «niño», «silla», «silencio», «correr», «pensar») como las de clase cerrada («el», «un», «a», «en», «cuando», «de») son *palabras*. Si se les pide que cuenten las palabras que hay en una oración, a los niños pequeños se les suele olvidar contar los elementos de clase cerrada. Si les preguntamos directamente si «mesa» es una palabra, dicen que sí; pero, si les preguntamos si «la» es una palabra, dicen que no. Sin embargo, los niños de tres años pueden percibir y producir correctamente palabras como *la*.

El modelo RR postula que las representaciones que los niños de tres años tienen de las fronteras formales entre las palabras se encuentran en el formato de nivel I. En cambio, el conocimiento expresable verbalmente que un niño de seis años tiene de que *la* es una palabra se encuentra, según dicho modelo, en el formato E2/3. ¿Pero qué ocurre entre estas dos edades?

El modelo RR predice que debe existir un nivel de representación intermedio entre los anteriores: entre el nivel de representación que posibilita que el habla se segmente adecuadamente en palabras como *la*, en el cual las fronteras formales entre las palabras se encuentran representadas como parte de los procedimientos ejecutados en directo que conectan entradas y salidas; y el nivel de representación que, trabajando ya en diferido, permite una reflexión metalingüística directa sobre el hecho de que *la* es una palabra. Ese otro nivel intermedio es el formato de representación E1. Consiste en una redescripción de la información en un formato accesible a ciertas tareas al margen de las relaciones normales entre entradas y salidas, pero aún no accesible a la explicación metalingüística.

Me propuse comprobar esta predicción mediante un experimento (Karmiloff-Smith, Grant, Jones y Cuckle, 1991). En los estudios previos en los que se preguntaba a los niños si X era una palabra o se les pedía que contasen el número de palabras que había en una oración, no se recurría al procesamiento lingüístico normal, sino que se requería una actitud totalmente «en diferido». Esas tareas, por lo tanto, necesitaban un elevado grado de explicitud (representaciones del tipo E2/3). Si queremos captar un nivel intermedio entre el uso totalmente «en directo» [*on-line*] de las representaciones de las palabras y el conocimiento metalingüístico plenamente accesible en tareas «en diferido» [*off-line*], tenemos que dar con un procedimiento que nos permita poner en marcha el procesamiento lingüístico normal de los niños al tiempo que les obligamos a acceder a ese conocimiento en una reflexión parcialmente «en diferido». La siguiente técnica servía precisamente para eso: cogíamos a niños de tres a siete años y les administrábamos parcialmente en directo una serie de tareas con un diseño semejante. La tarea consistía en escuchar una historia que el narrador interrumpía repetidamente en palabras de clase abierta o de clase cerrada. Según la tarea, se pedía al niño que repitiese «la última palabra», «la última oración» o «la última cosa» que el narrador había dicho al detenerse. No se daba ninguna explicación de qué se consideraba una palabra, una oración o una cosa. El diseño de nuestra tarea no evitó la aparición del tipo de errores hallados en investigaciones anteriores, como responder con más de una palabra (p. ej., «en el suelo», en lugar de «suelo»; o «había llegado», en lugar de «llegado»), responder con una sola sílaba («lencio», en lugar de «silencio»; «ama», en lugar de «amable»; o «quiera» en lugar de «cualquiera»), o cometer errores de segmentación («esun», en lugar de «un»; «nosado», en lugar de «han osado»).

Esta técnica, parcialmente en directo, implica una actividad normal de procesamiento del lenguaje y provoca una interrupción en la construcción de la representación de la entrada lingüística. Pero, como puede apreciarse, la tarea también tiene un componente metalingüístico en diferido [19]. El niño debe saber qué significa el término *palabra* y distinguirla de las instrucciones en que se le pide que repita la última *oración* o la última *cosa*. Para tener acceso a la última palabra y reproducirla, el niño debe atender a su representación de la entrada acústica, decidir qué segmento de ella constituye la última *palabra* y repetirlo.

En otro experimento, comparamos los datos de un grupo de sujetos en la tarea de identificación de palabras en directo con sus respuestas a preguntas, en diferido acerca de qué elementos de clase abierta y clase cerrada eran *palabras* [20]. En este último caso, lo que hacíamos era pedir a los niños que ayudasen a un osito a averiguar qué era una palabra: leíamos una lista de palabras una por una y les preguntábamos: «¿Qué te parece X? Dile al osito si X es una palabra».

Nuestra hipótesis era que la tarea en diferido requeriría representaciones de nivel E2/3, mientras que la tarea parcialmente en directo requeriría sólo el formato E1. Por consiguiente, hicimos la predicción de que los niños de tres y cuatro años fallarían en ambos tipos de tarea, dado que sus representaciones de las palabras se encuentran aún en el formato de nivel I, codificado de forma procedimental, y que los niños de aproximadamente cinco años pasarían la tarea parcialmente en directo pero se les daría peor la tarea metalingüística totalmente en diferido; por último, predecíamos que los niños de seis o siete años pasarían ambas tareas, porque a esa edad poseen múltiples niveles de representación con respecto al concepto *palabra*.

Nuestras predicciones se confirmaron. Parte de los sujetos más jóvenes no podían hacer bien ninguna de las dos tareas, lo cual parecía indicar que sus representaciones de las fronteras formales de las palabras estaban aún implícitas en el formato del nivel I. Pero nuestros resultados también muestran que ya algunos niños de cuatro años y medio, y casi todos los mayores de cinco años, tratan como *palabras* tanto a las de clase abierta como a las de clase cerrada, y que son capaces de distinguir entre *palabra* y *oración* cuando la tarea tiene un componente en directo que implica el procesamiento normal del lenguaje. En cambio, estos niños lo hacían significativamente peor en la tarea en diferido, que implicaba representaciones E2/3. En esa tarea, aunque los niños aceptaban como *palabras* ejemplos de clase abierta, rechazaban varios ejemplos de clase cerrada. Sólo los sujetos de más edad hacían muy bien las dos tareas.

Por consiguiente, puede decirse que, en general, la teoría de nivel E2/3 de los niños mayores ha pasado de rechazar palabras tales como «la» y aceptar otras como «silla» (porque denotan algo del contexto extralingüístico) a considerar que «silla», «la», etc., tienen el mismo estatus de *palabras*, en virtud del hecho de que forman parte de un sistema cuyos elementos se combinan de manera sistemática. Esta última visión —de carácter intralingüístico— sólo parecía estar disponible a partir de aproximadamente los seis años de edad.

El curso del desarrollo que este estudio pone de manifiesto es importante. En primer lugar, hacia la edad de tres años, cuando su producción se encuentra ya más o menos desprovista de errores de segmentación, debemos admitir que los niños representan las fronteras formales entre palabras tanto de clase abierta como de clase cerrada. Sin embargo, esas representaciones son inaccesibles para fines que estén al margen de las relaciones normales, entre entradas y salidas. Se encuentran, según el modelo RR, en el formato de nivel I. En segundo lugar, algo ocurre internamente entre las edades de tres y cinco años, de tal modo que hacia los cuatro años y medio los niños pueden acceder al conocimiento que tienen representado y resolver bien la tarea anterior, de naturaleza sólo parcialmente en directo. El modelo RR postula que esto es posible porque las representaciones de nivel I se han redescrito en el formato E1, que sí es accesible. Y, en tercer lugar, algo debe ocurrir de nuevo internamente después de los cinco o seis años para explicar por qué, hacia esa edad, los niños pueden entregarse a la construcción de teorías acerca de qué son las *palabras*, teorías que resultan más fácilmente accesibles a la conciencia y cuyo conocimiento es utilizado en tareas en diferido. Para ello, sostengo, es necesaria una nueva redescripción en formato E2/3.

El modelo RR postula que este curso del desarrollo sólo puede explicarse si invocamos, no una representación del conocimiento lingüístico a la cual uno o tiene o no tiene acceso, sino varias *re*rrepresentaciones del mismo conocimiento, que permiten un grado de accesibilidad cada vez mayor.

De la maestría conductual al conocimiento metalingüístico del sistema de los artículos

De una forma u otra, en todas las lenguas existen determinantes nominales tales como los artículos, pero los contextos en que son obligatorios difieren marcadamente de una lengua a otra. Por ejemplo, en inglés se marca el contraste entre definido e indefinido («a» [un, una] frente a «the» [el, la]) y se utilizan dos formas superciales diferentes para expresar el artículo indefinido («a») y el numeral («one»). Aunque en francés y en castellano también se marca el contraste entre definido e indefinido mediante artículos diferentes, en estas lenguas el numeral y el indefinido se expresan con una sola forma («un, une» y «un, una» en masculino y femenino, respectivamente). En ruso, se marca el indefinido («adna»), pero el definido carece de expresión superficial; la referencia definida se realiza utilizando el nombre sin ningún determinante. En sueco, el indefinido se coloca delante del nombre como una palabra distinta («et hus», «una casa»), mientras que el marcador definido se añade como sufijo al nombre («huset», «la casa»). Y así sucesivamente. Los niños tienen que ser sensibles a los marcadores nominales en general y, además, deben aprender cuál es la realización sintáctica concreta del sistema nominal de su propia lengua.

¿Recuerda el lector cómo vimos que los bebés eran sensibles a las distinciones expresadas por los artículos mucho antes de que éstos formasen parte de su propia producción? Una razón para explicar este hecho tiene que ver con los patrones fonológicos y prosódicos del lenguaje. Como vimos con anterioridad en este mismo capítulo, a los cuatro días de edad los niños son ya sensibles a los patrones fonológicos de su lengua materna. Y mucho antes de que produzcan artículos, pueden usar la presencia o ausencia de los mismos para decidir si un sustantivo es un nombre propio (sin artículo; p. ej., «Daco») o un nombre común (p. ej., «un daco»). Gerken (1987) también ha demostrado la existencia de esta sensibilidad tan precoz a los indicios sintácticos [21]. Cogió a niños muy pequeños, que aún no eran capaces de producir artículos, y les hizo imitar oraciones cortas en las que delante de los nombres había artículos o sílabas de relleno, acuñadas para la ocasión, de longitud y acentuación equivalentes. Si los niños estuviesen restringidos simplemente por indicios relativos a la longitud, la fonología o la prosodia, sus imitaciones deberían ser semejantes en ambos tipos de oración. Sin embargo, el resultado fue que omitían sistemáticamente los artículos pero imitaban las sílabas de relleno, lo cual sugiere que, al comprender las oraciones que tenían que imitar, estos niños procesaban los artículos *sintácticamente*, es decir, de modo distinto a las sílabas de relleno, las cuales procesaban probablemente de forma fonológica.

Resulta también que los artículos aparecen bastante pronto en la producción de los niños (Brown, 1973; Karmiloff-Smith, 1979a; Maratsos, 1976; Tanz, 1980; Warden, 1976), a pesar de que al principio parecen ex-

FIGURA 2.1. *Discriminación entre el artículo definido e indefinido* (De Karmiloff-Smith 1979a; usado con permiso de Cambridge University Press.)

presar mucho menos significado que los nombres y los verbos. ¿Cuál es, entonces, el estatus de estas primeras representaciones de los artículos? Vamos a examinar esta cuestión mediante un experimento dirigido a estudiar concretamente la comprensión que tienen los niños del contraste entre los artículos definidos e indefinidos.

Piense el lector en un escenario experimental muy sencillo, del que me serví hace algunos años: en él hay dos muñecas —un niño y una niña— y sus respectivas habitaciones de juego en las que hay varios objetos. En una situación, la niña tiene tres coches, un libro y una pelota, mientras que el niño tiene un coche, un lapicero y tres pelotas. La diferencia crucial entre las posesiones de ambos muñecos radica en que, en unos ensayos, la niña tiene varios Y mientras que el niño sólo tiene uno, y, en otros, el niño tiene varios X mientras que la niña sólo tiene un X. Tomemos como ejemplo el contexto que se ilustra en la figura 2.1. Si usted me oyese decir «Préstame el coche», inferiría que me dirijo al niño porque es el único muñeco que sólo tiene un coche. Asimismo, si dijese «Préstame un coche», usted inferiría que lo más probable es que me esté dirigiendo a la niña puesto que es ella la que tiene varios coches. En eso consistía la tarea del niño: adivinar a qué interlocutor me dirigía en una serie de ensayos cuyos contextos cambiaban [22].

Los niños de tres y cuatro años no tienen ningún problema en resolver esta tarea. Buena parte de las investigaciones sobre el desarrollo se paran cuando el nivel de actuación de los niños ha llegado al máximo. Pero mi estrategia ha sido siempre explorar el desarrollo más allá de la maestría conductual en un intento de poner al descubierto cambios posteriores en las representaciones internas. Hacia los tres años de edad, los niños consiguen, casi en el 100% de las ocasiones, encontrar la correspondencia correcta entre cada uno de los artículos indefinidos y definidos y una de sus funciones deícticas. Es un comienzo muy saludable por lo que al dominio conductual de una de las funciones del artículo se refiere. ¿Pero qué podemos decir sobre lo que los niños «saben» acerca de los artículos definidos e indefinidos? Más en concreto, ¿qué podemos decir sobre las representaciones internas que tienen los niños pequeños de estas formas lingüísticas? Nada sustancial, salvo una mera impresión. Hasta que no adoptemos una perspectiva verdaderamente evolutiva —hasta que no sepamos algo sobre el desarrollo *posterior* de los niños— no podremos inferir el estatus de esas primeras representaciones en que se basa la eficacia de su comprensión.

Resulta que, más adelante, a la edad de cinco o seis años, los niños hablantes de francés, aunque siguen interpretando correctamente el artículo definido, empiezan a cometer errores con el artículo indefinido. Temporalmente interpretan que «prête-moi une voiture» (sin acento en «une») significa «préstame un [solo] coche», en lugar del indefinido «préstame un coche [cualquiera]». Por consiguiente eligen la muñeca que tiene un solo coche en lugar de la que tiene varios[23]. Este error tardío es un importante indicio de cambio representacional. Pone de relieve el hecho de que el niño de cinco años se ha hecho sensible a la función dual del artículo indefinido en francés y no sólo a la distinción entre artículo definido e indefinido. La forma fonológica «une» (o su correspondiente versión masculina, «un») es una palabra homófona que, como hemos mencionado anteriormente, expresa tanto la referencia indefinida («uno cualquiera») como la función numérica («uno solo»).

El modelo RR explica este curso de desarrollo del siguiente modo. Aunque los niños de tres años alcanzan maestría conductual en cada una de estas funciones en contextos separados sin cometer errores, esto se debe a que tienen dos procedimientos almacenados de forma independiente, los cuales producen una misma forma fonológica para la referencia indefinida y para el numeral. La posterior redescripción representacional de cada uno de estos procedimientos en el formato E1, más explícito, hace posible unir la forma fonológica común que comparten las representaciones de estos dos emparejamientos entre forma y función. Pero, como durante la adquisición del lenguaje existe una restricción bastante fuerte según la cual a cada forma le corresponde una sola función (Slobin, 1985), los niños de cinco años identifican temporalmente en su producción cada significado con una forma diferente. Emiten «une voiture» cuando quieren decir «un coche [cualquiera]», y «une de voiture» cuando quieren decir «un [solo] coche» [24]. Ahora bien, en la comprensión, como acabamos de ver, empiezan a cometer errores cuando tienen que decidir cuál de las dos funciones (numeral o de referencia indefinida) es la que pretende expresar el interlocutor.

Teniendo en cuenta estos nuevos datos, ¿estamos ya más cerca de poder decir algo sobre las representaciones internas que el niño tiene de los artículos definido e indefinido? Como los errores y correcciones respecto a la función dual del artículo indefinido ocurren después de haber pasado el nivel de maestría conductual, esto sólo puede explicarse por algo que haya ocurrido internamente entre los tres y los cinco años. Según el modelo RR, cuando los niños de tres años son capaces por vez primera de comprender o producir funciones simples de los artículos definido e indefinido (tales como funciones deícticas que apuntan al contexto extralingüístico del momento), lo hacen recurriendo a dos representaciones de nivel I, almacenadas de modo independiente, que establecen una correspondencia entre una forma fonológica y un contexto funcional específico. En otras palabras, estos niños tan pequeños saben interpretar el artículo definido «el» para referirse deícticamente al contexto en que la atención esté centrada en un ejemplar concreto (p. ej., un coche en particular). Y también saben interpretar el artículo indefinido «un» para referirse al contexto en que el hablante se refiere a cualquier representante de un conjunto de elementos similares; o usar una forma idéntica en francés para referirse al numeral. Lo que el niño de tres años no «sabe» es que hay una relación funcional entre estos procedimientos que funcionan tan eficazmente: que los artículos forman parte de un mismo subsistema lingüístico. En otras palabras, el modelo RR sostiene que en las representaciones internas de los niños de esa edad no hay lugar para indicaciones explícitas sobre los vínculos funcionales que los artículos tienen en común. Si estas relaciones estuviesen representadas de forma explícita, entonces esos errores y correcciones específicas deberían producirse en cualquier momento del desarrollo, no sólo después de haber logrado la maestría conductual. Esto indica que el conocimiento contenido en las representaciones de los niños pequeños, de funcionamiento tan eficaz pero almacenadas de modo independiente, no se encuentra aún codificado en el formato E1, y que los vínculos entre las representaciones procedimentales de las distintas funciones están todavía tan sólo implícitos en las representaciones de nivel I.

¿Qué es, entonces, lo que sucede después de la maestría conductual? El modelo RR postula que, una vez alcanzada la maestría conductual (es decir, cuando parte del sistema funciona de forma eficaz y se ha logrado un patrón de estabilidad interna), las representaciones de nivel I experimentan un proceso de redescripción. Las representaciones originales de nivel I permanecen intactas y pueden invocarse aún para ciertos fines, pero ahora el conocimiento redescrito que contenían también se encuentra disponible como datos internos explícitos, codificados en el formato E1. Así, las representaciones internas del niño de habla francesa ahora marcan explícitamente la relación que existe entre las formas idénticas; es decir, el hecho de que, por ejemplo, la forma fonológica «un», vinculada a la función de referencia no específica, es igual que la forma fonológica «un», vinculada a la función numérica. De este modo, los niños empiezan a representar internamente los determinantes como parte de un subsistema lingüístico, en lugar de como emparejamientos forma-función almacenados por separado. Es este vínculo representacional recién formado el que explica la repentina aparición en niños de cinco años de errores de interpretación del artículo indefinido, errores inexistentes en los niños de tres y cuatro años porque, al almacenar por separado sus representaciones, no se representan explícitamente el vínculo que existe entre las diferentes funciones de los artículos. En el niño de tres años (y tengo la hipótesis de que también en ciertos niños capaces de hablar con fluidez, pero que, por lo demás, sufren un grave retraso mental), este vínculo representacional es tan sólo potencial o implícito, en el sentido de que las representaciones procedimentales independientes contienen información análoga sólo desde el punto de vista del observador externo. Sólo a la edad de cinco años, tras haber alcanzado maestría conductual en esta parte del sistema lingüístico, llega a almacenarse explícitamente la relación que existe entre esas representaciones.

Almacenar representaciones en el formato E1 no significa que ese conocimiento pueda ser objeto de acceso consciente o expresión verbal. El niño tiene aún un camino que recorrer antes de poder acceder conscientemente a ese conocimiento lingüístico para expresarlo verbalmente. En el caso de los artículos, esto suele ocurrir hacia la edad de siete u ocho años. Para hacernos una idea de cómo pasan los niños del conocimiento representado explícitamente al conocimiento metalingüístico susceptible de hacerse consciente y expresarse verbalmente, vamos a echar un vistazo a algunos datos más. Para simplificar las cosas, vamos a seguir con la categoría lingüística de los determinantes nominales («un», «el», «mi», «algún», etc.).

¿Qué sucede si pedimos a un niño que dé una explicación verbal en lugar de limitarse a interpretar y usar las restricciones que operan sobre los artículos? Volvamos a la sencilla situación experimental del niño y la niña en sus respectivas habitaciones, ilustrada en la figura 2.1. El niño ha acertado a qué muñeca se dirigía el experimentador dependiendo de si éste empleaba un artículo definido o indefinido. ¿Cómo explican los niños sus respuestas correctas cuando las preguntas que les hacemos implican que accedan al conocimiento representado en el nivel E2/3?

Pues bien, los sujetos más jóvenes, aunque deben de haber *usado* el contraste entre los artículos para dar la respuesta correcta, explican ésta por su conocimiento del mundo real, diciendo algo parecido a «Debes de haberle hablado al niño, porque a los niños les gustan los coches» (con independencia del hecho de que la muñeca tenga más coches que el muñeco). Más adelante en su desarrollo, los niños explican sus respuestas correctas refiriéndose a características contextuales; por ejemplo: «Hablabas al niño, porque tiene un coche». Sólo en un momento verdaderamente avanzado del desarrollo, hacia los ocho o nueve años de edad, los niños hacen referencia explícita al indicio *lingüístico* que, en realidad, todos los niños deben haber usado para dar la respuesta correcta: «Debes de estar hablando al niño, porque has dicho "préstame *el* (acentuado)coche"». Hacia los diez años de edad, los niños proporcionan incluso información sobre el subsistema lingüístico del que proviene el indicio referencial, como en la siguiente explicación: «Tiene que ser el niño, porque has dicho "el"; si te hubieras dirigido a la niña, tendrías que haber dicho "préstame un coche" o, tal vez, "uno de tus coches"».

Hay que reiterar una vez más que todos los niños que respondían correctamente *usaban* los indicios lingüísticos. Por consiguiente, éstos deben estar representados internamente, pero sólo en el formato I o E1. Pasan varios años hasta que los niños son capaces de acceder conscientemente a sus representaciones de ese conocimiento lingüístico y expresarlo verbalmente. Mi tesis es que, entonces, sus representaciones de esa categoría lingüística se encuentran también en el formato E2/3.

En la bibliografía sobre desarrollo, suele asumirse que, cuando los niños no son capaces de expresar algún aspecto de su cognición, es que ese conocimiento, de alguna manera, está ausente (es decir, no está representado). El modelo RR postula algo distinto: que el conocimiento *está* representado internamente, pero se encuentra aún en el formato I o E1, ninguno de los cuales es accesible a la expresión verbal. El estado final consiste en que la información se encuentra representada en distintos niveles de explicitud, lo cual permite que se recurra a diferentes niveles en función de la meta de que se trate: desde el nivel I (para realizar rápidas computaciones entre entradas y salidas) hasta el nivel E2/3 (para tareas metalingüísticas explícitas).

No debo dejar de mencionar que a los tres años los niños no han alcanzado el nivel de maestría conductual en todas las funciones de los artículos. En lo que respecta a muchas otras funciones (entre ellas, la función anafórica del artículo definido, como cuando en una narración decimos «el hombre» después de haber presentado a «un hombre»), la maestría conductual se alcanza en un período del desarrollo bastante posterior [25]. Esas funciones también recorren posteriormente estos tres pasos, pero a edades distintas: maestría conductual, redescripción representacional y teoría verbalmente expresable sobre cómo funciona esa parte del sistema lingüístico.

Es evidente que el desarrollo supone bastante más que la sensibilidad inicial del bebé a la presencia o ausencia de artículos o el uso fluido que de ellos hace el niño de tres años. Para que el niño pueda convertirse en un pequeño lingüista potencial, sus representaciones tienen que pasar por múltiples niveles de redescripción.

Más allá de la palabra y de la oración

¿Es esto todo? ¿Es ésta toda la historia de la adquisición del lenguaje: el niño parte con sesgos atencionales y mecanismos de abstracción de datos innatamente especificados, logra maestría conductual, atraviesa, a continuación, varios niveles de redescripción representacional y, finalmente, llega a ser capaz de formular teorías verbalmente comunicables sobre cómo funciona el sistema? ¿Sigue todo el conocimiento lingüístico esta ruta? Evidentemente, no.

Entre las muchas cosas que se tienen que desarrollar en el lenguaje posterior del niño está el paso de las funciones oracionales de distintos marcadores lingüísticos a sus funciones discursivas. Un estudio sobre cómo producen los niños fragmentos de discurso narrativo ha puesto de manifiesto que, inicialmente, los niños se limitan a yuxtaponer en una secuencia oraciones correctas, haciendo un uso mínimo de las restricciones discursivas (Karmiloff-Smith, 1980, 1985). Sin embargo, al desarrollarse, los niños estructuran sus narraciones como una unidad en lugar de como una mera yuxtaposición de oraciones, adhiriéndose a lo que he denominado «restricción del sujeto temático» (ejemplos de la cual pueden verse más abajo).

Las correcciones espontáneas de los sujetos resultan de gran valor informativo sobre el desarrollo de la capacidad de organizar el discurso y adherirse a la restricción del sujeto temático. A continuación vienen algunos ejemplos típicos de correcciones extraídos de los datos de una tarea en que los niños generaban historias a partir de una secuencia de dibujos. (En estos ejemplos es importante fijarse en que el pronombre corregido a sintagma nominal no es ambiguo respecto a su referente, dado que la historia sólo tiene un protagonista femenino.)

Hay un niño y una niña. Él intenta pescar, y para cogerle su cubo él pega a la niña y ella emp... Él pega a la niña, que empieza a llorar.
Este niño y esta niña han salido a jugar. Él va a pescar algún pez, pero ella... pero la niña no le deja su cubo. Así que él se lo quita y la niña se pone muy, muy triste.

Éstos y muchos otros ejemplos indican que, hacia la edad de seis o siete años, los niños actúan bajo la «restricción del sujeto temático», restricción discursiva que estipula que la pronominalización en posición de sujeto debe reservarse al sujeto temático de todo el discurso (en este caso, el niño). En cambio, a los personajes secundarios suele hacerse referencia con sintagmas nominales completos (o nombres propios o pronombres enfatizados), a pesar del hecho de que el diferente sexo de los protagonistas evita cualquier ambigüedad potencial en la referencia pronominal. Como hemos visto, el pronombre se corrige aunque esté perfectamente claro que «ella» se refiere a la niña; la niña es el único referente femenino en la secuencia de imágenes. Otras investigaciones han mostrado que hay restricciones similares que gobiernan la producción discursiva tanto de los adultos como de los niños (Reichmann, 1978; Tyler, 1981, 1983; Tyler y Marslen-Wilson, 1978, 1981).

Hemos visto en este capítulo que, muchas veces, los niños mayores poseen representaciones de nivel E2/3 que les permiten explicar metalingüísticamente distintos aspectos de la manera en que el lenguaje funciona en el nivel de las oraciones. ¿Poseen los niños (o los adultos) conocimiento metalingüístico de las restricciones discursivas que operan sobre los mismos marcadores? O, dicho de otro modo, ¿vamos a presenciar de nuevo la sucesión de maestría conductual, seguida de redescripción representacional y, por último, acceso consciente?

Algunas investigaciones recientes indican que ni los niños ni los adultos son capaces de dar explicaciones metalingüísticas de las restricciones discursivas (Karmiloff-Smith *et al.*, 1993). No pueden explicar por qué los hablantes usan pronombres o sintagmas nominales completos en determinados contextos discursivos. Incluso de adultos, es evidente que no tenemos acceso a todos los aspectos del sistema lingüístico que utilizamos. Ciertos aspectos del lenguaje hablado son inaccesibles a la reflexión metalingüística, mientras que otros, como vimos anteriormente en este capítulo, sí pueden ser objeto de teorías construidas espontáneamente y de acceso consciente. Las reglas que rigen las restricciones del discurso no parecen alcanzar el formato E2/3, y una cuestión sin resolver es si se llegan a redescribir en el formato E1. Parece que, en este caso, actúan dos hechos lingüísticos relacionados entre sí. En primer lugar, hay una diferencia entre la función local de los marcadores lingüísticos en el seno de una oración y su función más global en el discurso. Tomemos, por ejemplo, el caso del pronombre «ella». En el nivel local u oracional, «ella» nos informa sobre rasgos tales como femenino, singular y pro-form; es decir, que el referente es femenino, está solo y o bien se encuentra en el espacio deíctico presente, se acaba de hacer referencia lingüística a él o puede darse por supuesto por el conocimiento compartido de los interlocutores. Los niños y los adultos tienen acceso metalingüístico a estos rasgos, lo cual implica, según el modelo RR, que deben estar representados en el formato E2/3. Pero en un fragmento extenso de discurso en el que haya más de un referente, el pronombre «ella» también proporciona otra información aparte de la anterior. Codifica el papel de un referente (p. ej., el protagonista principal) en relación con los demás en la estructura total de la historia. En otras palabras, refleja el modelo mental que tiene el hablante de todo ese fragmento de discurso. Cuando ocupa la posición de sujeto, normalmente se puede considerar que, por defecto, el pronombre se refiere al protagonista principal. La referencia a un protagonista secundario suele marcarse lingüísticamente utilizando un sintagma nominal completo, un nombre propio o un pronombre enfatizado en posición de sujeto. Cuando un discurso se desarrolla rápidamente en tiempo real, hay una compleja interacción entre los pronombres y la anáfora nula marcados diferencialmente. Es a esta función discursiva de los pronombres y los sintagmas nominales a la que ni los niños ni los adultos tienen acceso metalingüístico. La única manera en que el lingüista puede acceder a las restricciones que gobiernan la dinámica de las funciones discursivas es congelando el mensaje, que en un texto hablado en directo se desvanece rápidamente, en el formato estático de un texto escrito que deja trazos en un formato representacional distinto (Karmiloff-Smith, 1985).

El modelo RR se concentra en el desarrollo del conocimiento fuera de las relaciones normales entre entradas y salidas. Pero las restricciones del discurso *sólo* actúan en directo. La función o significado discursivo del uso concreto que se hace de un pronombre para marcar el sujeto temático sólo es pertinente mientras el discurso se emite. Dicho de otro modo, las restricciones del discurso sólo se aplican a computaciones rápidas del sistema de salida ejecutadas en directo. Las decisiones relativas al uso de un pronombre o un sintagma nominal completo en un punto *determinado* de un fragmento *determinado* de discurso no se almacenan en la memoria a largo plazo. Por eso, es probable que esas computaciones ejecutadas en directo raramente, por no decir nunca, se redescriban y, por consiguiente, no pueden ser objeto de reflexión metalingüística.

Del bebé innatista al lingüista constructivista

Este capítulo había empezado comparando las perspectivas de dominio específico con las perspectivas de dominio general sobre la adquisición del lenguaje. El grueso de la investigación con recién nacidos y bebés muy pequeños parece indicar que la solución de dominio específico es, probablemente, la correcta. Los bebés humanos prefieren atender al lenguaje antes que a otras estimulaciones auditivas, sólo necesitan unos pocos días de experiencia para distinguir ciertas características de su lengua materna de las de otras lenguas y son sensibles muy precozmente a muchos rasgos abstractos y dependientes de la estructura propios del lenguaje. Algunos niños aquejados de grave retraso cognitivo adquieren el lenguaje más tarde pero con facilidad, mientras que, a pesar de sus ricas capacidades de representación, al más inteligente de los chimpancés se le puede enseñar, como mucho y tras un entrenamiento increíblemente extenso, a hacer secuencias de elementos léxicos codificados manualmente (Gardner y Gardner, 1969) o una forma sencilla de lógica parecida al lenguaje (Premack, 1986). Esto implica el establecimiento de correspondencias entre conceptos y símbolos arbitrarios individuales, probablemente usando mecanismos de dominio general. Pero esto no es lenguaje (Premack, 1986; Seidenberg, 1985). Esos símbolos no son signos integrados en un sistema estructurado. Por larga que sea, una lista de elementos léxicos no equivale a la capacidad de nombrar y guarda muy poca o ninguna relación con la competencia lingüística incluso de niños de dos o tres años.

Buena parte de las investigaciones recientes sobre los bebés parece moverse en dirección a la tesis chomskyana de que en los seres humanos la estructura abstracta del lenguaje se encuentra innatamente especificada en detalle. Es evidente que hay que apelar a la existencia de *algunos* sesgos atencionales y predisposiciones lingüísticas innatamente especificadas. Puede incluso que los principios innatos en que se apoya el lenguaje sean más detallados que los de otros dominios, tales como el número. No obstante, es mejor que no cerremos la posibilidad de que haya un proceso epigenético que cree gradualmente la especificidad de dominio del lenguaje. Cualquiera que sea el nivel de detalle de la especificación lingüística innata, tiene que haber *algunas* predisposiciones para el lenguaje; por eso es por lo que otras especies no pueden aprender un sistema lingüístico estructurado. Pero la especificación innata no explica por sí sola la adquisición del lenguaje. Hemos visto que el establecimiento de correspondencias entre las predisposiciones innatas y la entrada que proporciona la lengua materna del niño requiere complejos procesos de facilitación semántica y sintáctica. Y en el desarrollo normal esto no deja de ser más que una parte de la historia. Para comprender cómo nuestras representaciones lingüísticas llegan a ser flexibles y manipulables (es decir, abiertas a la reflexión metalingüística), tenemos que apelar a distintos niveles de redescripción representacional, más allá de los procesos de facilitación semántica y sintáctica que conducen a la maestría conductual en el ámbito del lenguaje. Esto, en mi opinión, es también algo que distingue a las capacidades humanas de las de otras especies. Así, aunque el chimpancé poseyese una base lingüística innatamente especificada, yo diría que no podría avanzar tanto como un niño humano normal. Nunca se preguntaría por qué «typewriter» no se usa para referirse a una persona. Se limitaría a repetir las etiquetas lingüísticas que se le proporcionasen. Los niños, en cambio, no se limitan a alcanzar un nivel eficaz de uso del lenguaje, sino que además desarrollan posteriormente representaciones explícitas que les permiten reflexionar sobre los componentes de las palabras y construir progresivamente teorías lingüísticas. Finalmente, aunque esto es válido para algunos aspectos del lenguaje, no puede hacerse extensivo a todos: hay facetas de la coherencia sintáctica y discursiva que nunca llegan a ser objeto de expresión metalingüística, ni siquiera en los adultos.

Capítulo 3
EL NIÑO COMO FÍSICO

> *Todas las teorías tienden a dar forma a los hechos que intentan explicar.* Vassili Leontiev, al recibir el Premio Nobel de Economía.

Cómo me gustaría que Piaget estuviese aún vivo. ¿Cuál habría sido su opinión sobre los nuevos y apasionantes descubrimientos acerca del conocimiento que los bebés tienen del mundo físico? Mucho antes de acabar su primer año de vida, el bebé «sabe» una sorprendente cantidad de cosas sobre distintas propiedades de los objetos y los principios que gobiernan la conducta de éstos en el mundo físico. Al igual que hice en el capítulo 2 en relación con el lenguaje, voy a defender la idea de que para explicar el desarrollo, en general, y las teorías que los niños construyen espontáneamente sobre el mundo físico, en particular, es necesario integrar aspectos del innatismo y el constructivismo, así como apelar a una arquitectura cognitiva que haga posible el proceso de redescripción representacional.

La comprensión del mundo físico: el niño piagetiano

¿Cómo concibiría un piagetiano el desarrollo del conocimiento infantil sobre el mundo físico? Sin duda, comenzaría evocando una mente sin preparar enfrentada a entradas perceptivas caóticas, sin sesgos atencionales sintonizados innatamente para canalizar sus computaciones de las entradas procedentes del mundo físico.

Según Piaget, durante los primeros 12 meses el bebé carece de permanencia de los objetos y no tiene conocimiento de las leyes físicas que restringen la conducta de los objetos. ¿De dónde procedían estas conclusiones de Piaget? Usted mismo puede llevar a cabo un pequeño experimento. Enseñe a un bebé pequeño un objeto que le interese y, cuando vaya a cogerlo, tápelo con un paño. Comprobará cómo el bebé retira la mano y aparentemente no hace nada por recuperar el objeto situado debajo del paño. Un bebé un poco mayor puede que busque el juguete debajo del trapo, pero si usted lo esconde en otro lugar bajo la mirada del niño, éste volverá a buscarlo en el primer escondite. Esta conducta ha llegado a conocerse con el nombre de «error A no B». La conclusión que Piaget extraía de ella era que, cuando un objeto desaparecía de la vista, dejaba de existir para el niño. Los piagetianos consideran que el desarrollo de la permanencia del objeto es uno de los resultados fundamentales de la inteligencia sensoriomotriz. Según ellos, la construcción progresiva de la permanencia del objeto subyace a todos los demás desarrollos posteriores, tales como la conservación de la materia, el peso y el volumen. (Si el lector hubiera tenido ocasión de tomar café con Piaget, como yo en mis tiempos ginebrinos, habría abrigado dudas sobre *su* noción de conservación del volumen al verle echar ¡hasta diez terrones de azúcar a una pequeña taza de café expreso!)

Igual que el lenguaje, según los piagetianos, la adquisición del conocimiento sobre la conducta de los objetos se desarrolla lentamente en el bebé, e inicialmente sólo mediante acciones sensoriomotrices sobre el mundo físico. Según ellos, el bebé es incapaz de desarrollar representaciones simbólicas de las propiedades de los objetos hasta haber internalizado esquemas de acción sensoriomotores después del primer año de vida. Para explicar los avances progresivos del niño en su comprensión del mundo físico, se recurre al desarrollo sensoriomotor de dominio neutral.

La capacidad posterior de razonar sobre las propiedades físicas (sustancia, peso, gravedad, comprimibilidad, la distinción entre lo animado y lo inanimado, etc.) depende, según la teoría de Piaget, del desarrollo progresivo de la lógica de las operaciones concretas. Piaget (1952b) y sus colaboradores postulaban la existencia de estadios de desarrollo que se extendían a través del período preoperatorio (2 a 7 años) y el período operatorio concreto (7 a 11 años) hasta alcanzar el estadio de las operaciones formales (11 a 16 años). Cada estadio se apoya en una estructura lógico-matemática determinada. La misma estructura subyace al desarrollo del lenguaje, las matemáticas, el conocimiento espacial y la física. Se utilizan cambios de dominio neutral para postular la existencia de cambios generalizados en la organización estructural en momentos específicos del desarrollo entre la infancia y la adolescencia.

La comprensión del mundo físico: el niño innatista

En cambio, un innatista partidario de teorías de dominio específico afirmaría que, desde los primeros meses de vida, el bebé está sujeto a restricciones impuestas por una serie de principios básicos de dominio específico relativos a la persistencia de los objetos y algunas otras de sus propiedades distintivas. Vamos a examinar algunos estudios realizados desde la perspectiva innatista.

La investigación ha progresado enormemente en los últimos años gracias a una serie de innovaciones metodológicas en el estudio de los bebés, tales como los paradigmas de habituación/deshabituación y de preferencias visuales descritos en el capítulo 1. En cambio, muchas de las conclusiones de Piaget sobre la infancia se habían extraído de experimentos en los que el niño tenía que ejecutar una búsqueda manual. La tarea anterior de permanencia del objeto constituye un ejemplo típico. Sin embargo, en el momento del nacimiento y durante sus primeros meses de vida los bebés no pueden buscar objetos con sus manos, por lo cual, para un innatista que sostenga la hipótesis de que los procesos perceptivos e inferenciales de los bebés están guiados por principios de la física, las tareas basadas en la búsqueda manual son evidentemente inadecuadas. Para superar esta dificultad, Liz Spelke —una de las investigadoras pioneras sobre la percepción y el conocimiento de las propiedades de los objetos físicos en el niño pequeño— planificó un ingenioso programa de experimentos de habituación y preferencia visual para investigar hasta qué punto ya hay presentes principios de la física durante la primera infancia.

El trabajo de Spelke se basa en la hipótesis general de que los bebés vienen al mundo equipados con una serie de principios de dominio específico que les permiten segmentar estimulaciones visuales complejas en objetos. Rechaza la noción piagetiana de que inicialmente las entradas perceptivas son caóticas. Asimismo, sostiene que los mismos principios subyacen a la percepción de los objetos por los bebés y su posterior razonamiento sobre la conducta de esos objetos.

Restricciones sobre la percepción de objetos en la primera infancia

Los adultos damos tantas cosas por supuestas sobre el mundo físico que es imposible que, por introspección, sepamos cómo percibimos los objetos. Hasta al investigador le resulta difícil separar los procesos mediante los cuales los adultos simplemente perciben aquellos mediante los cuales reconocen y categorizan los objetos familiares. También en este caso, adoptar la perspectiva del desarrollo puede ayudarnos a identificar los procesos que operan en la mente del adulto. Según Spelke (1988, 1990), tanto en los adultos como en los niños hay procesos generales mediante los cuales se perciben los objetos y estos principios operan *antes* que los procesos mediante los cuales se reconocen y categorizan los objetos [1]. Los estudios de Spelke parecen indicar que los niños perciben los objetos analizando disposiciones tridimensionales superficiales y siguiendo el movimiento continuo de la presentación. No parece que perciban los objetos maximizando la simplicidad de la forma, la uniformidad de la sustancia u otras propiedades gestálticas de la presentación visual. Según Spelke, los niños deben estar dotados de mecanismos capaces de segmentar objetos parcialmente ocultos por otros o adyacentes a ellos, así como ser capaces de realizar computaciones sobre representaciones de objetos que se han perdido de vista. Dicho de otro modo, en radical contraposición a Piaget, Spelke sostiene que desde el principio debe existir alguna forma de permanencia del objeto.

Hay cuatro principios —ligazón, cohesión, rigidez e imposibilidad de acción a distancia— que subyacen a las restricciones básicas que operan sobre los movimientos de los objetos y guían el análisis perceptivo que el bebé hace de la presentación. Esos principios hacen posible que el bebé —y el adulto— distingan entre la presencia de un solo objeto y más de un objeto cuando se encuentran juntos o uno tapa parcialmente al otro. En presentaciones visuales normales, la ocultación parcial entre objetos es más la regla que la excepción; es raro que los objetos se presenten aislados en un fondo

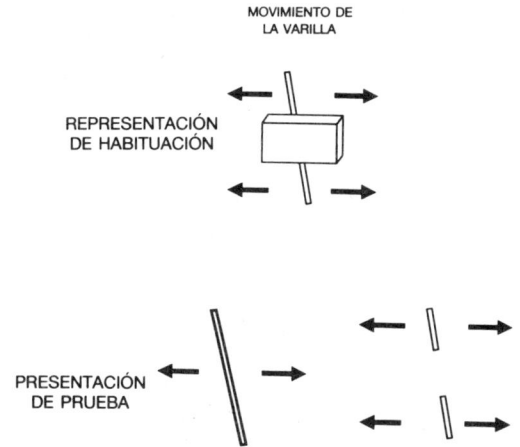

FIGURA 3.1. *Percepción de objetos parcialmente tapados.* (Tomado de Kellman y Spelke, 1983. Reimpreso con permiso de Academic Press.)

neutro, de ahí que sea necesario apelar a principios capaces de segmentar presentaciones complejas en objetos distintos. El principio de ligazón de Spelke estipula que dos puntos situados en una superficie pertenecen a objetos distintos sólo si no están unidos por ninguna trayectoria de puntos superficiales conectados entre sí. El principio de cohesión establece que dos puntos en una superficie pertenecen al mismo objeto sólo si los puntos están unidos por una trayectoria de puntos superficiales conectados entre sí. Los principios de rigidez y ausencia de acción a distancia determinan otras conexiones y separaciones que rigen entre superficies. Estos principios, válidos tanto para la percepción de objetos como para el razonamiento posterior sobre la conducta de los objetos, estipulan que los objetos se desplazan como totalidades conectadas en trayectorias conectadas, que no se atraviesan mutuamente o cambian de forma mientras se mueven y que no pueden actuar entre sí si no entran en contacto. Estos principios actúan automáticamente cada vez que el niño percibe una presentación visual.

Si el lector contemplase una presentación como la que aparece en la parte superior de la figura 3.1, inferiría que la parte tapada estaba formada por dos objetos cortos o por un solo objeto largo. Pero lo más probable es que infiriese que se trata de un solo objeto. Bebés de tan sólo cuatro meses de edad hacen la misma inferencia cuando las dos partes del objeto se mueven al unísono de un lado a otro tras el objeto que actúa de pantalla. Recuérdese que, después de habituarse a un estímulo, los bebés miran durante más tiempo a la presentación que consideran nueva. Después de habituarse a la presentación que aparece en la parte superior de la figura 3.1, los bebés a los que se enseña la imagen de un solo objeto (en la figura, abajo, a la izquierda) siguen aburridos (miran durante menos tiempo). En cambio, los bebés a los que se enseña la imagen de dos objetos (abajo, a la derecha) muestran interés renovado (el tiempo que dedican a mirar aumenta súbitamente). Deben de haber inferido, a partir del movimiento unitario y la trayectoria conectada de la presentación a la que se les habituó, que lo que había tapado era un solo objeto alargado. Por eso, la presentación después de la habituación de dos objetos cortos se considera novedosa. A los siete meses, los bebés pueden hacer la misma inferencia aunque los objetos permanezcan estacionarios. Parece, por consiguiente, que el movimiento es esencial para las inferencias perceptivas de los bebés de cuatro meses, mientras que a los siete meses se ha producido un cambio evolutivo en la percepción de los objetos que permite hacer inferencias basándose en las propiedades de una presentación estacionaria. Pero, según Spelke, lo que los niños de siete meses aprenden sobre los principios de la Gestalt (como, por ejemplo, el de la buena forma) viene a enriquecer su capacidad anterior de percibir objetos sin cambiarla.

De hecho, como veremos en el siguiente experimento, los principios de la Gestalt *siempre* se ven anulados por los principios que subyacen a la percepción de objetos *en movimiento*.

Un experimento de Kellman y Spelke (1983), diseñado también para estudiar la percepción de la unidad de los objetos, utilizaba objetos con formas irregulares y coloración diferente (véase la figura 3.2). Pues bien, al contrario de lo que sucedía en el experimento anterior, si las partes que no están tapadas difieren en color, forma, textura, etc., lo más probable es que los adultos infieran que hay dos objetos distintos tapados. Sin embargo, esas características no son importantes para los bebés de edades comprendidas entre tres y cuatro meses, ya que su actuación, cuando los objetos permanecen estacionarios, es al azar. En cambio, si las dos partes se mueven al unísono, entonces el bebé considera que son partes pertenecientes a un solo objeto unitario [2], lo cual constituye un excelente mecanismo de supervivencia, ya que, si un tigre corre detrás de los árboles, más vale que nos demos cuenta de que esas partes perceptualmente distintas que se mueven simultáneamente ¡son el cuerpo unitario de un tigre hambriento!

Como hemos mencionado, los adultos infieren que hay dos objetos tapados en la presentación estacionaria de la figura 3.2 a causa de que sus partes tienen colores y formas distintos. Cuando las partes se mueven al unísono, los adultos experimentan primero una sensación de paradoja (a causa de su inferencia anterior), pero inmediatamente después infieren que debe tratarse de un objeto unitario. Esta sensación de necesidad demuestra que el movimiento es una restricción más básica sobre la percep-

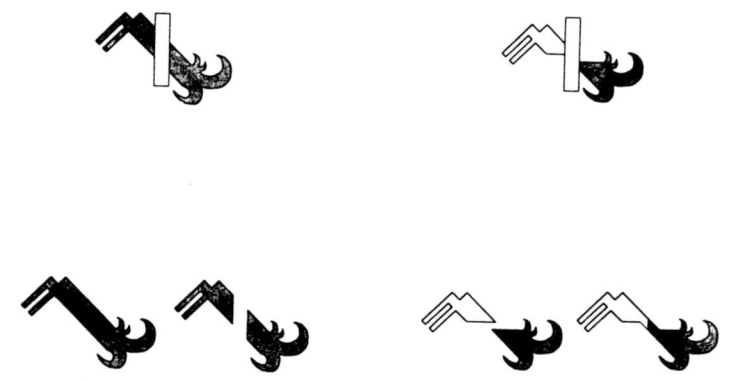

FIGURA 3.2. *Percepción de propiedades gestálticas. Arriba: figuras de habituación. Abajo: figuras de prueba.* (Tomado de Spelke, 1990. Reimpreso con permiso de Ablex Publishing Corporation.)

ción de objetos que las propiedades gestálticas de la buena forma, la continuidad del color, la sustancia y la textura. Los bebés aprenden las propiedades de la Gestalt después de los principios que les permiten clasificar las presentaciones visuales en objetos. Es cierto que se ha demostrado que los bebés son sensibles a relaciones gestálticas tales como la forma, la textura y la simetría en ciertas circunstancias (Bornstein *et al.*, 1981; Slater *et al.*, 1983), pero el trabajo de Spelke revela que no hacen uso de estas relaciones para organizar objetos a partir de superficies. Los principios gestálticos ayudan al bebé un poco mayor a descubrir propiedades de los objetos en presentaciones estacionarias, pero el movimiento siempre prevalece sobre las propiedades gestálticas, tanto en los bebés como en los niños.

¿Son las restricciones de cohesión, ligazón y rigidez, que operan en la aprehensión de objetos, específicas de una modalidad? ¿O las salidas procedentes de diferentes transductores sensoriales se redescriben al formato de esquemas icónicos, como propone Mandler (1988), de manera que puedan efectuarse comparaciones entre modalidades distintas? Para estudiar esta cuestión, Streri y Spelke (1988) presentaron a niños de cuatro meses de edad la situación ilustrada en la figura 3.3. Los bebés exploraban primero hápticamente (es decir, solamente mediante el tacto) un estímulo que no podían ver. En un grupo de bebés, este estímulo consistía en dos anillos, conectados entre sí por un cordel flexible, que podían moverse independientemente. En otro grupo, los anillos estaban conectados a una barra rígida, por lo cual formaban un solo objeto. A continuación, se mostraba a los niños una presentación visual. ¿Cuándo se renovaba su interés:

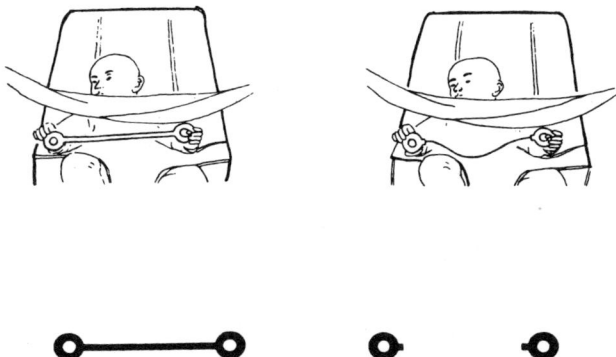

FIGURA 3.3. *Percepción intermodal de objetos. Arriba (izquierda), movimiento rígido; (derecha), movimiento independiente. Abajo: figuras exhibidas en los ensayos de prueba.* (Tomado de Spelke, 1990. Reimpreso con permiso de Ablex Publishing Corporation.)

cuando en la presentación visual se veía un único objeto rígidamente conectado o cuando se veían dos objetos distintos? En la condición de percepción háptica, lo único que los niños podían sentir en sus manos era la existencia de dos anillos. El hecho de que se trate de dos objetos o de uno solo es algo que debe inferir a partir del carácter rígido o flexible del vínculo que une los anillos.

Los resultados fueron claros. Los bebés que se habían habituado a los anillos susceptibles de movimiento independiente miraban más a la presentación de objetos conectados, mientras que los que se habían habituados a los anillos conectados rígidamente, miraban más a los anillos separados en la presentación visual. Es importante tener en cuenta que en ambos casos las presentaciones posteriores a la habituación se hacían en una modalidad nueva (visual), lo cual significa que a los bebés podría haberles parecido nueva cualquiera de las dos presentaciones. Pero no parecían fijarse en el cambio de modalidad: lo que les llamaba la atención eran los principios físicos que les permiten inferir la naturaleza de los objetos. Por eso, los bebés habituados a los anillos que podían moverse independientemente sólo consideraban nuevo el objeto conectado (y viceversa). Esto significa que, mediante su exploración háptica, deben de haber inferido que los anillos independientes eran dos objetos distintos y traducido ese conocimiento a su análisis de las presentaciones visuales. De donde se desprende que el papel privilegiado que desempeña el movimiento para la aplicación de las restricciones de cohesión y ligazón en la percepción de objetos no sólo se da en la visión sino también en la modalidad háptica. Si las restricciones sobre la percepción de objetos sólo rigieran en la visión, ¿cómo podría el bebé ciego llegar a desarrollar un conocimiento relativamente normal?

Los resultados de este estudio indican que las restricciones de Spelke sobre la percepción de objetos no son de modalidad específica. Los resultados de la percepción háptica pueden representarse en un formato que permite su comparación con los resultados de la percepción visual. Estas representaciones pueden estar en el formato icónico-esquemático propuesto por Mandler, lo cual significa que posteriormente también pueden ser objeto de redescripción a formatos más explícitos como el lenguaje.

La demostración por Spelke y sus colaboradores de la sensibilidad que poseen bebés de muy corta edad a los principios que rigen los objetos y sus propiedades parece irreconciliable con el punto de vista piagetiano. Este conjunto de investigaciones parece indicar que los bebés almacenan conocimiento sobre el mundo de los objetos con un grado de complejidad mucho mayor y a una edad mucho más precoz de lo que sostenía la teoría de Piaget. La cuestión de si estas computaciones son de dominio específico desde el comienzo mismo o se vuelven progresivamente de dominio específico requiere investigaciones más complicadas sobre la activación cerebral. Tengo la impresión de que éste es precisamente el tipo de investigación que veremos más a menudo en la ciencia cognitiva del desarrollo durante los años noventa.

Los experimentos de Spelke revelan que los bebés de entre tres y cuatro meses pueden hacer inferencias a partir de sus entradas perceptivas. Esta capacidad inferencial, sin embargo, no parece ser operativa en los recién nacidos. Slater *et al.* (1990) han demostrado recientemente que, aunque la percepción visual (orientación, discriminación, percepción de la forma, constancia del tamaño, etc.) está sumamente organizada en el momento del nacimiento, a los recién nacidos no se les da bien hacer inferencias a partir de sus entradas perceptivas en tareas similares a las de Spelke. ¿Significa esto que la capacidad de los niños de tres y cuatro meses es aprendida? Según Spelke, aunque otros principios físicos, tales como la gravedad o la inercia, son aprendidos, los cuatro principios que gobiernan la percepción de los objetos están especificados innatamente y no se aprenden. Y es que los resultados de Slater no descartan la posibilidad de una especificación innata de esos principios. Esos resultados pueden reconciliarse con la teoría de Spelke apelando a una explicación madurativa, según la cual los principios se encuentran innatamente especificados pero tienen que esperar hasta que se produzca la maduración cortical hacia los cuatro meses de edad (Johnson, 1990a y b). Sin embargo, la diferencia entre los resultados de Slater y Spelke puede tomarse también como indicio de que los procesos que guían la percepción de los objetos no son al principio un módulo perceptivo plenamente especificado, sino que se modularizan como consecuencia del desarrollo. Ninguna de estas alternativas altera el hecho de que los datos y argumentos de Spelke proporcionan una visión de la infancia muy distinta de la de Piaget.

Hemos visto que algunos principios de la percepción de objetos puede que se encuentren innatamente especificados (presentes ya en el momento del nacimiento o tras un proceso de maduración), mientras que otros son aprendidos. Este aprendizaje tiene lugar muy pronto —dentro de los primeros seis o siete meses de vida— y está restringido por los principios de dominio específico que rigen en la percepción de los objetos. Spelke compara la adquisición de conocimiento físico con la de conocimiento lingüístico, especialmente según el modelo de Chomsky, en el cual unos parámetros innatamente especificados se fijan en relación con las entradas estimulares procedentes del ambiente. Según Spelke, hay un conjunto de principios innatamente especificados relativos al mundo físico que sirven de base para el aprendizaje posterior de los bebés y para dirigir su atención a los aspectos relevantes de las entradas sensoriales.

La comprensión de la conducta de los objetos: principios innatos y aprendizaje posterior

Además de la cuestión de cómo perciben los niños los objetos, Spelke ha estudiado cómo comprenden los bebés la conducta de los objetos. Por ejemplo, ¿son los bebés sensibles a principios relativos a la sustancialidad de los objetos, tales como el hecho de que un objeto no puede atravesar una superficie sólida? Para averiguarlo, Spelke y sus colaboradores (Spelke *et al.*, 1992) habituaban a bebés de cuatro meses a ver cómo caía una bola y quedaba en reposo sobre una superficie que la sostenía (véase la figura 3.4). A continuación se mostraba a los niños un acontecimiento: unas veces, era un acontecimiento posible; y otras, imposible. El acontecimeinto posible era visualmente distinto de la presentación de habituación: la bola acababa reposando en un lugar diferente. En el acontecimiento imposible, la bola se detenía en el mismo lugar que en la presentación de habituación, pero para hacerlo tenía que atravesar una superficie sólida. Si a los bebés sólo les interesasen las características visuales de la presen-

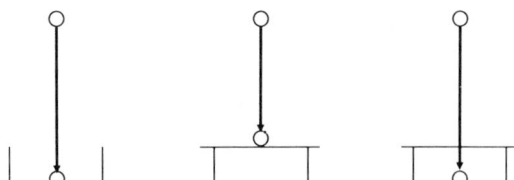

FIGURA 3.4. *Principio de sustancialidad de los objetos. Izquierda: habituación. Centro: acontecimiento de prueba posible. Derecha: acontecimiento de prueba imposible.* (Tomado de Spelke *et al.*, 1992. Reimpreso con permiso de los autores. Copyright: American Psychological Association.)

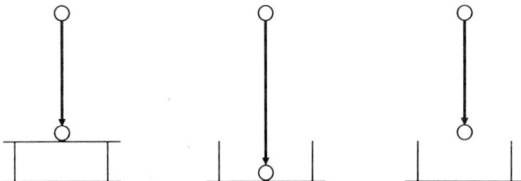

FIGURA 3.5. *Principio de gravedad y superficie de apoyo. Izquierda: habituación. Centro: acontecimiento de prueba posible. Derecha: acontecimiento de prueba imposible.* (Tomado de Spelke *et al.*, 1992. Reimpreso con permiso de los autores. Copyright: American Psychological Association.)

tación, tendría que haberles parecido más nuevo e interesante el acontecimiento posible, dado que la bola aparecía en una posición diferente. Sin embargo, miraron durante más tiempo el acontecimiento que era visualmente semejante pero imposible; lo cual significa que su interés se centraba en las propiedades de las presentaciones relacionadas con las leyes de la física. Los bebés demostraban sensibilidad a la violación de un principio de la sustancialidad de los objetos: les parecía sorprendente que un objeto sólido pudiese atravesar aparentemente otro objeto igualmente sólido.

Otro estudio de Spelke parece indicar que no todos los principios se encuentran innatamente especificados pero que, aunque los bebés tienen que aprender cosas sobre determinados tipos de conducta en los objetos, su aprendizaje se produce mucho antes de lo que las teorías de inspiración piagetiana habrían predicho.

Un objeto que está cayendo no puede pararse en el aire si no hay una superficie que lo detenga. ¿Saben esto los bebés? La figura 3.5 no necesita explicación respecto a cuál era la situación de habituación. El resultado de este experimento fue que los niños de cuatro meses no saben nada de los principios que gobiernan la gravedad, puesto que no muestran sorpresa alguna cuando el objeto se para en el aire. Pero los niños de seis meses miran durante períodos significativamente más largos cuando se les hace ver un objeto que está cayendo que no sigue su trayectoria hasta encontrar una superficie de reposo. La experiencia perceptiva que los bebés de seis meses han tenido del mundo físico ha bastado para generar en ellos nuevas sensibilidades respecto a cómo restringe la gravedad la conducta de los objetos; se muestran sorprendidos al ver una presentación en la que un objeto se detiene en el aire sin una superficie de apoyo.

Actualmente, en la bibliografía, aparecen continuamente nuevos ejemplos que muestran los efectos de la maduración o el aprendizaje de principios de la física durante los primeros meses de vida, trazando una imagen del bebé muy diferente de la que pintan los piagetianos.

La permanencia de los objetos, reconsiderada

Según Spelke, si la percepción de objetos se rige por sus cuatro principios incluso cuando los objetos desaparecen de la vista, cabe inferir que la permanencia del objeto se encuentra implícita en las inferencias que hacen los bebés. Recuérdese que la postura de Piaget era que la permanencia del objeto se basaba en la culminación del desarrollo sensoriomotor relativamente tarde en la infancia. Para elegir entre estas dos perspectivas tan diferentes, es preciso que nos concentremos de modo más directo sobre la cuestión de la permanencia del objeto en los primeros meses de la infancia.

En una serie de ingeniosos experimentos, Baillargéon y sus colaboradores (Baillargéon, 1986, 1987a, 1987b, 1991; Baillargéon *et al.*, 1986), habituaban a niños de tres y cuatro meses a ver cómo rotaba una pantalla 180° hasta que daban muestras de aburrimiento. Entonces, ante la vista del niño, se colocaba un objeto sólido detrás de la pantalla, después de lo cual los bebés veían o cómo rotaba la pantalla sólo 45° (lo cual es algo normal ahora que un objeto impide que gire por completo) o cómo la pantalla volvía a rotar 180° (algo imposible, ya que los niños no habían visto cómo el objeto se había retirado subrepticiamente) (véase la figura 3.6). Por lo que a la percepción visual se refiere, los bebés que veían el acontecimiento normal recibían una estimulación visual nueva (una rotación de 45°), mientras que los niños que veían el acontecimiento imposible recibían la misma estimulación visual que antes (una rotación de 180°). Si los piagetianos tuviesen razón y los bebés careciesen de permanencia del objeto, entonces los bebés no deberían inferir que un objeto que ha desaparecido de la vista pueda impedir que la pantalla gire 180°. En cambio, si las inferencias de los niños se basan en su representación de la permanencia de los objetos que no están a la vista y si respetan el principio físico de que dos objetos (la pantalla y el objeto que hay detrás de ella) no pueden ocupar el mismo espacio simultáneamente, entonces deben prestar más atención al acontecimiento imposible, aunque visualmente proporcione la misma estimulación. Y eso es precisamente lo que ocurrió: los niños de tres y cuatro meses son sensibles al hecho de que, aunque un objeto esté tapado por una pantalla, sigue existiendo y, por consiguiente, debe impedir la rotación de la pantalla [3].

La cuestión que aún queda por resolver es si se trata de alguna forma de permanencia meramente perceptiva, restringida por el sistema visual, o de un fenómeno que muestra los comienzos del conocimiento conceptual y las inferencias sobre objetos [4]. Mi impresión es que la segunda alternativa es la correcta y que las representaciones conceptuales en que se basan esas inferencias son redescripciones de las entradas perceptivas (es decir, los formatos icónico-esquemáticos de Mandler que vimos en el capítulo 2). Pero, con independencia de cuál resulte ser la interpretación correcta, los datos indican que los bebés de corta edad pueden representarse que los objetos siguen existiendo aunque estén fuera de la vista y pueden hacer inferencias basándose en esas representaciones, lo cual no es algo que cabría esperar de un bebé estrictamente piagetiano. Otras investigaciones generadas por diversas posturas teóricas (Butterworth, 1981; Slater y

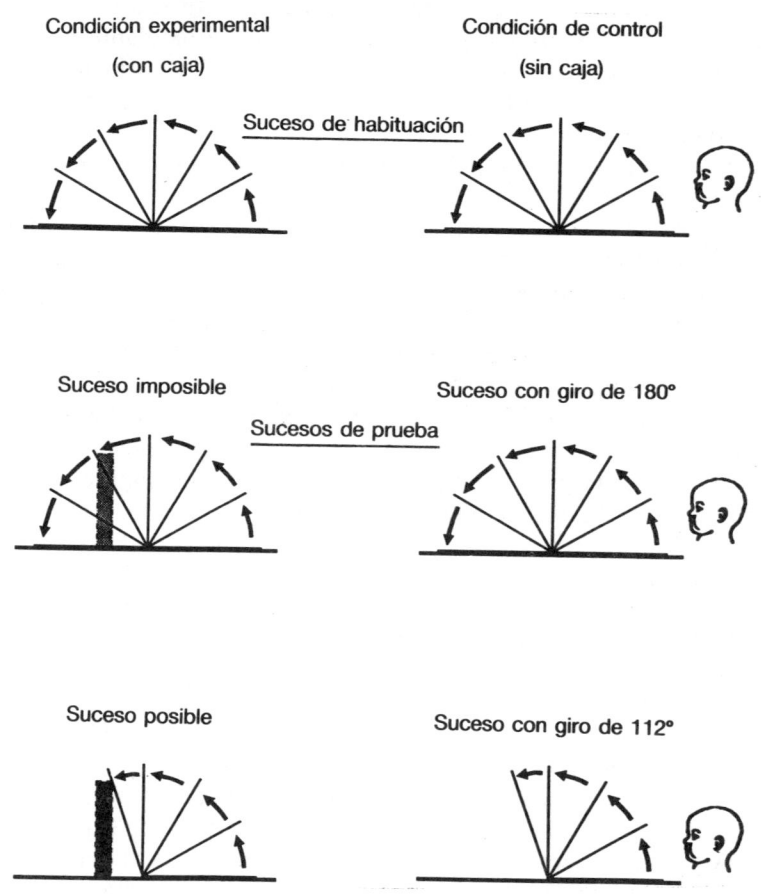

FIGURA 3.6. *Principio de persistencia de los objetos.* (Tomado de Baillargéon, 1986. Reimpreso con permiso del autor. Copyright: American Psychological Association.)

Bremner, 1989; Harris, 1989; Slater *et al.,* 1983, 1985) también contradicen el punto de vista piagetiano sobre la infancia.

Baillargéon (1987b) empleó un paradigma de rotación de pantallas semejante al anterior para demostrar que los bebés de tres y cuatro meses de edad pueden computar la relación entre la altura de los objetos y el ángulo de rotación que permiten. Sólo más adelante, pero aún durante la infancia, mostraban conocimiento sobre la rigidez o comprimibilidad de los objetos, lo cual apoya la idea de Spelke de que el conocimiento de los principios físicos se encuentra, en parte, innatamente especificado y, en parte, se aprende durante los primeros meses de la infancia mediante los mismos mecanismos que restringen la percepción temprana de los objetos.

Entonces, si los niños hacia los tres o cuatro meses demuestran poseer considerable conocimiento sobre la existencia permanente de los objetos, su localización precisa y los principios que gobiernan su conducta, y si hacia los siete meses han aprendido cosas nuevas relativas a la física, ¿por qué los niños de nueve meses no son capaces de buscar un objeto que acaban de ver cómo se esconde detrás de una pantalla —la demostración piagetiana de que no hay permanencia del objeto—? Los datos indican que en la mente de los bebés de tres y cuatro meses hay representado conocimiento sobre la permanencia de los objetos. ¿Qué impide, entonces, que un bebé mayor, capaz ya de usar sus manos para coger cosas, busque un objeto escondido bajo un paño? Hay una explicación (Baillargéon et al., 1990) que apela a la existencia de limitaciones en las capacidades de resolución de problemas de los bebés, especialmente en la planificación de secuencias medios-fines y el encadenamiento de submetas. El trabajo reciente de Willats (1989) parece confirmar esta idea. Willats ponía a los bebés en situaciones en que tenían que planear cómo podían alcanzar un objeto retirando una serie de obstáculos en una secuencia determinada. Los resultados mostraban que, aunque los bebés eran mejores planificadores de lo que Piaget creía, sus capacidades a este respecto están muy limitadas.

Por otra parte, en las tareas de Spelke y Baillargéon, los bebés sólo tienen que responder computando una presentación visual y mirándola durante más tiempo (lo cual sigue siendo una actividad visual). En la tarea piagetiana, los bebés tienen que hacer computaciones en el sistema visual y, después, traducir esa información al sistema motor de salida para ejecutar la búsqueda manual. Según Diamond (1985), las dificultades que experimentan los bebés de nueve meses para realizar tareas de búsqueda manual requieren una explicación madurativa: para realizar la conducta motriz correcta, tiene que haberse desarrollado la corteza prefrontal.

Los trabajos pioneros sobre el conocimiento que los bebés tienen de los principios de la física han puesto abrumadoramente de manifiesto que la concepción piagetiana del bebé sensoriomotor desprovisto de conocimiento es, con toda probabilidad, errónea. ¿Significa esto que los innatistas han ganado la batalla? Muchos investigadores del desarrollo responderían afirmativamente. Es evidente que, una vez más, tenemos que apelar a la existencia de *algunos* componentes innatos en la mente del bebé al procesar e interpretar el mundo físico. Pero tal vez, a estas alturas, el lector ya haya adquirido (como espero que, en cualquier caso, le suceda después de terminar el libro) algo de mi esquizofrenia epistemológica: aceptar la necesidad de algunas predisposiciones innatas en la arquitectura inicial de la mente del bebé, pero manteniendo al mismo tiempo un punto de vista constructivista sobre el desarrollo posterior. Es obvio que la perspectiva innatista no niega la necesidad de que haya aprendizaje, pero lo más importante para nuestros fines es que la concepción innatista estática es incapaz de explicar por qué los niños en su aprendizaje van más allá de la eficacia de sus interacciones con el ambiente físico.

El estatus representacional del conocimiento precoz: ¿tienen teorías los bebés?

Al referirse al conocimiento de los bebés, Spelke (y, más recientemente, Baillargéon y Hanko-Summer 1990) utiliza el término «teoría». Sin embargo, el modelo RR postula que, para que el conocimiento posea estatus teórico para el conocedor (en este caso, el bebé), tiene que estar representado explícitamente en el nivel E1 o en un nivel superior. Uno de los problemas que no se ha abordado en ninguno de los trabajos sobre el conocimiento físico de los bebés es precisamente el del formato de las representaciones en que se apoyan las conductas descubiertas por Spelke, Baillargéon y otros investigadores. ¿Se trata de representaciones de nivel I y los principios contenidos en ellas están meramente implícitos? ¿O están en el formato holista icónico-esquemático postulado por Mandler (1988, 1993)? ¿O, acaso, se trata ya de representaciones de nivel E1? Es evidente que no se trata de representaciones de nivel E2/3 porque los bebés son demasiado jóvenes para expresar verbalmente su conocimiento.

Es muy probable que los cuatro principios de ligazón, cohesión, rigidez y ausencia de acción a distancia, que actúan en los comienzos de la percepción de objetos, estén almacenados en forma de procedimientos de respuesta a estímulos ambientales. Esos procedimientos podrían basarse en representaciones de nivel I. Sin embargo, los procesos de inferencia que realizan los bebés para determinar, por ejemplo, la localización y la altura precisas del objeto que impide la rotación de una pantalla parecen requerir al menos el formato holista icónico-esquemático de Mandler. Pero no parece que requieran representaciones de nivel E1 que hayan extraído partes componentes de las representaciones. En todo caso, se trata de cuestiones que requieren más exploración. Mi propio trabajo sobre la redescripción representacional se ha centrado en niños que ya han pasado la primera infancia. Sin embargo, el problema del estatus teórico del conocimiento del bebé es importante, puesto que he argumentado coherentemente que el conocimiento de los niños mayores tiene estatus teórico. Dicho de otro modo, los niños mayores son teóricos, no meros inductivistas.

Dentro del marco del modelo RR, mi tesis es que los bebés pequeños *no* tienen teorías. Que su conocimiento es rico, coherente y estable se ha demostrado de sobra. Mi intención no es, desde luego, recurrir a esa imagen más tradicional del desarrollo según la cual un conocimiento débil se ve progresivamente reemplazado por otro conocimiento más rico, organizado de forma más coherente y más estable. Todo lo contrario: los principios y los mecanismos atencionales del bebé son ricos y están organizados de manera coherente. Lo que pretendo decir es que esa información coherente sobre los objetos es inicialmente *usada* por el bebé para responder adecuadamente a estímulos externos. A pesar de su coherencia, no posee el estatus de una «teoría». Para tener estatus teórico, el conocimiento debe codificarse en un formato que pueda usarse al margen de las relaciones normales entre entradas y salidas. Son esas redescripciones las que pueden usarse para construir teorías explícitas.

Cómo convertirse en un pequeño teórico

Es evidente que los niños jóvenes no poseen automáticamente conocimiento explícito y verbalmente expresable de los principios que siguen durante la infancia. Cabría argumentar que los niños construyen sus teorías basándose exclusivamente en la codificación lingüística, con poca o ninguna relación con su conocimiento anterior. Sin duda, algunas teorías infantiles pueden construirse así, a partir del conocimiento que los niños adquieren directamente de forma lingüística cuando los adultos responden a sus preguntas. Pero el modelo RR postula que no todas las teorías construidas por los niños derivan directamente de la codificación lingüística. Los niños también se ponen a teorizar espontáneamente sobre el mundo físico mediante el proceso interno de redescripción representacional que sirve para abstraer conocimientos que el niño ya ha adquirido en interacción con el ambiente. Hay tres razones que nos llevan a inferir que el proceso repetido de redescripción representacional debe intervenir en la construcción de teorías. En primer lugar, los niños tardan en ser capaces de acceder al conocimiento explícito. Por ejemplo, mientras que los bebés de cuatro meses se sorprenden al ver que un objeto atraviesa otro, los niños de dos años no demuestran poseer ese conocimiento cuando se les pide que den una respuesta explícita en lugar de una mera respuesta de habituación (Susan Carey, comunicación personal). En segundo lugar, el conocimiento que se menciona inicialmente en las teorías explícitas de los niños suele guardar un gran parecido con las restricciones que actúan en sus conductas tempranas. Y, en tercer lugar, hay ejemplos claros de conocimiento aparentemente teórico (lo que denomino «teorías en acción») que el niño no es todavía capaz de codificar lingüísticamente. El conocimiento físico puede, por consiguiente, representarse en muchos niveles distintos.

La distinción entre lo animado y lo inanimado: de la maestría conductual al conocimiento metalingüístico

Una buena ilustración del proceso progresivo de construcción de teorías por parte de los niños proviene del estudio de la distinción entre lo animado y lo inanimado. Hemos visto anteriormente que el movimiento desempeña un papel crucial para hacer posible que los bebés segmenten las presentaciones perceptivas en objetos unitarios. También utilizan el movimiento para distinguir entre cosas animadas e inanimadas (Golinkoff et al., 1984). Y, como vamos a ver, esta sensibilidad al movimiento es también la base sobre la que posteriormente construyen sus teorías sobre el mundo animado. Pero primero vamos a echar un vistazo a una serie de trabajos sobre cómo la categorización que los bebés hacen de los objetos se basa en la distinción entre movimiento mecánico y movimiento biológico.

En un experimento, Mandler y Bauer (1988) entregaron a bebés de 12 meses una serie de objetos para que jugasen con ellos. Como los niños aún no tenían lenguaje, los experimentadores no podían pedirles que los clasificasen en animales (animados) y vehículos (inanimados). Se limitaban a dejar los juguetes frente a los bebés y tomar nota de la secuencia en que los iban tocando. Los resultados fueron claros. Dejados a su libre albedrío, sin instrucciones explícitas de los experimentadores, los niños mostraban pautas de aproximación manual muy diferentes y estadísticamente significativas. No cogían los juguetes al azar, sino que primero tocaban, por ejemplo, una serie de vehículos uno detrás de otro y, después, tocaban una serie de animales (o al revés). En otro experimento, se registró la duración de las manipulaciones que hacían los niños. El experimentador entregaba a los niños una serie de juguetes distintos pertenecientes a la misma categoría (p. ej., animales como pájaros, perros y girafas). Después de un determinado número de ejemplares distintos, se entregaba al niño un juguete perteneciente a la otra categoría (objetos inanimados como aviones, camiones y cucharas). Se medía si aumentaba abruptamente el tiempo dedicado a la manipulación al producirse un cambio de categoría (p. ej., al dar un avión después de un pájaro) en comparación con un cambio intracategorial (p. ej., al dar un perro después de un pájaro). Se trata de un diseño semejante al de la técnica de habituación de la succión o la mirada empleada con bebés más pequeños.

Es de crucial importancia tener en cuenta que, perceptivamente, el aspecto y el tacto de algunos objetos animados era más parecido al de los objetos inanimados que al de los demás objetos dentro de la categoría de animados. El pájaro y el avión de plástico eran perceptivamente más semejantes entre sí que el pájaro y el perro. Pero los agrupamientos que hacían los niños no se basaban en la semejanza perceptiva. Cuando se presentaban secuencialmente el perro, el caballo, el conejo, el pájaro, etc., los niños los exploraban de forma parecida, pero, si a continuación se presentaba el avión, éste era tratado como una categoría nueva (es decir, se registraba un tiempo de manipulación mayor). Los agrupamientos de los niños no se basaban, por consiguiente, en la semejanza *perceptiva*, sino en la semejanza *conceptual* entre el movimiento potencialmente animado o inanimado, lo cual constituía el único rasgo que podía hacer a los niños categorizar los juguetes de plástico similares en dos clases distintas.

Conclusiones semejantes se han alcanzado con experimentos que usaban el paradigma de habituación visual. Smith (1989), después de seccionar réplicas tridimensionales de mamíferos y vehículos, les quitó las piezas obvias que tenían ojos, caras y ruedas, para a continuación recombinar las piezas pertenecientes a animales o las pertenecientes a vehículos de tal modo que se formasen nuevas categorías de «animales» o de «vehículos». Se empleó la técnica de habituación que vimos en el capítulo 1. Los bebés de 12 meses de edad se habituaron rápidamente a las presentaciones dentro de cada clase, a pesar de lo visualmente novedosas que podían resultar las recombinaciones. Pero se deshabituaban cuando aparecía una recombinación que no pertenecía a la clase con que se les había habituado. Una vez más la distinción categórica entre animado e inanimado no podía hacerse simplemente basándose en las propiedades perceptivas de las presentaciones visuales. La distinción conceptual no radica en las entradas visuales, sino que se hace basándose en las diferencias fundamentales de movimiento potencial que existen entre las dos clases. Desde el punto de vista del modelo RR, resulta esencial averiguar si este mismo conocimiento es el que usan los niños mayores para construir sus teorías.

Si el lector viese la foto de una estatua, sabría inmediatamente que no puede moverse sola. Asimismo, si viese la foto de un animal desconocido (sin que nadie le dijese que es un animal), reconocería de inmediato su capacidad para moverse por sí mismo. Eso hacen también los niños de tres y cuatro años de edad. Gelman (1990a, 1990b; véase también Massey y Gelman, 1988) hacía a los niños una serie de preguntas acerca de las entidades representadas estáticamente en un conjunto de fotografías: si estaban vivas, si podían subir y bajar cuestas por sí mismas, etc. Algunas fotografías de objetos inanimados (p. ej., estatuas con formas y partes de animales familiares) se parecían perceptivamente más a objetos animados que a objetos complejos dotados de ruedas y semejantes a máquinas. Otras, en cambio, eran fotografías de animales mamíferos y no mamíferos totalmente desconocidos para los niños (p. ej., un equidna). Cuando se pedía a los niños de tres y cuatro años que hiciesen juicios explícitos acerca de las fotos (es decir, que apelasen a representaciones E2/3), resultó que éstos no se basaban en las semejanzas perceptivas entre las fotografías (p. ej., dos fotografías muy parecidas en las que aparecían retratados dos cuerpos espigados, uno animado y otro inanimado), sino que estaban en función exclusivamente de si consideraban que el objeto era capaz de moverse por sí mismo o requería un agente externo. Dicho de otro modo, aunque tanto un animal como una pequeña estatua podían ser espigados, los niños consideraban que eran cosas distintas porque una podía moverse sola y la otra necesitaba que la moviese un agente humano. Y, para mantener sus teorías sobre esta diferencia de movimiento, los niños de tres y cuatro años llegaban incluso a inventarse atributos observables (p. ej., «se le ven los pies», para justificar que una fotografía era de un ser animado, a pesar de que en ella no aparecía ningún pie, frente a «no puede moverse solo; no tiene pies», refiriéndose a la fotografía de una estatua cuyos pies podían verse claramente). Los niños son capaces de inventar o pasar por alto datos observables para mantener la coherencia de sus postulados teóricos explícitos.

Un fenómeno muy semejante ocurría en un estudio sobre los juicios explícitos realizados por niños mucho más mayores sobre la acción y la reacción como fuerzas compensatorias (Piaget et al., 1978)[5]. Se pedía a los niños que explicasen qué pasaba cuando una serie de elementos se colocaban unos encima de otros. Por ejemplo, cuando un pedazo de madera se colocaba sobre una esponja, ésta quedaba ligeramente deformada. ¿A qué se debe esto? Se planteaban preguntas como éstas a niños de edades comprendidas entre cuatro y diez años, empleando una serie de elementos y superficies que podían ser de hierro, esponjas, madera, polietileno, etc. Hacia la edad de ocho años, los niños habían desarrollado la teoría de que todo ejerce una fuerza sobre cualquier cosa en que se coloque y que toda causa ha de tener un efecto *observable*. Aferrarse a esta teoría es fácil en los casos en que algo pesado se coloca sobre, por ejemplo, una esponja, que se deforma claramente. Pero cabría esperar que el hecho de colocar una barra de hierro sobre una superficie sólida de madera, que no produce ningún efecto observable, amenazase la teoría sobre la acción y reacción sostenida por el niño. Pues no: para explicar la fuerza que ejercía la barra sobre la superficie, los niños decían que veían cómo ésta «se curva un poquito pero enseguida vuelve a aplanarse». Como en el estudio de Massey-Gelman, para mantener su teoría los niños llegaban al extremo de inventar datos «observables». ¡Y, obviamente, no son sólo los niños los que hacen esto!

Cuando los niños inventan supuestas observaciones, no se limitan a responder a la información perceptiva: están funcionando con representaciones internas explícitas. En la tarea de distinguir cosas animadas e inanimadas, el conocimiento sobre la diferencia entre el movimiento autopropulsado y el movimiento causado se representa explícitamente hacia la edad de tres años. Los principios del movimiento y la comprensión del papel que desempeñan los agentes externos son semejantes a los que actúan al principio de la infancia, pero entonces lo hacen basándose en representaciones de nivel I. La estrecha semejanza entre las restricciones que operan en la infancia y las que se mencionan explícitamente en el desarrollo posterior (que no tendrían por qué ser las mismas) parece indicar que el conocimiento posterior surge de la redescripción de esas primeras representaciones de nivel I en un formato más explícito.

Más allá de los principios que permiten hacer la distinción básica entre lo animado y lo inanimado, los niños tienen mucho que aprender. Tienen que asimilar información sobre las interioridades de las cosas animadas y de los objetos: el papel de las palancas, las ruedas, la sangre, el cerebro, los huesos, etc. Pero el aprendizaje posterior está siempre restringido por los principios que le preceden. Como señala Gelman, el principio de la existencia de entrañas y el principio del agente externo ayudan a los niños a distinguir entre datos relevantes e irrelevantes para las categorías de animado e inanimado y a hacer generalizaciones de tal modo que pueda almacenarse nueva información de un modo coherente. La información nueva tiene que aprenderse en interacciones posteriores con el ambiente físico y sociocultural. Hacia los tres o cuatro años de edad los niños, aunque siguen explorando activamente su ambiente físico, empiezan también a asediar a los adultos con preguntas, obteniendo de este modo información directa codificada lingüísticamente.

En uno de los estudios más importantes que se han realizado sobre cómo construyen los niños teorías acerca de los seres animados, Carey (1985, 1988) se centró en el niño como biólogo [6], explorando hasta qué punto los niños comprenden que todas las cosas animadas están vivas, crecen, se reproducen y mueren, y cómo cambian sus conceptos de lo que está «vivo» y lo que está «muerto». Carey demostraba que el conoci-

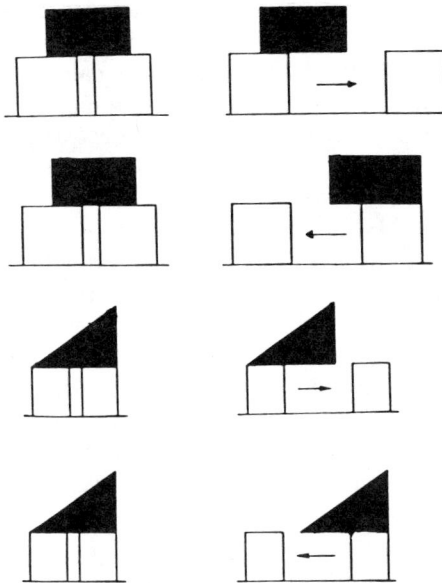

FIGURA 3.7. *Principio de las relaciones de soporte.* (A partir de Baillargéon y Hanko-Summers 1990. Utilizado con permiso de Ablex Publishing corporation.)

miento sobre las especies biológicas, aunque sea relevante para la distinción entre animado e inanimado, implica un conjunto de principios diferentes de los que gobiernan el movimiento físico. De manera que la especificidad de dominio de las reorganizaciones del conocimiento se da incluso en dominios que parecen estrechamente relacionados entre sí.

Las leyes de la gravedad y del par: de la maestría conductual al conocimiento metacognitivo

Al principio de este capítulo, vimos que los bebés muy pequeños no son todavía sensibles a las violaciones de la ley de la gravedad, pero que a partir de los seis meses los bebés muestran sorpresa si ven que un objeto se detiene en el aire sin apoyarse sobre una superficie de reposo. En otro experimento sobre las relaciones de soporte y el principio de gravedad, se estudió si los bebés comprenden que, cuando un objeto se coloca encima de otro, el centro de gravedad del objeto superior debe estar sobre la superficie del objeto que sirve de soporte. Utilizando el paradigma de habituación, Baillargéon y Hanko-Summers (1990) enseñaban a niños de entre siete y nueve meses de edad objetos en relaciones de soporte posibles e imposibles.

¿Qué objetos de la figura 3.7 son los que se caerían? No cabe duda de que eso es algo de lo que uno se da cuenta inmediatamente. Probablemente, lo primero que hacemos es invocar nuestras representaciones de nivel I (podemos ver materialmente qué objetos van a caer), pero si nos piden que justifiquemos nuestra respuesta, podemos apelar a nuestras representaciones de nivel E2/3. Los bebés también son capaces de recurrir a sus representaciones de nivel I. Baillargéon descubrió que los niños de entre siete y nueve meses miraban significativamente más a la presentación que en la figura 3.7 aparece arriba a la derecha, lo cual sugiere que se sorprendían de que el bloque negro no cayese. Sin embargo, no mostraban esa discriminación en el caso de los objetos asimétricos. La duración de su mirada era igual en las dos presentaciones de más abajo; no se mostraban sorprendidos cuando veían objetos asimétricos en relaciones de soporte imposibles, como la del diagrama de abajo, a la derecha. Por consiguiente, la sensibilidad que algunos bebés muestran a algunos aspectos de las leyes de la gravedad está restringida por la simetría. Es preciso que aprendan más cosas en lo que a los objetos asimétricos se refiere. ¿Pero qué sucede en el caso de niños de más edad? ¿Se ven también restringidos por la simetría a la hora de construir progresivamente una teoría sobre la gravedad y la ley del par?

Cuando aún estaba en la Universidad de Ginebra, escribí un artículo titulado «Si quieres avanzar, hazte con una teoría» (Karmiloff-Smith e Inhelder, 1974-75). Se trata en parte de un chiste doméstico sobre la empresa piagetiana, en la que a veces se construían grandes teorías sobre pequeños —pero importantes— datos anecdóticos. Pero mi elección del título también pretendía ser un retrato fiel del niño como teórico espontáneo en lugar de como mero inductivista. Aunque las predisposiciones innatas y los principios que se aprenden tempranamente establecen las fronteras dentro de las cuales tiene lugar el desarrollo, he subrayado repetidamente que no niegan la necesidad de cambios representacionales posteriores, aun después de conseguir un nivel eficaz de interacción con el medio físico.

También en este caso, adoptar una perspectiva de desarrollo sobre la ciencia cognitiva puede favorecer nuestra comprensión de los procesos humanos de descubrimiento, porque la *relación* entre teoría y datos muestra repetidamente cambios sutiles a lo largo del desarrollo a medida que los niños van construyendo teorías en diferentes microdominios (Karmiloff-Smith, 1984, 1988) [7].

Una buena ilustración de cómo pasan los niños de la fase de maestría conductual al desarrollo de teorías verbalmente expresables sobre la gravedad y la ley del par puede encontrarse en un estudio sobre la colocación de bloques en equilibrio (Karmiloff-Smith e Inhelder, 1974-75; Karmiloff-Smith, 1984). La mayoría de los intentos por comprender cómo se desarrolla el conocimiento del niño en este microdominio se ha basado en el uso de una balanza convencional (Inhelder y Piaget, 1958; Siegler, 1978). Sin embargo, muchos niños nunca se han enfrentado antes a este tipo de balanza y, por consiguiente, deben aportar al experimento conocimiento adquirido en otras circunstancias. Por eso decidí aprovechar una actividad que los niños realizan espontáneamente: intentar poner en equilibrio un objeto sobre otro. En el experimento, se pedía a niños de edades comprendidas entre los cuatro y los nueve años que pusiesen en equilibrio una serie de bloques distintos sobre un soporte de metal estrecho. Algunos bloques tenían distribuido su peso de manera uniforme, de manera que el punto de equilibrio era su centro geométrico. A otros se les había introducido plomo en un extremo y, aunque su aspecto exterior era idéntico al de los bloques normales, su punto de equilibrio estaba desplazado del centro. Un tercer tipo de bloques tenía un contrapeso claramente visible pegado en un extremo y su punto de equilibrio también estaba desplazado del centro. Los distintos tipos de bloque aparecen en la figura 3.8.

Si sólo tuviésemos en consideración los intentos eficaces e ineficaces de equilibración, el resultado sería que los niños de cuatro y ocho años lo hacen mejor que los de seis. Pero este resultado nos dice muy poco. Un microanálisis de los detalles de cómo se desarrolla la conducta de los niños nos revela mucho más. En pocas palabras, los niños de cuatro y cinco años resuelven la tarea con mucha facilidad. Simplemente cogen el bloque y lo mueven a lo largo del soporte sintiendo la dirección en que se produce el desequilibrio y corrigiendo su posición mediante esta información propioceptiva hasta que el bloque queda equilibrado. En cambio, los niños de seis y siete años colocan todos los bloques en su centro geométrico y sólo parecen capaces de equilibrar bloques que tengan el peso distribuido uniformemente. Los niños de ocho y nueve años consiguen equilibrar todos los tipos de bloques, como los más jóvenes.

¿Cómo podemos explicar este curso del desarrollo? Los niños de cuatro años sólo son sensibles a la información que emana de datos observables. Cada bloque es para ellos una tarea nueva. Utilizan información propioceptiva negativa y positiva sobre la dirección de caída para encontrar el punto de equilibrio. La información obtenida al equlibrar cada bloque se almacena independientemente, sin ligarla a lo que ocurrió en los intentos previos ni a lo que ocurre posteriormente. Esta fase, en que la conducta del niño está controlada por los datos, se basa en representaciones

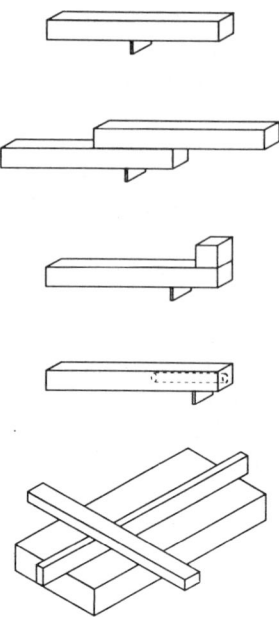

FIGURA 3.8. *Estímulos utilizados en la tarea de equilibración de bloques.* (Tomado de Karmiloff-Smith, 1984. Reimpreso con permiso de Lawrence Erlbaum Associates, Inc.)

de nivel I. Resulta sorprendente que nuestros sujetos más jóvenes no seleccionasen nunca los bloques; por ejemplo, aunque hubiese dos bloques idénticos y el niño acabase de poner en equilibrio uno de ellos, no cogía inmediatamente después el otro para aprovechar la información que acababa de obtener de su éxito previo. Los niños de esta edad afrontaban la equilibración de los bloques como si se tratase de una serie de problemas aislados. Sus acciones estaban mediadas por el esfuerzo de lograr maestría conductual.

En cambio, la conducta de los niños de seis años está mediada por una «teoría en acción», representada en el formato E1, pero incapaz aún de ser verbalmente explicada, por no estar en el formato E2/3. Esta «teoría en acción» les hace desatender la información propioceptiva sobre la dirección de caída que tan útil les resultaba a los niños de cuatro años. Recuerde el lector que en los bebés, en el sistema visual, la simetría desempeñaba un papel crucial entre los principios que determinaban el equilibrio. En los niños de seis años, usando el sistema motor, las primeras representaciones E1 se encuentran también restringidas por la simetría: la teoría del centro geométrico estipula que todos los objetos se equilibran simétricamente respecto a su longitud. Mediante redescripciones de las representaciones almacenadas en el nivel I sobre cómo se equilibran los objetos, los niños extraen una característica común válida para muchos objetos del mundo (pero no para todos): son simétricos y se equilibran en su centro geométrico. Ésta es la esencia de la representación reducida que ha producido el proceso de redescripción; los demás detalles proprioceptivos se omiten.

La redescripción es un proceso interno que no se debe a la acumulación de más experiencia con el ambiente. Ciertamente no siempre es necesario que los niños busquen más información del ambiente *externo* para pasar del nivel I a formatos representacionales superiores que les permiten elaborar una teoría. Más bien, como decíamos anteriormente, los niños analizan sus representaciones *internas* previamente almacenadas de modo independiente y generan una teoría basándose en las pautas relevantes que hay en esas representaciones ya almacenadas (p. ej., muchos objetos del mundo se equilibran en su centro geométrico). El niño de seis años se enfrenta a la información contradictoria como si el problema fuera de él (del *niño*), no de la teoría. Y, de hecho, la teoría no es puesta en cuestión durante un período de tiempo sorprendentemente dilatado. Estos niños hacen exactamente lo que Kuhn (1962) decía que hacen los científicos: no abandonan ni modifican su teoría a pesar de los flagrantes ejemplos en su contra que encuentran. Lo que hacen es buscar errores en su propia conducta. Cuando un bloque trucado con peso adicional cae a pesar de estar colocado sobre su centro geométrico, los niños vuelven a ponerlo igual, en el centro geométrico, ¡pero con mucho más cuidado! Por último, cuando los niños ya no pueden seguir enfrentándose al fallo como si el error estuviese en su conducta, se limitan a apartar los bloques cuyo peso está distribuido de forma desigual como si fuese imposible equilibrarlos, tratándolos como una anomalía que hay que ignorar. ¡Los datos observables se desechan por irrelevantes!

¿Por qué acaban los niños abandonando su sencilla teoría del centro geométrico? En primer lugar, por la acumulación de anomalías que requieren explicación y no pueden reconciliarse con la teoría original. Pero llegar a considerar esas anomalías como contraejemplos depende crucialmente de que con anterioridad se haya defendido firmemente una teoría. Potencialmente toda la información (que los bloques con peso extra caen cuando se colocan por el centro, que los bloques de peso uniformemente distribuido caen si no se colocan en el centro, etc.) estaba a disposición de los niños de todas las edades. Al igual que pasaba con la maestría conductual en el nivel I, para que una teoría se consolide en el nivel E1 se necesita un tiempo de desarrollo. La propia teoría debe consolidarse antes de que los contraejemplos puedan explicarse mediante una teoría distinta. Sin embargo, es interesante que la acumulación de anomalías no induzca inmediatamente al niño a elaborar una teoría más extensa que abarque *todos* los datos. Los niños de esta edad tienden a aferrarse a la teoría del centro geométrico cuyo único criterio es la longitud y que sólo es válida para un conjunto de bloques. Lo que hacen es crear una nueva teoría, esta vez con el peso como único criterio y aplicable sólo al conjunto de bloques cuyo peso añadido es visible. ¡Es como si creyesen que un conjunto de bloques tiene longitud pero no peso, mientras que el otro tiene peso pero no longitud! Y, mientras tanto, siguen considerando que los bloques con peso extra invisible son anomalías que no encajan en ninguna de las dos teorías.

Por consiguiente, al principio los niños crean temporalmente dos microdominios, en lugar de intentar explicar todos los datos dentro de un solo microdominio. Pero eso hace que pierdan tanto la unidad de una concepción potencialmente más amplia como la simplicidad de su teoría anterior del centro geométrico. El problema se resuelve, finalmente, cuando el niño desarrolla su propia versión de la ley del par, una versión intuitiva pero correcta.

En diferentes momentos del desarrollo los niños alternan entre centrarse en los datos y en la teoría. En el presente microdominio, cuando un bloque trucado se equilibra fuera del centro, proporciona retroalimentación *positiva* a los niños más jóvenes porque de ese modo alcanzan su meta. Sin embargo, ese mismo estímulo (el bloque trucado en equilibrio) constituye retroalimentación *negativa* para los niños mayores que tienen la teoría del centro geométrico. Asimismo, cuando un bloque colocado fuera del centro cae, representa retroalimentación *negativa* para el niño más joven, pero *positiva* para el que es un poco mayor porque un bloque que se cae cuando no está colocado en el centro confirma su teoría del centro geométrico. Esta secuencia de desarrollo pone de manifiesto cómo los mismos estímulos pueden representar datos distintos para niños de diferentes edades.

Como ya hemos dicho antes, hacia los ocho o nueve años de edad los niños consiguen poner en equilibrio los bloques con peso desigualmente distribuido, con lo cual reproducen la *conducta* de los niños más jóvenes. Sin embargo, según el modelo RR, las *representaciones* que subyacen a esas conductas son muy diferentes. Aunque, de hecho, los dos grupos de niños hacen uso de la información propioceptiva, los de ocho años tienen conocimiento explícito sobre el centro geométrico y una teoría intuitiva sobre la ley del par, cosas ambas que se basan en sus representaciones en el formato E2/3.

Por supuesto, aún les queda mucho que aprender. La comprensión cualitativa de la ley del par tiene aún que cuantificarse como el producto exacto de la longitud por el peso (Siegler, 1978). Además, los niños (y los adultos) tienen aún que enfrentarse a los sutiles efectos de un par con el fulcro descentrado (Karmiloff-Smith, 1975, 1984).

La redescripción representacional y la construcción de teorías

En un determinado momento del desarrollo no cabe duda de que el conocimiento que los niños tienen de este microdominio posee estatus teórico, en contraste con el conocimiento del bebé. La coherencia de las respuestas de los bebés a su entorno obedece a una combinación de las entradas que reciben y los principios en que se basa el procesamiento de esas entradas. Los estímulos ambientales siempre se tienen en cuenta y los bebés muestran sorpresa si ciertos principios se violan. Pero hay una importante fase posterior del desarrollo durante la cual el niño de más edad ignora totalmente la información ambiental o inventa datos observables en el ambiente para confirmar sus posturas teóricas. Puede que algunas personas no quieran llamar a la teoría del centro geométrico una «teoría» en el sentido pleno de la palabra [8], y prefieran considerarla como una creencia que tiene el niño. Mi tesis es, sin embargo, que estos ejemplos que hemos visto en los niños presentan todas las características de los comienzos de la construcción de teorías. En lugar de limitarse a responder a los datos propioceptivos, los niños hacen uso de una estructura teórica para dar forma a los datos, aunque sus explicaciones tengan que ampliarse y enriquecerse antes de poder considerarse conceptualmente equivalentes a las del adulto. También es importante tener presente que los niños de seis años conservan las representaciones de nivel I. Si se les hace que cierren los ojos, pueden poner en equilibrio todos los bloques sin ninguna dificultad. Si se les pide que construyan una casa con los bloques, de manera que su nueva meta explícita sea la construcción de la casa, echan mano de sus representaciones de nivel I para equilibrar los bloques (puesto que esto es ahora un medio para alcanzar la meta principal). Sólo apelan a sus representaciones explícitas cuando su meta explícita es poner en equilibrio cada bloque. Estas representaciones forman una «teoría en acción» de nivel E1 que aún no puede verbalizarse. Aunque el lenguaje pueda ser importante en el razonamiento científico (Gelman, Massey y McManus, 1991), los comienzos de la construcción de teorías parecen ocurrir sin codificación lingüística. Las «teorías en acción» no pueden basarse en representaciones de nivel I. La construcción de teorías comienza con representaciones E1 definidas explícitamente y sin necesidad inmediata de codificación lingüística.

En resumen, los niños no son simplemente solucionadores de problemas. Se convierten rápidamente en generadores de problemas, pasando de la realización eficaz de acciones bajo el control de los datos a la realización de acciones mediadas por teorías que, muchas veces, no están influidas por la información retroalimentativa procedente del ambiente. Si los niños son en algún momento empiristas, es sólo durante un período de tiempo muy breve al enfrentarse por vez primera a un nuevo microdominio. Es entonces cuando lo único que importa son los datos; pero, más adelante, los niños explotan la información que ya tienen almacenada en sus representaciones internas. Los niños desarrollan constantemente teorías, y simplifican y unifican los datos que les llegan acomodándolos a sus teorías. Como explicaba en el capítulo introductorio, esto es algo que potencia y limita el aprendizaje al mismo tiempo. Las teorías proporcionan al niño control predictivo, porque se refieren de forma coherente y estable a distintos acontecimientos de un microdominio. Pero, para mantener sus teorías, los niños se enfrentan a los contraejemplos como si fueran meras anomalías, inventando o desatendiendo datos para poder mantener sus convicciones teóricas.

En unos estudios anteriores que no he expuesto aquí (Karmiloff-Smith, 1975, 1984) examiné cómo enriquecen los niños mayores sus teorías sobre el mundo físico expresando sus explicaciones cualitativas de forma matemática. Para hacer avanzar su conocimiento intuitivo de la física, el niño debe traducirlo de forma cuantitativa, lo cual crea nuevos problemas cognitivos. Además, el modelo RR postula que las representaciones en códigos diferentes sólo pueden vincularse entre sí si las representaciones se definen de forma explícita por lo menos en el formato E1. Así, para que el conocimiento físico pueda ponerse en relación con el conocimiento matemático, este último también tiene que ser objeto de redescripciones representacionales.

Capítulo 4
EL NIÑO COMO MATEMÁTICO

> *La incapacidad de los niños menores de cinco años de conservar el número... es uno de los hallazgos experimentales más fiables de toda la bibliografía sobre desarrollo cognitivo.* (Gelman y Gallistel, 1978)

«En un barco hay 35 caballos y 10 patos. ¿Cuál es la edad del capitán? Si se les plantea este problema a niños pequeños escolarizados, muchos empiezan inmediatamente a manipular los números que aparecen en la pregunta para dar con una respuesta: por ejemplo, 35 + 10 = 45. Esta situación capta muy bien la falta de significado de tantas cosas que los niños perciben como matemáticas "escolares"» (Hoyles, 1985). Y, sin embargo, estos niños han venido al mundo con una serie de predisposiciones relacionadas con el número.

Igual que ha sucedido en los dominios del lenguaje y la física, la concepción piagetiana del bebé como un ser ajeno al número y su interpretación de en qué consiste la adquisición del número en el niño se han visto seriamente puestas en duda. Y, sin embargo, los datos originales son muy sólidos. Comenzaré este capítulo haciendo una breve exposición de la conocida tarea piagetiana de conservación del número y los problemas con que se ha encontrado; después, pasaré a explorar las investigaciones recientes con bebés y niños pequeños. De nuevo, terminaré con una invitación al lector para que opte por una integración de aspectos propios del innatismo y del constructivismo.

La adquisición del número como proceso de dominio general

A un piagetiano le resultaría inconcebible atribuir principios relacionados con el número al recién nacido o al bebé de poca edad, o considerar el número como una capacidad de dominio específico. Según Piaget, todos los aspectos del número forman parte del desarrollo cognitivo de dominio general y se construyen como resultado de la inteligencia sensoriomotriz general y la posterior coordinación de la seriación y la clasificación. Según él, la representación del orden lineal y la seriación (la capacidad de representar objetos de distinta magnitud en secuencias correctamente ordenadas) son necesarias para la conservación del número, pero no suficientes. También es necesario un sistema de clasificación jerárquica de relaciones inclusivas, en el cual la clase que contiene un solo elemento está incluida en la clase que contiene dos elementos, que, a su vez, está incluida en la que contiene tres, etc., etc. (Piaget y Szeminska, 1952a)[1]. De este modo, según Piaget, el niño termina por desarrollar la conservación del número. ¿Qué quiere decir «conservar el número»?

Cojamos diez objetos y coloquémoslos equidistantes formando una fila. A continuación, coloquemos otra fila de objetos formada exactamente por el mismo número, de manera que se establezca una correspondencia de uno a uno entre ambas. Los niños de cuatro años no tienen dificultad en admitir que hay el mismo número de objetos en cada fila. Sin embargo, si estiramos los objetos de una de las filas de manera que formen una fila más larga, como en la figura 4.1, y preguntamos al niño si sigue habiendo el mismo número de objetos en cada fila o en una de ellas hay más que en la otra, los menores de cinco años siempre sostienen que una de las filas (normalmente la más larga, pero en determinadas presentaciones, la más densa [Piaget, 1968]) tiene ahora más objetos que la otra.

En 1971 tuve ocasión de trabajar en Beirut, en los campos de refugiados palestinos de Burj-el-Barajneh y Chatila. Mi misión era establecer líneas directrices para introducir el desarrollo cognitivo en los cursos por

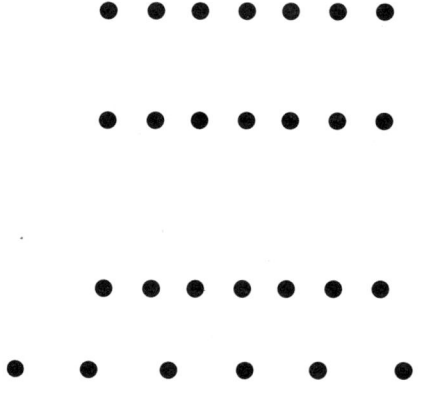

Figura 4.1. *Tarea de conservación del número.*

correspondencia que seguían los maestros de estos campos de refugiados (Karmiloff-Smith, 1971a, 1971b). La demostración que los maestros encontraban más convincente sobre los problemas de los niños con el número era usar dinero real como material de la tarea de conservación que acabamos de mencionar. Los maestros estaban inicialmente convencidos de que en los niños refugiados el uso de monedas reales haría que hasta los más jóvenes diesen respuestas correctas. Pero estaban equivocados, ya que el material concreto que se utilice (flores, bombones, dinero, formas geométricas) no cambia el resultado prácticamente nada [2]. Con independencia de cuál sea el material, en esta tarea clásica parece que los niños pequeños creen que, al alterar la disposición espacial de una línea de objetos, cambia su numerosidad, y por eso eligen la línea más larga. Aunque los niños menores a veces pueden hacer bien la tarea si se plantea con números bajos, hasta los seis o siete años los niños no pasan sistemáticamente esta prueba, aparentemente tan sencilla, con independencia del número de objetos que se usen. Y la justificación que estos niños dan de su respuesta es el hecho de que nada se ha añadido o sustraído, que, aunque una línea sea más corta, es también más densa, y que la transformación es meramente espacial y no afecta al número (dado que en cualquier momento la correspondencia uno a uno puede restablecerse). También es importante el hecho de que los niños que conservan el número no sienten la necesidad de contar los objetos después de la transformación. Dada la naturaleza de ésta, saben que la correspondencia inicial uno a uno basta para mantener en todo momento la equivalencia de cantidades no especificadas.

La oposición al punto de vista de Piaget

Los problemas a que se enfrentan las ideas piagetianas sobre el número provienen de dos enfoques muy diferentes sobre el desarrollo cognitivo. Algunos investigadores se han centrado exclusivamente en reducir la edad a la que se alcanza la conservación piagetiana del número. Otros han trasladado su atención de la conservación del número a los principios precoces que rigen la actividad de contar en los bebés y los niños pequeños.

Se ha utilizado una gran cantidad de variaciones sobre un mismo tema experimental para intentar demostrar que los niños pequeños poseen una competencia matemática muy superior a la que Pigaet les había atribuido. Donaldson (1978) abordó la tarea de conservación del número, sosteniendo que lo que sucedía es que el niño pequeño interpretaba erróneamente la pragmática de su interacción con el experimentador, creyendo que sus respuestas tenían que centrarse en algún acto llamativo realizado por el experimentador como, por ejemplo, la acción de alargar una de las líneas. Donaldson y sus colegas modificaron el paradigma experimental de tal modo que la transformación espacial de una de las líneas se producía por accidente (a causa de un osito malo), en lugar de ser un acto intencional del experimentador (McGarrigle y Donaldson, 1975). Con este paradigma, los niños conseguían resolver la tarea a una edad más temprana que en la versión piagetiana clásica. Según Donaldson, el desarrollo consiste en pasar del conocimiento incrustado en contextos pragmáticos relevantes al conocimiento liberado de esos contextos.

Markman (1979) siguió un camino distinto en su evaluación crítica de la teoría piagetiana, estableciendo una distinción entre clases (soldados, árboles) y colecciones (un ejército, un bosque) y los términos lingüísticos con que se codifican. Sus experimentos demuestran que a los niños pequeños les resulta más fácil conservar el número cuando los objetos de las líneas se nombran mediante un término que denota una colección («¿Tiene tu ejército tantos como mi ejército?») que cuando se nombran con términos que se refieren a clases («¿Tienes tantos soldados como yo?»).

Otros estudios, especialmente la pionera serie de experimentos llevados a cabo por Bryant (1974), indicaban que el problema del niño podría residir en que tenía que aprender a distinguir entre indicios perceptivos relevantes e irrelevantes para el número. Así, si el experimento se diseña camuflando los aspectos perceptivos irrelevantes de la situación, la edad a que se resuelve la tarea puede descender. Sin embargo, como varios autores han subrayado [3], la concepción piagetiana de la conservación del número no equivale a aprender a no hacer caso de la disposición espacial o reconocer que la configuración de dos presentaciones estáticas es irrelevante para el número. La conservación consiste en concentrarse específicamente sobre las *transformaciones* y razonar sobre ellas.

No obstante, Bryant tiene razón al decir que la disposición espacial es uno de los problemas que acecha a los niños pequeños. Para demostrarlo, Gelman (1982) diseñó una tarea en la que las filas de objetos no se colocaban una debajo de la otra, como en la figura 4.1, sino una junto a otra. De esta manera, al cambiar la disposición espacial, no se alteraba directamente la percepción de la correspondencia uno a uno entre los grupos de objetos. En este estudio, los niños tenían que seguir la pista a las adiciones y sustracciones de objetos en cada uno de los dos grupos, cuya disposición espacial cambiaba, pero no tenían que enfrentarse a los conflictivos datos perceptivos típicos de las tareas de conservación en las que los objetos se colocan unos debajo de otros. Gelman demostró que, siempre que se tratase de grupos pequeños de objetos, los niños de edad preescolar sabían que las operaciones de adición y sustracción alteran el tamaño del grupo, mientras que cambiar la disposición espacial no tiene ese efecto.

Otra línea de investigación tenía por meta demostrar que, aunque los niños pequeños no conservan números «grandes», sí son capaces de mostrar «conservación de números pequeños» (Bever *et al.*, 1968; Lawson *et al.*, 1974; Siegler, 1981). Los niños menores de cinco años pueden pasar la tarea de conservación si sólo se utilizan tres o cuatro objetos. Según Bever y sus colegas, los niños pequeños poseen los operadores lógicos de la conservación del número pero aún no pueden aplicarlos a números mayores de cinco. Sin embargo, investigaciones posteriores parecen indicar que el éxito con números pequeños no se basa necesariamente en el principio de invarianza del número a pesar de las transformaciones espaciales, sino que podría deberse a la identificación de números mediante el fenómeno denominado «subitización» (proceso de enumeración rápida que ocurre con números menores o iguales a cuatro o cinco) (Chi y Klahr, 1975), o a la realización de comprobaciones mediante correspondencias uno a uno *después* de que se haya producido la transformación (Tollefsrud-Anderson *et al.*, 1994). En otras palabras, el éxito de los niños más jóvenes en tareas de conservación con números pequeños puede explicarse por la aplicación de soluciones basadas en la actividad de contar. Pero lo que Piaget consideraba genuino razonamiento de conservación no requiere comprobaciones de la cardinalidad posteriores a la transformación. Los niños mayores saben que el número se conserva por una combinación de razones lógicas y algebraicas (no se ha añadido ni quitado nada, puede restaurarse la correspondencia uno a uno, etc.), no porque hayan contado los objetos que hay en cada grupo y comparado los números cardinales obtenidos.

De hecho, para conservar no es necesario conocer el número exacto de objetos que hay en un conjunto; si al principio se ha establecido una correspondencia uno por uno, se puede trabajar con cantidades no especificadas. Lo que hay que hacer es concentrarse en lo que ocurre *durante la transformación*, no simplemente en el producto final de ésta. De hecho, los niños verdaderamente conservadores resuelven mejor tareas de conservación con transformaciones espaciales de números muy elevados que tareas estáticas en las que simplemente tienen que contar esos mismos números. Los tiempos de reacción de niños de menor edad en tareas de conservación con números pequeños son significativamente más elevados que los de los niños mayores en tareas con grandes números (Gold, 1987). El motivo es que los niños más jóvenes, tras la transformación, se ponen a contar o realizar correspondencias uno por uno, mientras que los niños mayores se basan en el razonamiento lógico, según el cual el número concreto de objetos es siempre irrelevante si no se ha añadido ni quitado nada de las cantidades originales. Merece la pena resaltar que el niño pequeño que utiliza procedimientos de cuantificación para resolver una tarea de conservación está más avanzado que el que se basa exclusivamente en la disposición espacial de las líneas. El niño que cuantifica restringe su interpretación de la tarea de conservación a procedimientos numéricamente pertinentes, aunque el conocimiento contenido en los procedimientos de contar (tales como la secuenciación o el establecimiento de correspondencias uno por uno) no se encuentre aún explícitamente representado.

Algunos esfuerzos por reducir la edad de conservación del número para refutar la teoría piagetiana acabaron degenerando en una forma de estrecha experimentación por la experimentación. Como muestra Gold (1987), buena parte de estas investigaciones eran insensibles a temas piagetianos fundamentales, lo cual hacía que los experimentos fuesen irrelevantes para la teoría piagetiana del número. No se ofrecía ninguna alternativa teórica sustancial de ámbito piagetiano para explicar la reducción en la edad de conservación. La reacción más seria y de mayor profundidad teórica contra la concepción piagetiana de la adquisición del número en el niño preescolar (Gelman y Gallistel, 1978; véase Resnick, 1986, en relación con niños mayores) no tenía por meta reducir la edad a que se resolvían correctamente las tareas de conservación del número: el punto de partida epistemológico de la tesis defendida por Gelman y Gallistel era la adopción de una postura innatista.

La adquisición del número como proceso de dominio específico innatamente guiado

¿Es la conservación del número el fenómeno en que debemos fijarnos para comprender cómo adquieren los niños el número? Según Gelman, no. Para ella y sus colaboradores [4], desde los comienzos de la infancia hay presente algún conocimiento sobre el número, como por ejemplo la correspondencia uno por uno.

La postura innatista postula que el aprendizaje del niño sobre los números se encuentra sumamente restringido por principios numéricos innatamente especificados. Estos principios hacen que el niño fije su atención sobre entradas sensoriales pertinentes para el número y que también construya representaciones en su memoria numéricamente pertinentes. Asimismo esos principios estipulan posteriormente, cuando el niño es mayor, lo que es y lo que no es contar. Las ideas de Gelman sobre el número son semejantes a las que hemos desarrollado en capítulos anteriores a propósito de otros dominios; es decir, que hay sesgos innatos que canalizan la

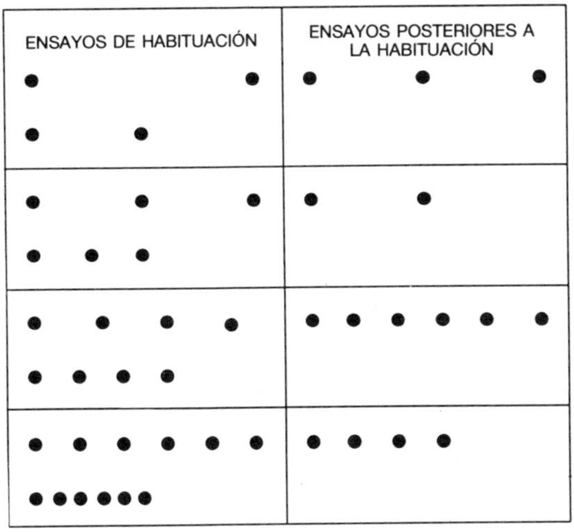

FIGURA 4.2. *Tarea de discriminación numérica.* (A partir de Antell y Keating, 1983. Reimpreso con permiso de la Society for Research in Child Development.)

atención del niño centrándola selectivamente en las entradas sensoriales relevantes para cada dominio concreto (en este caso, el número). Lo cual no implica necesariamente que el niño venga al mundo con un módulo para los números, sino que, como vengo defendiendo a lo largo del libro, las predisposiciones innatas aportan restricciones de acuerdo con las cuales se computan entradas numéricamente pertinentes. De este modo es posible que ese conjunto de restricciones numéricas se modularice progresivamente a medida que avanza el desarrollo.

¿Cómo puede uno descubrir esas predisposiciones numéricas? Hay una serie de experimentos realizados con bebés y niños preverbales que muestran cómo responden numéricamente a presentaciones que podrían perfectamente haber procesado desde el punto de vista del color o de la forma.

Siguiendo el paradigma de habituación y deshabituación descrito en el capítulo 1, Antell y Keating (1983) presentaban a niños recién nacidos tarjetas que contenían el mismo número de puntos pero que variaban en la longitud de las líneas y la densidad de los puntos[5]. Después de habituarse a estos estímulos, se presentaba a los niños una tercera tarjeta que contenía un número distinto de puntos, pero manteniendo o la longitud de líneas o la densidad de puntos de las presentaciones habituadas. En la figura 4.2 pueden verse algunos ejemplos de las presentaciones que se usaron en el estudio de Antell y Keating. Otros estudios semejantes usaban objetos de diferentes formas y colores en lugar de puntos, pero con los mismos resultados. Éstos indican que los recién nacidos pueden detectar diferencias numéricas en presentaciones de números pequeños de elementos. Los bebés mostraban atención renovada cuando se producían cambios de número, pero no cuando los cambios eran de longitud de línea o densidad de puntos. Sin embargo, esta capacidad desaparece cuando los grupos de elementos son demasiado grandes.

En conjunto, los resultados indican que la deshabituación se produce porque el niño hace una distinción numérica abstrayendo la invarianza numérica de las presentaciones previas y reconociendo el cambio de numerosidad en la nueva. Otro aspecto interesante de estas tareas, señalado por Antell y Keating, es que sólo pueden resolverse correctamente si los recién nacidos recuerdan la numerosidad de las presentaciones percibidas anteriormente, pero que ya no están visibles, y ponen en relación esta información numérica con la presentación que ven en ese momento. Esto requeriría alguna forma de representación icónico-esquemática que parece muy alejada del punto de vista tradicional piagetiano sobre las capacidades de los bebés.

Los datos anteriores tal vez podrían explicarse diciendo que los niños se limitan a reaccionar a las diferentes intensidades de luz entre una presentación con dos elementos y otra con tres, de manera que sus respuestas discriminativas no tendrían nada que ver con la numerosidad de las presentaciones. Según Starkey *et al.* (1985), una explicación como ésta no puede sostenerse porque, aunque Antell y Keating usaban puntos uniformes, muchos otros experimentos empleaban cambios de color, tamaño o forma al hacer presentaciones numéricas nuevas, lo cual significa que la intensidad de la luz cambia *dentro* del grupo de presentaciones con dos elementos tanto como *entre* las presentaciones de dos y tres elementos. Las respuestas discriminatorias de los bebés tienen que deberse, por consiguiente, a su capacidad de atender a los cambios que afectan al número de elementos en las presentaciones y desechar otras características perceptivas interesantes. Es importante subrayar que la discriminación del color y de la forma se encuentra ya entre las capacidades de los bebés, y que, cuando un experimento se centra en alguna de estas características, los niños lo hacen perfectamente bien. Sin embargo, cuando las presentaciones de habituación y deshabituación aíslan cambios numéricos, los bebés desechan los cambios de color y de forma y atienden a los aspectos numéricos del estímulo.

Vimos en el capítulo anterior que la sensibilidad inicial de los bebés a los principios de la física es intermodal. El lector recordará aquel experimento en que se hacían presentaciones hápticas y visuales de anillos conectados por varillas rígidas o cordones flexibles. ¿Hay también correspondencia intermodal en el dominio de los números? Los bebés de entre seis y ocho meses de edad se han mostrado capaces de detectar correspondencias numéricas entre un conjunto de elementos visibles y un conjunto de elementos audibles; es decir, pueden hacer correspondencias intermodales basándose en la numerosidad de las presentaciones. Así, cuando se les presentan dos estimulaciones visuales con un número distinto de objetos cada una, los bebés concentran su atención sistemáticamente sobre la que tiene el mismo número de elementos que una presentación auditiva simultánea de golpes de tambor (Starkey *et al.*, 1985) o, sistemáticamente, sobre la que presenta un número distinto (Moore *et al.*, 1987). Con independencia de que el bebé opte por centrarse en la estimulación que se corresponde numéricamente con la de la otra modalidad o le resulte más interesante el cambio de número [6], el aumento de su atención a una u otra es sistemático, y eso demuestra que atienden a las propiedades numéricas de las presentaciones en lugar de a otras características potencialmente atractivas. Por otra parte, los bebés de tan sólo 12 meses pueden ordenar conjuntos de diferente tamaño (Cooper, 1984) y pueden darse cuenta de cambios subrepticios en el número de elementos esperado en un conjunto (Sophian y Adams, 1987). También esto parece estar muy lejos de las ideas piagetianas sobre la falta de sensibilidad numérica de los bebés.

Al igual que sucedía con la correspondencia intermodal en el dominio de la física, los resultados anteriores demuestran que la percepción del número no es específica de una modalidad, lo cual plantea importantes dudas respecto a si un hipotético módulo numérico se limitaría a recibir entradas procedentes de diferentes transductores en un formato único, numéricamente relevante, o si los resultados de todas las computaciones de modalidad específica se envían al procesador central. En este último caso, tendríamos que atribuir a los bebés de entre seis y ocho meses que participan en este experimento la capacidad de recordar información numérica al hacer la comparación intermodal y la capacidad de redescribir los datos numéricos procedentes de diferentes modalidades en un formato común. Esta cuestión está pendiente de investigaciones futuras. Pero, de nuevo, cualquiera que sea la explicación que resulte correcta, no cabe duda de que este conjunto de investigaciones ha demostrado que los bebés procesan y almacenan datos numéricos de un modo mucho más complejo y a una edad mucho más temprana de lo que sostiene la teoría de Piaget.

El papel de la «subitización»: ¿perceptivo o conceptual?

La sensibilidad de los bebés a la numerosidad no puede reducirse a la mera detección de cambios de intensidad luminosa en la retina. ¿Pero qué pasa con la «subitización», ese proceso de rápido recuento que funciona en los adultos para cantidades de hasta aproximadamente cinco elementos? Mandler y Shebo (1982) y Gallistel y Gelman (1991) sostienen que la subitización es resultado de procesos de recuento, mientras que von Glasersfeld (1982) considera que es una operación puramente perceptiva que no implica procedimientos numéricos. Esta última postura sostiene que la subitización es la capacidad de recitar la palabra correspondiente a un número en asociación con un determinado patrón visual, un poco igual que uno asocia los nombres comunes con los objetos a los que se refieren. Seguramente es de esta manera como reconocemos los números de un dado, que siempre aparecen en la misma configuración espacial. En cierto modo, uno puede «percibir» 5 en un dado. Pero, en general, el número no se percibe igual que se percibe, por ejemplo, el color «rojo». El número es algo que la mente impone sobre la realidad, y, cuando no se utilizan disposiciones espaciales privilegiadas como las que aparecen en los dados, la subitización debe basarse en un rápido recuento y no sólo en procesos perceptivos (Mandler y Shebo, 1982; Gelman y Meck, 1986). Por lo tanto, el uso que los bebés puedan hacer de la subitización es numéricamente pertinente. Con independencia de cuál resulte ser el mecanismo de la subitización, es importante recordar que no parece haber restricciones en el grado de variación que puede darse en el tamaño, color, forma, orientación y textura de las entradas sensoriales con las que podemos captar la atención del bebé mediante cambios numéricos. En cambio, si durante la fase de habituación introducimos cambios en la cantidad de elementos presentes en los estímulos mientras mantenemos constante el color y la forma, entonces el bebé se deshabitúa a estos últimos rasgos.

La conclusión que cabe extraer de todos estos estudios es que los bebés se muestran sensibles a las relaciones numéricas definidas por correspondencias uno a uno y pueden desechar distintos rasgos interesantes, pero no numéricos, presentes en las estimulaciones visuales. No parece importar cuáles son los objetos concretos, ni su color, forma o tamaño; ni importa la modalidad de presentación (visual, auditiva, táctil, etc.), o la intensidad de la luz que proyectan sobre la retina individualmente o como una colección recortada contra un fondo dado, o el ángulo visual desde el que se contemplan: la atención de los bebés es captada por los cambios numéricos de las presentaciones. Como tantas veces ha repetido Gelman, esto significa que el número constituye una característica importante del ambiente del bebé a la que éste es sensible.

Es fundamental tener presente que en los recién nacidos y en los bebés menores de seis u ocho meses, esta capacidad está limitada a números iguales o menores que tres y desaparece ante cantidades mayores. A pesar de ello, cabe concluir que en la arquitectura de la mente humana hay implantada una predisposición hacia datos numéricamente relevantes. Esta predisposición dirige la atención del bebé y hace posible que se almacenen representaciones numéricamente relevantes susceptibles de posterior redescripción representacional. Según esto, los niños no empezarían por aprender a hacer vagas distinciones del tipo «muchos» frente a «pocos» ni usarían procedimientos puramente perceptivos para computar la numerosidad. Desde el principio, usan principios numéricamente pertinentes que, además, restringen su aprendizaje posterior.

Que la sensibilidad del bebé a las relaciones numéricas esté definida por correspondencias uno por uno no implica, por supuesto, que el bebé lo sepa ya todo sobre el número. En primer lugar, este principio sólo actúa en el caso de números pequeños. En segundo lugar, la capacidad de recordar la numerosidad de una presentación de dos elementos o de hacer corresponder una presentación visual de dos elementos con otra auditiva de la misma cantidad evidentemente no es lo mismo que saber qué significa «2» o comprender la noción de «+1». El conocimiento implícito contenido en los procedimientos tiene que redescribirse más adelante para poder usarse al margen de los procedimientos de detección de la numerosidad. Pero es probable que esa capacidad precoz sea el fundamento de la posterior capacidad de los niños mayores para emitir juicios de numerosidad y hacer búsquedas numéricamente relevantes (Starkey, 1983). Con independencia de cuáles sean las predisposiciones innatas que atribuyamos al niño, aún le queda mucho por adquirir. El modelo de Gelman, basado en la prioridad de los principios, es un modelo de aprendizaje, es decir, del papel que desempeñan en su aprendizaje posterior los principios innatos y numéricamente pertinentes aportados por el niño. ¿Cuáles son estos principios?

Restricciones sobre el aprendizaje del recuento

Los principios innatamente especificados postulados por Gelman y Gallistel son principios que restringen cómo se aprende a contar. Pero no cabe duda —podría objetar el lector— de que el aprendizaje de la lista de palabras que usamos para contar puede explicarse sin problemas desde un punto de vista asociacionista y difícilmente requeriría conocimiento numérico innatamente especificado. ¿No se trata simplemente de un proceso de aprendizaje mecánico que se desarrolla merced a numerosas oportunidades de practicarlo? ¡Cuántas veces no habremos visto cómo los padres hacen a sus hijos subir y bajar las escaleras contando en voz alta «1, 2, 3, 4,

5, 6, 7, 8, 9, 10»! Cuando los niños aprenden a repetir secuencias como ésta, ¿es esa capacidad inicialmente distinta de la de cantar «aserrín, aserrán, maderitas de San Juan»?

En un extenso e impresionante estudio acerca de cómo aprenden los niños preescolares a contar, Gelman y Gallistel demostraron que las primeras manifestaciones de la conducta de contar son mucho más que un simple aprendizaje mecánico y que, aunque los niños cometen errores cuando aprenden a contar, su esfuerzos están restringidos por un conjunto de principios de recuento.

Acabamos de ver que el primero de estos principios —la correspondencia uno a uno— podría estar ya activo en las discriminaciones que el recién nacido y el bebé hacen de las diferencias de numerosidad entre distintas presentaciones. Este principio capta el hecho de que, para decidir si dos colecciones son numéricamente iguales, hay que hacer corresponder cada uno de los elementos de una colección con uno y sólo un elemento de la otra colección. Los bebés son capaces de hacerlo cuando los números son pequeños. Pero esto, por supuesto, no significa que los bebés ya lo sepan todo sobre la correspondencia biunívoca, ni mucho menos (Cowan, 1987). Lo que significa es que, cuando los niños mayores aprenden a contar más adelante, sus esfuerzos están restringidos por este principio. Puede que cometan muchos errores cuando intentan contar, pero lo que raramente hacen es violar el principio de correspondencia biunívoca. Todos y cada uno de los elementos de la colección que el niño intenta contar son etiquetados una sola vez con una única etiqueta simbólica. De este modo, su conocimiento precoz dirige la manera en que los niños pequeños atienden a los ejemplos de contar que les proporciona el ambiente.

El segundo principio es el de ordenación estable. En principio las etiquetas no tienen por qué proceder de una lista convencional, con tal de que cumplan determinadas restricciones de recuento. Por ejemplo, si un niño dice «uno, tres, siete, diez» al contar un conjunto de cuatro objetos, siempre y cuando cada etiqueta se utilice una sola vez y la secuencia ordinal se mantenga en todos los conjuntos que cuente, el niño, según Gelman, estaría contando de acuerdo con restricciones numéricas, a pesar de la originalidad de su lista de números. Y son estas restricciones las que dictan la manera en que el niño termina por aprender la secuencia convencional de números.

Gelman y Gallistel identificaban otros tres principios que restringen la manera en que los niños aprenden a contar: indiferencia de los elementos, indiferencia del orden y cardinalidad. Los principios de indiferencia de los elementos y del orden estipulan que cualquier clase de elemento puede contarse y que el orden en que se cuentan los distintos elementos de un conjunto no afecta a su valor cardinal: una fila de objetos puede empezar a contarse desde cualquiera de sus extremos o por el centro, con tal de que todos y cada uno de los elementos se cuenten una sola vez.

El principio de cardinalidad establece que sólo el último término de cada proceso de recuento representa el valor cardinal del conjunto concreto contado. Este principio ha sido objeto de numerosos ataques por parte de otros investigadores del desarrollo. En primer lugar, porque el criterio de cardinalidad de Gelman y Gallistel es más débil que el utilizado por otros autores. Según Gelman y Gallistel, puede decirse que un niño posee el principio de cardinalidad si sistemáticamente da la última etiqueta del recuento como el número total de elementos del conjunto contado. Sin embargo (como Piaget) Frydman y Bryant (1988) y Fuson (1988) utilizan un criterio más estricto: la cardinalidad supone usar el recuento, no sólo para dar el número de elementos de un conjunto, sino también para hacer comparaciones numéricas entre dos o más conjuntos; y esto es algo que se desarrolla más adelante. Sin embargo, la meta del modelo de Gelman y Gallistel es identificar los principios fundacionales que guían los primeros aprendizajes relacionados con el número. Ésa es la razón por la que estos autores, a diferencia de Piaget, creen que la capacidad de contar es importante para la conservación del número.

Un obstáculo más serio para el principio de cardinalidad proviene del trabajo de Wynn (1990), que demostró que, durante todo un año después de que los niños ya sepan contar (es decir, respetando los principios de biunivocidad y ordenación estable), parecen ignorar que el recuento produce una cardinalidad determinada cada vez que se cuenta. Si se les pregunta «¿Cuántos hay?», los niños de dos años se apresuran a actuar con toda corrección: «1, 2, 3, 4, 5»; pero, después de contar, no repiten la última etiqueta. En cambio, los niños de tres años repiten el valor cardinal después de terminar la secuencia de recuento (p. ej., «1, 2, 3, 4, 5... 5». Más aún: si a los niños de dos años que saben contar hasta cinco cuando se les pregunta «¿Cuántos hay?», les pedimos que cojan «cinco objetos» de un montón, lo que hacen es coger un puñado y nunca recurren al procedimiento de recuento para resolver la tarea. En cambio, los niños de tres años recurren espontáneamente al recuento para determinar la cardinalidad del conjunto.

Wynn cree que sus resultados demuestran que, aunque su conducta de recuento cumple algunos de los principios de Gelman, los niños de dos años aún no poseen el principio de cardinalidad, cuya adquisición requiere aún otro año de desarrollo. Si los niños de dos años carecen del crucial principio de cardinalidad, sus procedimientos de recuento en realidad pueden tener menos que ver con el número de lo que Gelman supone. Sin embargo, hay otra explicación posible que proviene del extenso trabajo de

Siegler y Robinson (1982) y Siegler (1989a) sobre la selección de estrategias. Siegler ha demostrado que los niños no se dan automáticamente cuenta de que una estrategia plenamente practicada en una situación es también relevante para otra. La elección flexible de estrategias también tarda en desarrollarse[7]. Pero el hecho de que los niños pequeños no sólo dejen de usar la estrategia de recuento en todas las metas en que sería pertinente, sino que además no repitan la última etiqueta del recuento parece indicar que su conocimiento de la cardinalidad podría ser muy frágil. Además, como veremos en un momento, el estatus representacional de la conducta temprana de contar forma también parte importante de una explicación adecuada.

La propia Gelman presenta datos que podrían utilizarse para atacar la estabilidad del principio de cardinalidad, incluso en niños algo mayores (Gelman y Meck, 1986). Al pedirles que digan cuál es el valor cardinal de un conjunto, los niños de dos años cuentan correctamente los elementos del conjunto al primer intento y repiten la última etiqueta. Ahora bien, aunque en cada ensayo se utilice exactamente el mismo conjunto de objetos, los niños vuelven a contarlos. En cambio, los niños de tres años, aunque también cuentan en voz alta en el primer ensayo, en los ensayos posteriores con el mismo conjunto se limitan a repetir la última etiqueta de su recuento anterior. No repiten todo el procedimiento cada vez, sino que son capaces de concentrarse específicamente en la parte del procedimiento que es relevante para la cuestión de la cardinalidad. ¿Según esto, comprenden los niños pequeños realmente la cardinalidad?

Según Frydman y Bryant (1988), puede que no. Estos autores diseñaron una serie de elegantes experimentos para explorar esta cuestión en mayor profundidad. Para soslayar los problemas que pueden plantear las correspondencias basadas en disposiciones espaciales, emplearon correspondencias temporales uno a uno sirviéndose de un juego de reparto al que a los niños les encanta jugar: una para ti, otra para mí. Los niños de cuatro y cinco años no tenían ningún problema para distribuir equitativamente un montón de caramelos a un grupo de muñecas de manera que cada una tuviese al final el mismo número que las demás. Después, al preguntarles cuántos caramelos tenía una de las muñecas, los niños se ponían a contarlos. A continuación, se les preguntaba cuántos caramelos tenía cada una de las otras muñecas, y sólo los niños de cinco años infirieron espontáneamente que, después de la distribución, el valor cardinal era el mismo para cada muñeca. En cambio, igual que en el experimento de Gelman, los niños más jóvenes querían volver a contar los caramelos de cada muñeca. Los resultados eran los mismos con independencia de cuál fuese la cantidad total.

En otro experimento, se pedía a los niños que distribuyesen barritas de chocolate entre las muñecas. Las barritas podían ser de uno, dos o tres segmentos de longitud (siendo cada segmento del mismo tamaño). Por consiguiente, en este experimento, para distribuir el chocolate a partes iguales, los niños tenían que adaptar sus estrategias de distribución a la diferencia en el número de segmentos de cada barra. De nuevo, sólo los niños de cinco años dieron la solución correcta. Los de cuatro años tendían a usar los procedimeintos de distribución (una barrita para X, otra para Y) sin tener en cuenta el número de segmentos de cada barrita. Sin embargo, un experimento en que se les enseñaba demostró que los niños de cuatro años no ignoraban del todo la relación entre la correspondencia biunívoca y el valor cardinal. Fueron capaces de aprender con un procedimeinto de enseñanza en el que los distintos tamaños de las barritas de chocolate se codificaban mediante diferentes colores. En una comprobación posterior, realizada sin colores, su actuación fue como la de los niños de cinco años y ya no eran ciegos al hecho de que realizar el mismo número de acciones en relación con cada receptor no asegura automáticamente que cada uno reciba la misma cantidad que los demás.

El estudio de Frydman y Bryant demuestra que los niños de cinco años comprenden bastante bien el significado cuantitativo de la correspondencia temporal uno a uno, antes de que sean capaces de resolver las pruebas tradicionales de correspondencia espacial. Esa capacidad parece desarrollarse espontáneamente entre las edades de cuatro y cinco años, pero los más jóvenes necesitan algún marcador externo explícito, como el color, que les recuerde que tienen que tener en cuenta las implicaciones cuantitativas de la correspondencia uno a uno.

Estos estudios demuestran que, aunque el bebé pueda empezar con algunos sesgos atencionales y principios numéricos innatamente especificados, aún hay mucho que aprender durante los primeros años de vida para que esos principios precoces desarrollen significados más ricos y usos más flexibles. Para ello es necesario, como argumento a continuación, el proceso de redescripción representacional. Además, es posible que el principio de cardinalidad no se encuentre innatamente especificado, como suponen Gelman y Gallistel, sino que surja de la coordinación de principios más simples (tales como el de orden estable y el de correspondencia biunívoca), una vez se hayan representado explícitamente.

El estatus representacional del conocimiento temprano del número

¿Cuál es el estatus representacional de los principios con que los niños se enfrentan a las tareas de recuento? Según Gelman, una razón por la que los niños capaces de seguir los principios del recuento sin embargo fallan en las tareas de conservación del número es que no comprenden *explícitamente* el principio de correspondencia uno por uno, mediante el cual se logra la conservación de valores no especificados. En la descripción de Gelman no queda claro qué mecanismos son los que permiten pasar del conocimiento implícito al explícito, ni siquiera lo que quiere decir «explícito».

¿Qué puede aportar el modelo RR a nuestras ideas sobre el desarrollo en el dominio númerico, especialmente en relación con algunos de los datos que hemos visto antes? El lector recordará que en el capítulo 1, al exponer el modelo RR, señalé que un importante paso en el desarrollo era alcanzar primero el nivel de maestría conductual para, a continuación, redescribir los procedimientos eficientes de manera que sus partes componentes pudieran ser objeto de atención individualmente. Utilicé la analogía de aprender a tocar una melodía al piano. La explicación que el modelo RR daría del desarrollo de la capacidad de contar es semejante. El niño tiene que empezar por convertir en rutina el procedimiento de recuento haciéndolo automático. Al preguntársele «¿Cuántos?», puede recitar rápidamente los primeros números de la serie de acuerdo con los principios de Gelman y Gallistel, lo cual significa que ha alcanzado el nivel de maestría conductual basado en representaciones de nivel I, en las cuales se encuentran implícitos principios como el de correspondencia uno a uno y el de ordinalidad. Sin embargo, el niño que puede contar fácilmente hasta cinco pero necesita contar la misma presentación una y otra vez es incapaz de fijarse en el componente individual del procedimiento de recuento que da como resultado la cardinalidad del conjunto. Eso es precisamente lo que prediría el modelo RR. El niño despliega un procedimiento en su totalidad y puede usarlo adecuadamente en determinadas circunstancias, como cuando se le pregunta cuántos objetos hay en un conjunto. En otras palabras, sabe que tiene que usar la lista de los números, pero no puede manipular aún los componentes individuales del conocimiento que hay en ese procedimiento. Ése es el motivo por el que tiene que ejecutarlo de nuevo en cada ocasión, aunque se trate exactamente del mismo conjunto que acaba de contar.

Otras investigaciones sobre el modelo RR, que expongo en detalle en el capítulo 6, han puesto de manifiesto que la parte final de los procedimientos es la primera que puede ser objeto de manipulación independiente después de que las representaciones se hayan redescrito al formato E1, libres ya de los paréntesis del formato anterior. En relación con el valor cardinal del recuento, una vez redescrito éste, la etiqueta final es la primera que resulta accesible explícitamente, ya que se encuentra al final del procedimiento de recuento. En última instancia, todos los componentes de la secuencia de recuento, así como su semántica (p. ej., la noción abstracta de + 1), se hacen accesibles a la manipulación cognitiva.

Centrarnos en el estatus representacional del conocimiento numérico de los niños nos ayuda a comprender las limitaciones del conocimiento precoz sobre la actividad de contar. ¿Pero por qué los niños que poseen el principio de cardinalidad fallan en la tarea de conservación del número? Antes de intentar dar respuesta a esta pregunta, vamos a echar un vistazo a los problemas potenciales que acechan al niño en la tarea de aprender el lenguaje del recuento numérico.

Cómo se aprende el lenguaje del recuento numérico y de las matemáticas

¿Cómo sabe el niño que determinadas palabras de la masa de estimulaciones lingüísticas que incide sobre él se refieren específicamente a la actividad de contar? El niño oye «uno, dos, tres, cuatro...» o «un, deux, trois, quatre...», según el caso. ¿Cómo sabe que no se trata de los nombres de los objetos que le señalan? Gelman y Meck (1986) y Gelman (1990a, 1990b) han mostrado cómo los niños de muy corta edad separan ya las palabras de recuento («uno», «dos», «tres») de los nombres de objetos («gato», «perro», «cuchara»), utilizando cada tipo en su contexto apropiado. Según Gelman y Meck, la tarea del aprendiz se ve facilitada por el hecho de que los dominios del lenguaje y el número se basan en principios y sesgos de atención innatos que son diferentes.

Volvamos por unos instantes al caso del lenguaje, del que nos ocupamos más extensamente en el capítulo 2. Hay un conjunto de principios específicos que rigen el etiquetado de objetos (Markman, 1987; Spelke, 1988; Au y Markman, 1987; Hall, 1991; Waxman, 1985). El primero establece que, si los objetos son de la misma categoría, compartirán la misma etiqueta específica (p. ej., «cuchara»). El segundo principio estipula que, cuando un elemento posee ya una etiqueta, no puede recibir otra en el mismo nivel categorial. Todos los elementos de una misma categoría deben poseer el mismo nombre básico; uno puede referirse a una cuchara con un nombre de categoría supraordenada (p. ej., «utensilio»), pero no se la puede llamar «coche» (excepto, por supuesto, en el juego de ficción, que precisamente viola estas restricciones).

Pensemos en el caso de cuatro cucharas puestas juntas. Para nombrarlas, todas tienen el mismo nombre básico: «cuchara», «cuchara», «cuchara», «cuchara». Pero, para contarlas, rige un conjunto de principios muy distinto (Gelman, Cohen y Hartnett, 1989). A cada cuchara hay que aplicarle una etiqueta diferente: «una», «dos», «tres», «cuatro» (o «bloncho», «concho», «mincho», «blincho», si aún no conociéramos la lista convencional de términos). Si repetimos el recuento, cada cuchara concreta puede recibir una etiqueta distinta; es decir, ser «uno» en el primer recuento; y «tres», en el siguiente, según el orden en que se cuenten los objetos. El conocimiento de dominio específico de los principios del recuento sirve para identificar la clase de conductas que constituyen potencialmente conductas de contar, en contraste con las que potencialmente son conductas de nombrar.

Todas estas consideraciones llevaron a Gelman y sus colegas a la conclusión de que es sobre la base de los principios de irrelevancia del objeto y de ordenación estable —muy diferentes de los principios que gobiernan la actividad de nombrar— como los niños infieren que los números que oyen no son los nombres de los objetos sino etiquetas para contar. Dicho de otro modo, los principios de dominio específico hacen que determinados aspectos de la estimulación lingüística —como la lista de números para contar— destaquen especialmente para el número, mientras que otros quedan unidos a la actividad de nombrar. Ambos dominios no se confunden [8]. Al enfrentarse al formidable volumen de estimulación lingüística que les rodea, los niños pequeños utilizan los principios de dominio específico para atender a estas funciones distintas y demarcarlas, para tratar determinadas entradas sensoriales como relevantes para contar, y otras, como relevantes para nombrar, y para almacenar representaciones relevantes para contar, en un caso, y representaciones relevantes para nombrar, en el otro. Esto resultaría imposible si no hubiese principios innatamente especificados que guiasen al bebé y al niño pequeño en su aprendizaje del lenguaje del recuento definiendo qué entidades lingüísticas forman parte de un dominio dado y cuáles no (Gelman y Cohen, 1988). Pero el desarrollo consiste en algo más que estos principios de dominio específico.

Más allá de esas capacidades precoces que les guían en su aprendizaje del lenguaje del recuento, los niños tienen que aprender posteriormente a aplicar el lenguaje matemático a los principios que gobiernan las operaciones aritméticas. Este paso resulta crucial para el desarrollo posterior del número y conduce a una comprensión más rica del dominio numérico (Kitcher, 1982, 1988; Resnick, 1986). El lenguaje de las matemáticas posee una sintaxis específica y su propio léxico, que los niños deben dominar. Por ejemplo, en el lenguaje cotidiano, el término «multiplicar» siempre implica un incremento (p. ej., las células se multiplican), pero no sucede lo mismo con su significado técnico en lenguaje matemático (por ejemplo, la multiplicación de fracciones produce un decremento). Es interesante el hecho de que en niños matemáticamente dotados el nivel de comprensión matemática correlaciona positivamente con el de uso del lenguaje matemático (Gelman, 1990a, 1990b; Resnick, 1986). Los niños menos dotados, en cambio, tienden a comprender el lenguaje matemático como si fuese lenguaje cotidiano. No obstante, el papel del lenguaje no está claro. En algunos casos, parece que el lenguaje es esencial para hacer explícitos los principios implícitos, pero no podemos olvidar la existencia de los *idiots-savants*, dotados de muy escaso lenguaje, pero capaces de ejecutar extraordinarias hazañas matemáticas, tales como saber si un número es o no primo a gran velocidad (O'Connor y Hermelin, 1984). Las investigaciones han demostrado que estos sujetos no se basan en aprendizajes mecánicos de memoria, pero el estatus preciso de las representaciones que subyacen a sus cálculos matemáticos sigue siendo un misterio.

¿Es esencial la notación matemática para el desarrollo del número?

La notación matemática posee restricciones distintas de las que actúan en el caso de la escritura y el dibujo. La notación numérica forma a menudo parte integrante del desarrollo del número. Tolchinsky-Landsmann y Karmiloff-Smith (1992), Bialystok (1991, 1993), Hughes (1986) y Sinclair *et al.* (1983) han realizado amplios estudios de la escritura, la notación numérica y el dibujo inventados por los niños. Según Bialystok, las notaciones externas ayudan al niño a comprender la naturaleza simbólica del número. Esta autora enseñaba a los niños una serie de cajas, cada una de las cuales contenía varios juguetes, les hacía contar cuántos juguetes había en cada caja y, después de cerrarlas, les pedía que escribiesen en la tapadera de cada caja la cantidad que había para poder acordarse más tarde. Los niños hacían números, representaciones analógicas (cinco líneas o cuadrados para representar cinco objetos) o dibujos. Cuando, algún tiempo después, los niños volvían a la habitación experimental, los que mejor recordaban las cantidades previas eran fundamentalmente los que habían hecho uso de notaciones numéricas, aunque fuesen erróneas. Las notaciones analógicas resultaban de menor utilidad para recordar el número aunque los niños hubiesen hecho el número de marcas adecuado. Por consiguiente, comprender la naturaleza simbólica de la notación numérica y la relación entre codificación y descodificación necesita algún tiempo para desarrollarse.

Los estudios transculturales han demostrado que la notación numérica no es una condición necesaria para que se desarrollen principios aritméticos. Hay culturas que carecen de sistemas de notación numérica y que, sin embargo, hacen cálculos numéricos regidos por principios aritméticos. Esto es lo que sucede, por ejemplo, con los mercaderes de ropa y los sastres de la cultura Diula en Costa de Marfil (Petitto, 1978). También en otras culturas africanas, a pesar de la ausencia aparente de símbolos escritos, se ha identificado una elaborada matemática práctica de base 6 en la que se usan agrupamientos reiterados de seis conchas de molusco (Zaslavsky, 1973) [9]. En un estudio más reciente, Carraher *et al.* (1985) han demostrado que niños brasileños que se dedican a la venta callejera y no usan notaciones externalizadas son capaces de realizar aritmética mental (la partición y la adición iterativa, pero no la multiplicación). Por consiguiente, la existencia de un sistema externo de notación numérica no es universal, pero sí parecen serlo la actividad de contar, las operaciones aritméticas aditivas y la conservación.

Cómo reconciliar los principios de recuento de dominio específico con la incapacidad de conservar: universales culturales

Tenemos aún pendiente el problema de por qué niños que saben contar bien demostrando, por tanto, poseer principios numéricos no pasan, sin embargo, la tarea de conservación del número. Como hemos visto antes, el recién nacido y el bebé disponen ya de algunos aspectos de los principios del recuento y una rudimentaria invarianza de la numerosidad, y el niño pequeño aprende a contar y llega a comprender progresivamente la cardinalidad bajo la restricción de cinco principios numéricos. Y, sin embargo, fallan en la tarea de conservación del número. ¿Por qué?

Según Piaget, contar es irrelevante para la conservación del número, y Bovet *et al.* (1972), Dasen *et al.* (1978) y Cole y Scribner (1974) señalan que la conservación parece ser universal y existir en todas las culturas. Pero si la conservación del número es una capacidad humana universal y no tiene nada que ver con la actividad de contar, ¿a qué se debe que casi todas las sociedades humanas inventen también sistemas de enumeración (Carraher *et al.*, 1985; Petitto, 1978; Saxe, 1981; Zaslavsky, 1973)? Aunque estos sistemas no consten de una lista de términos contables lingüísticamente codificados, se rigen por los principios de recuento identificados por Gelman y Gallistel. Por investigaciones transculturales sabemos que el sistema de numeración de los habitantes del remoto pueblo de Oksapmin, en Papúa Nueva Guinea, consiste en una lista estable y ordenada de partes del cuerpo: muñeca, antebrazo, codo, etc. (Saxe, 1981). Este sistema corporalmente codificado está restringido por principios numéricos y formalmente es equivalente a los sistemas de enumeración codificados lingüísticamente. Por consiguiente, aunque puedan presentar diferencias superficiales, los sistemas de recuento comparten principios de enumeración abstractos y, al igual que la conservación del número, parecen adquirirse de manera casi universal.

Hasta ahora es poco lo que he dicho sobre el papel del entorno sociocultural. Adoptar una postura constructivista significa considerar que los sesgos atencionales y los principios numéricos innatamente especificados constituyen sólo un potencial para la adquisición de la competencia numérica. Sin el ambiente adecuado, esta competencia no se desarrolla. Gordon (1991) presenta unos estudios preliminares según los cuales la tribu amazónica de los Piraha, en Brasil, posee un sistema numérico que consta tan sólo de «1», «2» y «muchos», y los adultos de esta tribu no son capaces de pasar tareas sencillas de conservación del número. Tampoco son capaces de aprender a realizar correctamente correspondencias numéricas de uno a uno. Sin embargo, los niños piraha sí parecen capaces de beneficiarse de la enseñanza. Esta investigación está aún en período de realización, pero los datos preliminares relativos a los adultos parecen indicar que los principios numéricos innatamente especificados podrían declinar si no se utilizan al principio del desarrollo en un ambiente lo suficientemente adecuado [10].

Resnick (1986) ha llamado la atención sobre otro fenómeno numérico aparentemente universal: prácticamente todas las sociedades inventan o usan operaciones de composición aditivas. Según Resnick, los únicos conceptos numéricos que son fáciles de adquirir y que, de hecho, se adquieren pronto y de forma universal son los que se basan en la composición aditiva. Groen y Resnick (1977) han proporcionado elocuentes demostraciones de cómo los niños inventan espontáneamente algoritmos para hacer sumas antes de ir al colegio. Y los trabajos transculturales de Carraher *et al.* (1985) demuestran que niños y adultos sin escolarizar se atienen a los principios abstractos de composición aditiva identificados por Resnick y su grupo.

¿Qué relación existe, entonces, entre los principios de composición aditiva y de recuento, por una parte, y la conservación del número, por otra, puesto que parece que todos son universales y están presentes en la mayoría de las culturas, con o sin escolarización? ¿Se trata simplemente de que los niños son capaces de conservar si los números son lo suficientemente pequeños? (Bever *et al.*, 1968). Ya hemos visto que los bebés tienen una restricción inicial que sólo les permite discriminar la numerosidad hasta tres elementos. Una restricción semejante opera inicialmente sobre los niños un poco más mayores, que sólo son capaces de contar hasta tres. ¿Es posible, entonces, que la conservación del número consista simplemente en la capacidad de manejar cantidades mayores? Gelman y Gallistel no están de acuerdo con esta idea y hacen, en cambio, hincapié en la diferencia entre operaciones con cantidades enumeradas y operaciones con *cantidades no especificadas*. Según ellos, estas últimas suponen una comprensión más abstracta del número. El verdadero conservador ha desarrollado la capacidad de razonar sobre relaciones numéricas en ausencia de representaciones de numerosidades concretas. Por consiguiente, en cierto modo el niño que es capaz de conservar ha empezado a operar con entradas algebraicas y no sólo con entradas numéricas.

La postura de Gelman y Gallistel respecto a las implicaciones de la incapacidad de conservar difiere sustancialmente de la de Piaget. Para los piagetianos, la incapacidad de conservar indica que al niño le falta un conjunto coherente de principios numéricos. En cambio, para Gelman y Gallistel el preescolar posee un conjunto coherente de principios para operar con entradas de tipo numérico; lo que le falta y tiene que aprender es la representación algebraica, más abstracta, de esos conceptos.

¿Cómo puede producirse este aprendizaje? Los principios innatamente especificados nunca están directamente disponibles, sino embutidos en procedimeintos para interactuar con el ambiente. Es evidente, por otra parte, que no hay nada en el ambiente externo que pueda informar directamente al niño. Según el modelo RR, para pasar a los conceptos algebraicos, el niño tiene que concentrarse en sus representaciones *internas*. ¿Qué elementos de los procedimientos de recuento eficaces deben hacerse explícitos para que el niño pueda trabajar con cantidades sin especificar y conservar el número? En primer lugar, es preciso definir explícitamente la operación de correspondencia uno a uno implícita en la actividad de contar. La correspondencia uno a uno es una característica implícita de los procedimientos de recuento eficaces. Lo que hay que hacer es abstraer y redescribir el principio contenido en esos procedimientos representándolo en un formato diferente, independiente de la codificación procedimental. Esta representación de nivel E1, una vez liberada de su embutimiento en el procedimiento de recuento de nivel I, puede utilizarse ya con cantidades sin especificar.

También es importante el hecho de que el conocimiento de nivel E1 no sea aún susceptible de expresión verbal. Tollefsrud-Anderson *et al.* (1994) proporcionan datos procedentes de un estudio con tiempos de reacción sobre la tarea de conservación; sus resultados tienen importancia directa para el modelo RR. A primera vista, todos sus sujetos parecían conservar: decían que las dos filas tenían el mismo número de elementos a pesar de sus diferencias de longitud y densidad, pero un análisis detallado de los tiempos de reacción demostró que había tres niveles muy distintos de actuación. El más avanzado correspondía a los denominados «verdaderos conservadores», que pasaban la tarea de conservación y podían justificar verbalmente su respuesta apelando a la correspondencia uno a uno. El siguiente grupo es de gran interés para el modelo RR porque *no* podían dar justificaciones verbales pero su tiempo de reacción al dar la respuesta correcta de conservación era tan rápido como el de los conservadores verdaderos. Por último, había un grupo cuyo tiempo de reacción para dar la respuesta correcta era considerablemente más largo. Resultó que se dedicaban a analizar el material después de la transformación haciendo correspondencias uno a uno.

Como el tiempo de reacción del grupo medio era tan rápido como el del grupo que justificaba verbalmente sus respuestas, estaba claro que conservaban sin hacer correspondencias posteriores a la transformación. Pero no eran capaces de dar una justificación verbal de su respuesta. Podemos recurrir al modelo RR y sugerir que estos niños parecen encontrarse en un nivel en el que ya han representado explícitamente la correspondencia uno a uno en el formato E1, lo cual les permite usar ese conocimiento con cantidades sin especificar. Sin embargo, todavía no se ha producido la siguiente redescripción al formato E2/3 y, por ello, ese conocimiento no es susceptible de expresión verbal. La existencia de este nivel intermedio resulta especialmente revelador en relación con la gran cantidad de niveles distintos de representación explícita que existen.

Cómo convertirse en un pequeño matemático

El proceso de redescribir el conocimiento en formatos cada vez más explícitos que, en última instancia, permiten al niño dar explicaciones verbales es una de las piedras angulares del modelo RR para explicar cómo desarrollan posteriormente los niños sus teorías intuitivas sobre diferentes dominios. Las teorías se construyen sobre representaciones definidas explícitamente. ¿Cómo cambian las teorías de los niños acerca de qué constituye un «número»? ¿Llegan los niños a entender el número como parte de un *sistema* estructurado, igual más o menos que llegan a entender el concepto de «palabra» como parte de un sistema lingüístico estructurado?

El conocimiento metamatemático: cómo cambia la teoría del niño sobre el número

Según Gelman, Cohen y Hartnett (1989) la primera teoría que los niños tienen sobre el número es que los números son lo que se obtiene al contar. Por consiguiente, ni el cero ni las fracciones se consideran números, puesto que no forman parte de la secuencia de recuento. Conceder el estatus de numerosidad a las fracciones y al cero es el primer paso en un cambio teórico fundamental que afecta a los conceptos esenciales de lo que constituye un número (Carey, 1985). La teoría del número pasa de una restricción central, según la cual el número es una propiedad de las entidades contables, a otra, según la cual el número es algo con lo que se realizan y a lo que se aplican operaciones matemáticas. Esta cuestión matemática ha sido elocuentemente analizada por Resnick (1986) en relación con las dificultades que experimentan los niños para reconocer la función dual de la notación matemática. Resnick señala una paradoja esencial del pensamiento matemático. Por una parte, la expresión algebraica $a + b$ toma su significado de la situación a la que se refiere, pero, por otra, su poder matemático deriva de su capacidad de divorciarse de esas situaciones. El paso de conservar la identidad del número contando objetos del mundo real a conservar la equivalencia de cantidades no especificadas presenta un tipo similar de abstracción.

Un cambio teórico como éste también implica cambios en las ideas sobre el número cero. Matemáticamente, se trata de un concepto especialmente abstracto. La actividad de contar no desempeña un papel importante, porque contando objetos del mundo real nunca podemos obtener el conjunto vacío cero. ¿Comprende el niño que el cero es un número como los demás, con su propio valor singular —el de nada—? Cero es el número entero (no negativo) más pequeño y, como tal, podría formar parte de otras adquisiciones relacionadas con los «números pequeños». Pero, de hecho, no es así. Como parte del sistema numérico (y no como la simple representación de «nada»), resulta una noción especialmente difícil, lo cual hace que los niños nieguen inicialmente que el cero sea un número.

Wellman y Miller (1986) han demostrado que la comprensión del cero atraviesa tres estadios en los niños: primero, se familiarizan con el nombre y la notación escrita del cero. Este precoz conocimiento notacional es independiente de la comprensión conceptual de que el cero se refiere a una cantidad numérica determinada —ninguno o nada—; comprender esto último constituye el segundo paso en el proceso de adquisición. Por último, los niños comprenden que el cero es el número más pequeño de la serie de enteros no negativos, mientras que con anterioridad creían que el más pequeño era el uno. Y aún no conciben que el operador «+1» relacione el cero con el uno. Esta representación más abstracta, «+1», es probablemente una adquisición tardía, algo así como el uso genérico del artículo definido (Karmiloff-Smith, 1979a). Para comprender notaciones abstractas como «+1» o la proposición genérica de que «el león es un animal peligroso», el niño tiene que entender que esas expresiones no se refieren a nada concreto. Después de una afirmación como la anterior, no cabe preguntar, por ejemplo, «¿Qué león es un animal peligroso?». Lo genérico se refiere a la intensión de un concepto, no a su extensión. Asimismo, el concepto «+ 1» no es lo mismo que comprender ejemplos como: 5 + 1 = 6, 7 + 1 = 8, etc.

Un cambio teórico parecido se produce en relación con las fracciones. Inicialmente, el niño considera que el papel de las fracciones en las operaciones matemáticas es el mismo que el de los números enteros. Si a un niño le pedimos que sume 1/2 + 1/4, ¡puede responder 1/6! Hasta más adelante no entienden que los dos números que aparecen en la notación de fracciones implican la división de una representación numérica por otra distinta. ¡Las fracciones no tienen que ver nada con la división de un pastel en porciones! Dicho de otro modo, para aprender sobre las fracciones es preciso usar términos matemáticos convencionales sobre relaciones numéricas, es decir, ir más allá del conocimiento implícito en los procedimientos anteriores y más allá de las operaciones con entidades del mundo real. Así, pues, desarrollar una teoría amplia sobre el número supone cambios teóricos semejantes a los que analizamos en el capítulo 2 en relación con el lenguaje. La teoría explícita del niño acerca de qué es una «palabra» cambia, pasando de la idea de que las palabras denotan objetos y acontecimientos del mundo real a la concepción de las palabras como parte del sistema lingüístico en el que operan. Del mismo modo, el número llega a concebirse en última instancia en función del sistema matemático en cuyo seno opera. Pero estos cambios teóricos son de dominio específico y ocurren a edades distintas en los dos dominios. La especificidad de dominio del número, como la del lenguaje, parece verse apoyada también por los estudios sobre personas adultas con lesiones cerebrales en las que pueden observarse patrones especiales de deficiencias numéricas, quedando el resto de su cognición intacta (Sokol *et al.*, 1989; Cipoloti *et al.*, 1991).

El número en especies no humanas

En el capítulo 2 comentaba que, a pesar de sus amplias capacidades de representación y resolución de problemas, el chimpancé no puede adquirir lenguaje. Premack (1986) proporciona un elocuente análisis de la amplitud de las capacidades del chimpancé a este respecto. Este animal puede adquirir una larga lista de elementos léxicos (expresados en un código visomanual o en un código geométrico abstracto a base de fichas de plástico) que pueden combinarse de maneras que no carecen de interés, pero que son limitadas. Ninguna especie que no sea la humana parece capaz de adquirir un sistema lingüístico estructurado. ¿Pero qué sucede en el caso del número? Muchas especies son capaces de hacer discriminaciones numéricas y usar procedimientos de recuento. ¿Es esta capacidad equivalente a la humana?

Esta cuestión ha sido objeto de gran controversia [11]. Aunque la capacidad del animal pueda describirse mediante elaborados modelos matemáticos (MacNamara, 1982; Kacelnik y Houston, 1984), ¿estamos realmente dispuestos a sostener que es equivalente a la capacidad numérica humana? ¿Es la capacidad del predador para cambiar de estrategia de forrajeo en función de la distribución y la densidad exacta de las presas meramente protonumérica? ¿Y qué podemos decir de los experimentos de laboratorio? Según Garnham (1991), la capacidad de los animales para discriminar entre dos o tres objetos es una de las conclusiones más firmemente probadas en la bibliografía experimental sobre la capacidad de contar en especies no humanas [12]. ¿O sólo admitiremos que un animal tiene conocimiento del número si puede manipular explícitamente un código simbólico? No hicimos esta salvedad al atribuir principios esquemáticos de recuento a los bebés humanos.

Una distinción hecha por Gallistel (1990) parece especialmente interesante a este respecto. Podemos atribuir a los animales y al bebé humano un proceso de recuento que establezca una correspondencia entre cantidades y *estados del organismo que las representa*. En cambio, lo que atribuimos a los niños de más edad es un proceso de recuento que establece una correspondencia entre cantidades y *conjuntos de símbolos*. ¿Significa esto que el conocimiento que tiene el bebé humano sobre los números es igual que el que tienen los animales? Sí y no. Sí, porque los animales también pueden discriminar entre cantidades distintas y seguir los principios de correspondencia uno a uno e indiferencia de los elementos concretos. Sus discriminaciones numéricas pueden ser como las de los recién nacidos y los bebés. No, porque el niño humano acaba utilizando para contar un sistema simbólico que implica el principio de orden estable. Y otra vez no, porque el niño humano, gracias a su capacidad de redescripción representacional, acaba explotando su conocimiento numérico para crear el dominio de las matemáticas.

Gallistel cita resultados impresionantes procedentes de los estudios sobre el conocimiento numérico de los animales. Por ejemplo, se ha descubierto que algunas especies son capaces de discriminar entre cantidades grandes (p. ej., 45 y 50 picotazos), lo cual no puede reducirse a ningún proceso perceptivo de bajo nivel (Rilling y McDiarmid, 1965; Rilling,

1967). Hay que apelar a algún mecanismo que pase secuencialmente por una serie ordenada de estados, el último de los cuales representa la numerosidad cardinal del conjunto en cuestión. Además, los animales cuentan conjuntos de elementos heterogéneos igual de bien que conjuntos de elementos homogéneos (el principio de indiferencia de los elementos) y transfieren su discriminación inmediatamente a conjuntos de estímulos que no estaban entre los utilizados en el entrenamiento (Capaldi y Miller, 1988; Fernandes y Church, 1982). Se ha demostrado también que se puede enseñar a los animales a hacer operaciones de adición y sustracción con numerales (Boysen y Berntson, 1989). Sin embargo, parece que los animales tienden a ser imprecisos en su representación de la numerosidad porque basan sus juicios en la magnitud. En lugar de usar el número para representar la magnitud, los animales usan la magnitud para representar el número.

Gallistel (comunicación personal) ilustra esta diferencia con la siguiente analogía: imaginemos que contamos cogiendo un vaso de agua por cada elemento de un conjunto y vaciándolo en un cilindro. Cada vaso de agua adicional (cada paso en el recuento) haría aumentar el nivel de agua del cilindro. La cardinalidad del conjunto se representaría mediante el nivel del agua después de vaciar el último vaso (contar el último elemento) en el cilindro. Echar un vaso en el cilindro equivale a aumentar la cuenta en uno o dar otro paso en la secuencia de recuento. Pero el vaso no es una etiqueta de recuento que se asocie con un elemento al contarlo. En este proceso de recuento, lo que se asocia con los elementos contados son los niveles de agua del cilindro, no el número de vasos. Los pasos que se dan en este procedimiento no cumplen el principio de indiferencia del orden; es decir, es imposible echar agua en el cilindro empezando por el medio para después rellenar cada extremo. Se trata de un proceso inherentemente ordenado, que equivaldría a tener que contar los objetos sólo de izquierda a derecha, nunca de derecha a izquierda o empezando por el medio. El procedimiento que emplean los animales viola el principio de indiferencia del orden, que los niños sí respetan. Las magnitudes que se generan con un proceso de recuento como éste muestran alguna variabilidad. Por seguir con la analogía de los vasos, la variabilidad puede surgir del hecho de que el animal omita ocasionalmente el vaciado de un vaso correspondiente a un elemento (un error de recuento) o eche demasiados vasos (un error por exceso). Además, el animal podría no llenar el vaso cada vez, lo cual haría que hubiese variabilidad entre un vaso y otro.

Las representaciones preverbales de la numerosidad en el recién nacido humano y en el bebé de pocos meses son, según Gallistel, magnitudes de ese tipo. Ésas son las predisposiciones numéricas que el bebé aporta a su aprendizaje. Este tipo de variabilidad podría explicar por qué los bebés parecen ser tan precisos con números muy pequeños (Strauss y Curtis, 1981, 1984) pero no son capaces de discriminar entre números mayores. Pero es absolutamente evidente que el niño humano va mucho más allá de estas capacidades iniciales.

El modelo RR y la representación del número en el niño humano

Hemos visto que hay que atribuir al bebé humano algunos procesos innatamente especificados sensibles a las estimulaciones ambientales relacionadas con el número. Estos procesos generan procedimientos que sirven para afrontar problemas numéricos y permiten almacenar representaciones numéricamente relevantes. Pero, como esas capacidades pueden existir también en otras especies, no bastan para explicar la especificidad posterior que el número adquiere en el niño humano. El modelo RR postula que la información numérica de que disponen los niños de muy corta edad (y otras especies) está implícita en procedimientos de procesamiento de las entradas ambientales. En el caso del ser humano, y sólo en su caso, con posterioridad algunos componentes de este conocimiento se definen explícitamente y pasan a estar disponibles como datos. Esto requiere un proceso de redescripción que pase información sobre los principios de ordinalidad y correspondencia uno a uno al formato E1. El conocimiento matemático puede construirse posteriormente basándose en estas redescripciones.

Con independencia de lo ricas que resulten ser las especificaciones innatas, y especialmente cuando existen paralelismos iniciales entre distintas especies, es evidente que debemos fijarnos en el *estatus representacional* de ese conocimiento para poder entender la naturaleza del desarrollo posterior. Igual que antes, acabamos llegando a la conclusión de que es preciso ir más allá de las especificaciones innatas y apelar a la necesidad de integración de algunos aspectos del innatismo y el constructivismo.

Capítulo 5
EL NIÑO COMO PSICÓLOGO

> *He aquí lo que yo habría hecho si, al diseñar al* Homo sapiens, *hubiese tenido que enfrentarme con este problema: haría que la psicología del sentido común fuese innata; ¡así nadie tendría que perder el tiempo aprendiéndola!*

Los niños pequeños son psicólogos naturales o espontáneos. Les interesa cómo puede tener la mente pensamientos y teorías y la manera en que las representaciones median entre la mente y el mundo. Para participar en las interacciones humanas, para predecir el comportamiento de los demás, para comprender sus intenciones, creencias y deseos, para interpretar lo que dicen, los gestos y las acciones que hacen, para entender la ironía, para interpretar afirmaciones y expresiones faciales contradictorias con los sentimientos que de verdad se tienen y para otras muchas cosas, cada uno de nosotros cuenta con la psicología del sentido común o con una teoría intuitiva que nos capacita para atribuirnos estados mentales a nosotros mismos y a los demás (Lewis, 1969; Stich, 1983; Olson *et al.*, 1988). En este capítulo veremos cómo los niños pequeños normales, a diferencia de los individuos autistas, llegan a compartir nuestra metafísica básica de la mente.

A lo largo de los capítulos anteriores, he señalado cómo la investigación y las teorías más recientes han desafiado a la postura piagetiana. Aunque para muchos investigadores actuales sus respuestas teóricas ya no fuesen viables, sin embargo, siempre había sido Piaget quien había sacado a la luz por primera vez algunos de los temas fundamentales en cuestión. Este capítulo tampoco va a ser una excepción. Ya en 1926 Piaget había publicado una investigación sobre la concepción que los niños tienen del sueño y su externalización de las representaciones internas (ver Piaget, 1929). Otro trabajo, publicado en 1932, se centraba en los conceptos de los niños sobre las creencias, las intenciones y las mentiras, cuestiones todas estas que, durante las dos últimas décadas, se han convertido en temas «candentes» de investigación bajo la bandera común de la «teoría de la mente» (Dennett, 1971, 1978; Premack y Woodruff, 1978). Las posturas epistemológicas en relación con la teoría de la mente son, a excepción de Fodor (1983, 1987) y algunos de sus seguidores (Leslie, 1987), algo más cercanas al constructivismo de dominio general de Piaget (ver Broughton, 1978; Chandler y Boyes, 1982; Flavell, 1988) que los avances más recientes que se han producido en otros dominios cognitivos. No obstante, como cabía esperar, al igual que he hecho en cada uno de los capítulos anteriores, también en el dominio de la teoría de la mente acabaré argumentando a favor de la integración de distintos aspectos del innatismo y del constructivismo.

La perspectiva piagetiana del niño como psicólogo

Para Piaget la teoría de la mente se desarrolla tarde, como parte de un proceso de dominio general. Según él (Piaget, 1929), antes de los siete años, los niños no distinguen claramente entre lo físico y lo mental y confunden actividades como el pensamiento y el sueño con acciones externas como hablar o actuar. Piaget llamaba a esto «realismo infantil», y durante algún tiempo en la bibliografía sobre el desarrollo evolutivo se admitió que ésta era una caracterización adecuada de la teoría de la mente (o, mejor, de su ausencia) en los niños pequeños. Esta concepción ha recibido posteriormente serios ataques, tanto desde el punto de vista experimental como desde el punto de vista teórico. Actualmente, se ha demostrado que, ya desde los tres años, los niños establecen una clara distinción entre los dominios físico y mental (Carey, 1985; Estes *et al.*, 1990; Chandler y Boyes, 1982). Parece incluso que hasta los bebés toman el comportamiento humano como una manifestación de agentes intencionales, entidades muy diferentes de los objetos del medio físico (Leslie, 1984; Premack, 1990).

La perspectiva de la especificidad de dominio: prerrequisitos de la teoría de la mente en el bebé

Si, en contra de la teoría de Piaget, adoptamos una perspectiva de dominio específico sobre el desarrollo, entonces cabe esperar que en el bebé haya prerrequisitos para el desarrollo de la teoría de la mente. ¿Cuáles podrían ser estos prerrequisitos? Antes que nada, para poder empezar siquiera a atribuir estados mentales a los seres humanos, es preciso que el niño reconozca a los miembros de su propia especie y su comportamiento.

Qué aspecto tienen los miembros de la propia especie

¿Disponen los niños recién nacidos de información estructural innata que les permita reconocer a los miembros de su propia especie? ¿O bien, como diría la teoría piagetiana, el recién nacido tiene que aprender todo sobre las características de las caras, voces y movimientos humanos para diferenciarlos poco a poco del resto de los objetos del mundo? Esta cuestión ha sido abordada recientemente en un estudio sobre la relación entre la impronta y el reconocimiento de rostros (Johnson, 1988; 1990a). Johnson y Morton (1991) realizaron una serie de experimentos con recién nacidos y bebés basándose en hipótesis formuladas a partir de una teoría biprocesual del reconocimiento intraespecífico y la impronta en los polluelos (Horn y Johnson, 1989; Johnson y Bolhuis, 1991; Johnson et al., 1985; Johnson y Horn, 1988). El objetivo de los experimentos era investigar hasta qué punto el reconocimiento de rostros por parte del recién nacido es innato o se aprende. Los bebés tenían que seguir, con la cabeza y movimientos de los ojos, diversos estímulos bidimensionales situados en un cartón con forma de cabeza. Los estímulos eran los siguientes: una cara con su configuración normal de ojos, nariz y boca; una «cara» con tres manchas de mucho contraste, colocadas en el lugar de los ojos y de la boca; una «cara» con los rasgos cambiados de sitio, y el contorno de una cara en cuyo interior había un tablero de ajedrez de frecuencia espacial óptima. Dichos estímulos aparecen representados en la figura 5.1. Los detalles de estos estudios no nos atañen ahora [1], pero la conclusión a la que llevan es muy clara: los recién nacidos prefieren atender a los estímulos cuyos elementos poseen una configuración espacial correspondiente a la de una cara. Este resultado indica que, en el momento del nacimiento, los niños disponen de algún tipo de información estructural sobre los rostros humanos prefijada de manera innata. Pero esto no excluye la necesidad de algún aprendizaje posterior. Basándose en sus estudios sobre la impronta de los polluelos, Johnson (1990a y b) propone que hay unos mecanismos subcorticales específicos, predispuestos a atender a los rostros humanos, que aseguran que se produzca la entrada informativa adecuada para los circuitos corticales, que se especializan rápidamente [2]. Esta rápida especialización es posible gracias a la enorme cantidad de estimulación que el recién nacido y el bebé experimentan por su continua exposición a caras humanas. La teoría de Johnson y Morton postula la existencia de dos sistemas. El primero constituye un mecanismo de orientación («CONS-PEC») que opera desde el nacimiento y en el que intervienen primordialmente circuitos subcorticales. El segundo depende de un mecanismo cortical («CONLERN») que toma el control del comportamiento hacia los dos meses de edad y que está «tutelado» por CONSPEC. De esta manera el reconocimiento del rostro humano por el bebé se convierte en un mecanismo de dominio específico y se modulariza progresivamente dejando de depender de procesos de reconocimiento visoespacial de carácter general.

El hecho de que, desde el nacimiento, los niños atiendan preferentemente a las caras humanas es importante para el desarrollo posterior de la teoría de la mente. Las personas y su comportamiento tienen especial interés para la mente del bebé y, por eso, los niños pequeños prestan especial atención a todo el espectro de comportamientos humanos: el habla, la manera de andar, los patrones interactivos, etc.

Los rostros no son la única clave del medio para reconocer a los miembros de la propia especie. Por ejemplo (como ya vimos en el capítulo 3), los bebés también son sensibles a las diferencias entre el movimiento animado e inanimado y prestan especial atención al movimiento humano. Premack (1990) defiende que los niños nacen dotados de dos predicados innatamente preestablecidos: un predicado causal, que establece restricciones para la percepción de los objetos que no se autopropulsan, y un predicado intencional, que establece restricciones para la percepción del movimiento autopropulsado de los seres biológicos (es decir, de los agentes capaces de moverse por sí mismos). De igual manera, las investigaciones sobre la distinción entre lo animado y lo inanimado de Massey y Gelman (1988) demostraron que los niños pequeños usan el movimiento potencial como criterio para distinguir entre fotografías de objetos animados e inanimados que hasta entonces nunca habían visto.

Aparte del reconocimiento visual de sus congéneres, los bebés también atienden de modo preferente a las entradas de estímulos auditivos humanos. Ya sabemos, por los trabajos que analizamos en el capítulo 2, que desde el momento del nacimiento los niños prefieren atender al habla humana antes que a cualquier otro estímulo auditivo y que, a los 4 días, distinguen ya ciertas propiedades de su lengua materna de las de otras lenguas. En un momento posterior del desarrollo, cuando se les da a elegir entre dos fuentes de sonido que pueden controlar manipulando los boto-

FIGURA 5.1. *Estímulos para la tarea de reconocimiento de caras.* (A partir de Johnson y Morton, 1991. Reimpreso con permiso de los autores.)

nes de dos cajas, los niños de tres a cuatro años prefieren escuchar la voz de su madre antes que el ruido de fondo de una cantina (Klin, 1988; 1991). Curiosamente, los niños autistas, que presentan deficiencias en el dominio de la teoría de la mente, no demuestran esta preferencia. Este hecho parece indicar que la atención preferente al comportamiento humano es un prerrequisito para el desarrollo de la teoría de la mente.

Desde el nacimiento, los niños pequeños procesan de manera distinta la información procedente del entorno humano que la procedente del entorno físico. Esto lleva a que se desarrolle una teoría de la mente distinta de la teoría de los fenómenos físicos. Mientras que, según Piaget, los niños sólo distinguen lo mental y lo biológico de lo físico y lo mecánico a partir de los siete años, actualmente Carey (1985), Brown (1990) y otros autores consideran que esta distinción básica es un proceso regulado de manera innata. Ésa es la tesis que también defiende Fodor, según el cual (1987, p. 132) los patrones de interacción social y de atribución de intenciones que aparecen en nuestra especie (y en otras) no podrían haber evolucionado sin un componente innato. Para Fodor, esto implica que, en el caso de los seres humanos, existe un módulo de la psicología del sentido común biológicamente especificado (véase también Leslie, 1990). Desde la postura que yo defiendo en este libro, si la psicología del sentido común es modular, debe entenderse como un proceso gradual de *modularización,* construido a partir de esos sesgos atencionales más básicos que afectan al almacenamiento de representaciones relevantes para la teoría de la mente.

Los datos empíricos y los argumentos teóricos más recientes apuntan a la misma conclusión: Piaget se equivocó al afirmar que antes de los siete años no hay una distinción clara entre lo mental y lo físico. Mucho antes de esa edad, el niño pequeño atiende de modo diferente a los mundos mecánico y humano [3]. El bebé llega a comprender que los demás son *sujetos* (es decir, agentes capaces de iniciar su propia acción) y no, como Piaget defendía, «objetos entre el resto de los objetos» (1952b).

Como veremos más adelante en este mismo capítulo, los niños autistas no desarrollan una teoría de la mente normal. Esto no significa que muestren necesariamente anormalidades en el *reconocimiento* inicial de caras, voces y movimientos. Sin embargo, puede que estos niños no demuestren un interés *preferente* por dichos estímulos y los traten de forma equivalente a otros objetos del mundo físico. Puede que el reconocimiento de los demás como miembros de la propia especie empiece de una manera muy normal en el desarrollo de los sujetos autistas, pero el reconocimiento de *intenciones* en el comportamiento de los demás y en sus *interacciones* puede ser defectuoso o, simplemente, no existir [4].

Cómo interactúan los miembros de la propia especie

Hasta ahora, hemos visto que los rostros, las voces y los movimientos facilitan la sensibilidad de los niños pequeños hacia los seres humanos como algo especial dentro de su entorno. Estos sesgos de atención tan peculiares permiten que el niño construya las representaciones que son prerrequisitos para el desarrollo de la teoría de la mente. ¿Pero desempeña la interacción social un papel formativo en el desarrollo de la teoría de la mente? Muchas veces se ha otorgado a la interacción un papel explicativo primordial en el proceso de adquisición del lenguaje (Bruner, 1975). El estudio del lenguaje basado en la perspectiva de la interacción social ha sido objeto de duras críticas por parte de los innatistas. Sin embargo, como ha sugerido Tager-Flusberg (1989), es posible que la sensibilidad a los patrones de interacción específicos de la propia especie sí sea esencial para otro aspecto del desarrollo infantil: el desarrollo de la teoría de la mente en su etapa anterior a la adquisición del lenguaje.

¿Qué aspectos de las primeras interacciones podrían estar implicados? La mirada mutua y el hecho de señalar a un referente específico (la «comunicación ostensiva» de la que hablábamos en el capítulo 2) [5] constituyen medios no lingüísticos de comunicación que dirigen la atención del destinatario hacia algún tema de interés. Poco a poco, los bebés se hacen capaces de atención conjunta a través del contacto ocular. Hay que tener presente lo que implica la expresión «atención conjunta»; el contacto ocular, por sí solo, puede ser mucho más parecido al hecho de atender a objetos inanimados. Paulatinamente, los niños van haciendo uso de la alternancia de miradas (entre los ojos del adulto y el objeto codiciado) para indicar al adulto que quieren conseguir ese objeto. Es la coordinación del contacto ocular y el acto de señalar lo que lleva a la comunicación ostensiva (Butterworth, 1991). De nuevo volvemos a encontrar que varios estudios indican que los niños autistas presentan deficiencias en dicha coordinación del contacto ocular y el gesto (Dawson *et al.*, 1990; Sigman *et al.*, 1986; Mundy y Sigman, 1989).

¿Cúales son las funciones de estas primeras comunicaciones ostensivas en los bebés humanos? Hay dos tipos de actos comunicativos: los «protoimperativos» y los «protodeclarativos» (Bruner 1974-75; Baron-Cohen, 1989b). Los protoimperativos implican el uso del acto de señalar o la mirada a los ojos por parte del niño como medio para tratar de conseguir un objeto, dirigiendo una petición no verbal a un interlocutor que puede alcanzarle dicho objeto. Si los seres humanos pudiesen desplazarse desde el nacimiento, como muchas otras especies, el bebé humano conseguiría el objeto por sus propios medios o empujaría al adulto hacia él. Pero su incapacidad de desplazarse por sí mismo obliga al niño pequeño a buscar otros medios *interactivos* para conseguir ciertas metas. En consecuencia, los gestos de señalar comienzan a partir de peticiones instrumentales (algo así como «Quiero ese juguete»).

Pero estos protoimperativos muy pronto se convierten en protodeclarativos; es decir, un determinado tema de interés se convierte en el medio que usa el niño para hacer un comentario no verbal acerca del estado del mundo (algo así como «¡Mira qué juguete tan bonito»!), en vez de una petición para hacerse con él. Una vez más resulta interesante el trabajo de Baron-Cohen (1989b), en el cual se demuestra que los niños autistas ni usan ni comprenden el acto de señalar con función protodeclarativa, cuyo fin es influir en la *atención* o *estado mental* de otra persona; la competencia de estos sujetos se limita al acto de señalar con función protoimperativa, cuyo fin es influir en el *comportamiento* del otro.

En varias ocasiones a lo largo del libro, he hecho enorme hincapié en el cambio producido de manera endógena, a través de la maduración y la redescripción representacional. También he destacado el papel del ambiente en la interacción epigenética entre la mente y las entradas informativas. Sin embargo, éste es el primer capítulo en el que tengo algo que decir sobre el ambiente sociocultural. Esto se debe, en parte, a que, en mi opinión, muchas teorías del desarrollo, especialmente cuando intentan explicar la adquisición del lenguaje [6], han concedido un peso excesivo a la interacción social, a costa de descuidar otros factores endógenos importantes. Mi empeño por destacar los factores endógenos en el modelo RR constituye un intento de compensar ese desequilibrio. No obstante, existen muchas influencias distintas que afectan al desarrollo del niño, y el entorno sociocultural es una de las más importantes (Bates *et al.,* 1979; Butterworth, 1981; Bruner, 1978; Cole, 1989; Cole y Scribner, 1974; Trevarthen, 1987; Vygotski, 1962).

Por supuesto, es necesario diferenciar entre el papel que tiene la cultura impartiendo nuevos conocimientos a los niños y el papel de los patrones de interacción social en general. A los niños no hay que enseñarles los cómputos de la teoría de la mente, sino que éstos se desarrollan de manera espontánea y, en principio, inconsciente. Pero es posible que la interacción social desempeñe un papel más importante en el campo de la teoría de la mente que en ningún otro, incluido el lenguaje. En la psicología de sentido común del niño hay varios aspectos en los que, desde el principio, el conocimiento se encuentra más en la estructura de la interacción social con los miembros de la propia especie que simplemente en la percepción y representación del mundo por parte del niño. Algunos trabajos recientes sobre la comprensión y producción por parte de niños pequeños de comportamientos humorísticos y de «tomar el pelo» [*teasing*] sirven muy bien de ejemplo para ilustrar esta idea.

Reddy (1991) ha realizado un extenso estudio sobre la participación de niños muy pequeños en interacciones humorísticas con adultos. Esta autora afirma que el humor se desarrolla a partir de la violación de la expectativa de que va a ocurrir una consecuencia canónica en una secuencia interactiva, como por ejemplo el juego de toma y daca. Por supuesto, se puede apreciar la violación de una norma en la que no intervenga para nada el humor (como, por ejemplo, la violación de un principio físico, como vimos en el capítulo 3). Pero la creación de humor no es un hecho solitario, sino que está inserto en la interacción social. Reddy demuestra que, desde muy pronto, los niños perciben que algunos sucesos son humorísticos. Entre los siete y nueve meses, los niños se dan cuenta de que, en ocasiones, un comportamiento que, en principio, tiene una meta distinta, acaba por provocar una interpretación humorística por parte del adulto y entonces repiten dicho comportamiento con un propósito únicamente humorístico.

Consideremos el siguiente ejemplo tomado de los datos observacionales de Reddy. Una niña de 11 meses se da cuenta de que su abuela está roncando ruidosamente con la boca abierta. La niña trata de imitarla, pero pone la boca en forma de una «O» pequeña. Al adulto le entra la risa con esto. En realidad, es posible que la intención inicial de la niña fuese tratar de comprender ese hecho mediante la imitación. Piaget ha demostrado que la imitación es un potente mecanismo que usan los niños para explorar el entorno. Pero la risa del adulto da a su acción un sentido nuevo y diferente. La niña se da cuenta de ello, se ríe y, posteriormente, (durante varios días) vuelve a poner boca de «O» en situaciones interactivas, pero ya con la única intención de producir humor. Sin embargo, la risa de los adultos constituye inicialmente un componente esencial para la representación que el niño se hace del humor.

Según Reddy, si solamente consideramos la mente individual, como hacen muchos psicólogos evolutivos, entonces tendremos que aceptar que el conocimiento sobre los comportamientos de broma y humor, *o bien* está dentro de la mente del niño *o bien* está fuera de ella, en la mente del adulto o en la situación. Sin embargo, si se acepta que la mente del niño forma parte de un contexto interactivo, como Reddy sostiene, entonces en algunas situaciones el niño posee sólo una parte del conocimiento y depende de manera determinante del marco interactivo en su conjunto (compuesto por la representación del niño, el acontecimiento en sí, la risa del adulto y la representación del adulto), en el cual el conocimiento completo se encuentra situado entre las mentes del niño y del adulto. Aquí

Reddy maneja una honda intuición que muy bien pudiera ser cierta en los primeros momentos de la adquisición del conocimiento. Pero mi opinión es que, en último término, el conocimiento *se representa* en las mentes individuales. En los primeros intentos de generar humor por parte de los niños, tenemos un precioso ejemplo de cómo podría operar la epigénesis en el plano psicológico: la risa externa del adulto actúa como una entrada informativa determinante que cambia y completa la representación del niño y se incorpora gradualmente a su representación interna para, posteriormente, marcar explícitamente el humor.

La teoría de la mente en especies no humanas

Anteriormente me he ocupado de la diferencia entre influir en el comportamiento de los demás e influir en sus estados mentales. Esta distinción es claramente pertinente para el problema de si atribuimos o no una capacidad de teoría de la mente a especies no humanas. Muchas especies pueden hacer cosas para influir en el comportamiento de los demás miembros de su especie. En su análisis del estatus de la noción de engaño en otras especies, Premack (1988, pp. 161-162) nos ofrece un buen ejemplo. El chorlito, según Premack,

echará a volar de su nido para alejar a un potencial intruso de sus crías; pero no empleará una estrategia comparable para alejar a un competidor de la comida, de una pareja receptiva, de un potencial material de construcción del nido, etc. En el chorlito, el «engaño» es una disposición innata restringida exclusivamente a la protección de la prole. Al igual que otras disposiciones innatas, se puede modificar mediante el aprendizaje. Por ejemplo, el pájaro puede aprender a distinguir a un pseudo-intruso (que simplemente merodea alrededor del nido) del verdadero intruso (que se dirige directamente al nido), sin volverse a preocupar de «engañar» al primero, mientras que sigue engañando tenazmente al segundo [Ristau, 1988]. Sin embargo, esto no cambia el hecho de que el «engaño» del pájaro sea un dispositivo inflexible, que no puede ser aplicado a ningún otro objetivo excepto la protección de la prole. El caso del pájaro es análogo al de un humano que pudiese decir mentiras sólo por haber robado caramelos; no podría mentir por haber manchado la alfombra, roto la lámpara, cogido dinero del monedero de su madre o sobre el hecho mismo de haber mentido. De haber una «persona» así, la miraríamos detenidamente preguntándonos si es un niño o un robot.

Por tanto, el chorlito puede influir en el comportamiento de otro organismo mediante el uso de un procedimiento que, a primera vista, parece un engaño. Pero dicho procedimiento no se aplica fuera del contexto para el cual se encuentra diseñado genéticamente. El engaño en humanos, por el contrario, no sólo está destinado a influir en el comportamiento de los demás en multitud de situaciones, sino que, sobre todo, implica influir deliberadamente en los estados mentales de los demás. Sin embargo, siempre cabría decir que el animal protagonista del ejemplo anterior, al fin y al cabo, ¡«tiene un cerebro de chorlito»! ¿Qué sucede, en cambio, con nuestro primo hermano el chimpancé?

¿Se puede demostrar que el chimpancé atribuye estados mentales a los demás cuando se le da una oportunidad cuidadosamente planificada de demostrarlo? A través de una serie de ingeniosos experimentos, Premack y Woodruff (1978) intentaron averiguar si el chimpancé tiene una teoría de la mente. Sus resultados demostraron que los chimpancés entrenados en el uso de lenguaje podían producir comportamientos intencionales y establecer un vínculo causal entre las metas de los otros y sus propias acciones, pero no conseguían atribuir estados mentales a los demás ni representarse la diferencia entre su propio conocimiento y el conocimiento de que otro individuo tiene un estado mental diferente. El chimpancé no va más allá de intentar influir en lo que otro organismo *hace*; no trata de influir en lo que el otro *cree*. Según Premack, sólo se puede atribuir teoría de la mente a las especies que hagan lo segundo.

Premack llevó también a cabo una serie de experimentos para ver si los chimpancés comprenden el engaño. Los entrenó a reaccionar de manera distinta ante un experimentador que era generoso y ante otro que no lo era. El chimpancé parecía ser capaz de hacer uso de algo parecido a un engaño, puesto que señalaba el escondite equivocado ante el experimentador que no había sido amable con él. Sin embargo, resultó que el engaño del chimpancé no iba más allá de la habitación experimental. El animal había aprendido a hacer un sabotaje pertinente para la tarea experimental en cuestión, en el que influía sobre el comportamiento de los demás, pero no tenía una capacidad general para el tipo de engaño que afecta a las creencias de los demás. Premack concluye que la capacidad del chimpancé para practicar una psicología del sentido común es cierta sólo en el sentido más débil que puede darse al término «teoría de la mente»[7].

Sin embargo, hay situaciones más naturales en las que uno sí estaría dispuesto atribuir capacidades más complejas al chimpancé. Por ejemplo, ¿qué podemos decir del chimpancé capaz de suprimir su grito sexual? ¿Hace esto para influir en las creencias de los machos rivales de forma que *piensen* que está haciendo cualquier otra cosa, o simplemente para influir en lo que van a *hacer* (para que no le ataquen y compitan por la hembra)? Premack (1991) defiende que probablemente sea lo segundo, ya que el chimpancé seguramente habrá establecido un vínculo entre dar el grito sexual y el hecho de que los machos competidores lleguen a la escena. La supresión de la llamada sexual no tiene que ser interpretada como un procedimiento para influir en las creencias de los otros chimpancés; puede explicarse como un intento de influir sobre el comportamiento consiguiente de los demás.

Gómez (1991) planteó algunas preguntas similares sobre las capacidades de los gorilas. Demostró que los gorilas criados en un entorno humano comprenden que mirar a los ojos de los demás es un medio de controlar el contacto atencional. Los gorilas comprueban si un interlocutor humano está atendiendo al mismo objetivo que ellos. El hecho de establecer atención conjunta hacia una meta (por ejemplo, comprobando que la mirada del otro se dirige hacia el mismo objetivo) es equivalente a asegurarse de que un palo está tocando un objeto cuando se usa como herramienta para mover el objeto. Por eso, la atención conjunta hacia una meta no implica necesariamente la atribución de estados mentales a otras mentes. Más bien, puede considerarse como parte de un vínculo causal en el proceso interactivo, ya que implica la comprensión de que atender a un objeto o a un acontecimiento se encuentra causalmente vinculado a las acciones subsiguientes de los demás en relación con ese objeto o suceso. La atención compartida hacia una meta es un tipo de causalidad, basada no en la transmisión de fuerzas mecánicas a través del contacto físico, sino en la trasmisión de información mediante contacto mental. Esto permite al bebé humano, al gorila, al chimpancé, y quizás al gato, al perro o al loro domésticos (¡para aquellos lectores que piensen todavía que sus animales de compañía tienen una teoría de la mente!) el uso de protoimperativos. Pero el uso de protodeclarativos requiere algo más: una actitud representacional con respecto a la realidad, cuya meta sea influir en la atención y/o pensamientos de los otros más que en su comportamiento.

Ni la comunicación, ni la interacción, ni la sensibilidad social, ni la comprensión de los demás como agentes bastan por sí solas para explicar el desarrollo de la teoría de la mente. Todas estas cosas ayudan a asegurar la entrada informativa necesaria para los sistemas en desarrollo, pero se necesita algo más. Los seres humanos, como otras tantas especies, son buenos etólogos (reconocen a los individuos, los grupos y las especies, y saben cuáles son los miembros de su propia especie y cómo manipular su comportamiento en los contextos interactivos). Pero, con el desarrollo, los seres humanos llegan a ser capaces de producir hipótesis acerca de *por qué* los miembros de su especie se comportan y hablan como lo hacen. De ser buenos etólogos, los niños pasan posteriormente a ser buenos psicólogos, y, para que esto ocurra, necesitan representarse la distinción entre lo que en la literatura sobre filosofía de la mente se conoce con el nombre de «actitudes proposicionales» y «contenidos proposicionales» [8].

¿Qué hay de especial en los cómputos de la teoría de la mente?

Aunque Piaget defendía la importancia de los procesos de dominio general, un conjunto de psicólogos evolutivos que trabaja en el dominio de la teoría de la mente sostiene que hay algo especial en los cómputos que implican creencias, deseos, engaños, intenciones, etc. Según ellos, lo que estos cómputos tienen de especial es que consisten en actitudes proposicionales hacia contenidos proposicionales. Una frase como «Hay un lápiz encima de la mesa» tiene un contenido proposicional que supone una descripción verdadera o falsa con respecto al mundo. Por el contrario una frase como «Yo CREO que hay un lápiz encima de la mesa» implica una actitud proposicional (de creencia) hacia ese contenido proposicional. Otras actitudes proposicionales se expresan mediante verbos de estados mentales como «pensar», «esperar», «afirmar», «fingir», «recordar» y «saber». Los contenidos proposicionales expresan un hecho verdadero (o falso) sobre el estado actual del mundo (por ejemplo, la existencia de un lápiz encima de la mesa). Sin embargo, cuando el contenido es precedido por determinadas actitudes proposicionales (p. ej., creer, pensar, esperar, afirmar, fingir), entonces el hecho de si hay o no un lápiz sobre la mesa es irrelevante para el valor de verdad de la afirmación. Puede que en realidad no haya ningún lápiz encima de la mesa pero, aun así, puedo expresar la creencia de que yo pienso que lo hay. Así, pues, los contenidos proposicionales describen (correcta o incorrectamente) los estados del mundo, mientras que las actitudes proposicionales expresan un estado mental en relación al mundo sin comprometerse necesariamente con la verdad de los contenidos proposicionales sobre los que operan [9]. Los verbos de estado mental hacen posible que los hablantes expresen las distintas actitudes proposicionales que adaptan hacia distintos contextos. En idiomas como el francés esta distinción se refleja en el uso de dos formas lingüísticas para las que el inglés utiliza una sola palabra: *utterance* («emisión» o «enunciado»). El léxico francés establece una diferencia entre «enoncé» (el enunciado, con su contenido proposicional) y «énonciation» (la enunciación: el acto o proceso de enunciar, con su actitud proposicional).

En suma, los cómputos de teoría de la mente son especiales porque resulta difícil encontrar ninguna otra área de la cognición humana en que la distinción entre actitudes proposicionales y contenidos proposicionales sea un componente crucial. Aunque el lenguaje tiene un componente interactivo esencial, podría funcionar sin la expresión de actitudes proposicionales, aunque fuese de manera muy empobrecida. Podría expresar simplemente contenidos proposicionales y no la postura del hablante con respecto a ellos. El dominio de la teoría de la mente implica, por su propia naturaleza, comprender los estados mentales de las otras mentes, es decir, lo que sugiere el título de este capítulo («El niño como psicólogo»). Los mecanismos de la teoría de la mente y los distintos tipos de representaciones que éstos generan puede que sean de dominio específico por excelencia.

La teoría de la mente del niño preescolar

Leslie ha hecho unas cuantas sugerencias interesantes sobre los orígenes de la teoría de la mente en los niños en la etapa anterior a la adquisición del lenguaje. Leslie (1987) utiliza algunas nociones idénticas a las que se encuentran en la bibliografía sobre actitudes proposicionales [10], pero indistintamente los llama «representaciones de segundo orden» o «metarrepresentaciones». El aspecto más original e interesante de la teoría de Leslie es que sitúa la competencia metarrepresentacional al margen del dominio de la codificación *lingüística* de los verbos de estado mental (como «pensar», «creer» y «fingir»), colocándola en el dominio del *juego de ficción* (asequible a los niños desde los 18 meses). Leslie argumenta que el juego de ficción de los niños, sea verbal o no, implica la misma distinción entre contenido proposicional y actitud proposicional (aunque él utilice otros términos diferentes) que, posteriormente, en el desarrollo, se encuentra al emplear verbos de estado mental. En otras palabras, Leslie entiende que el juego de ficción es la primera manifestación conductual, no lingüística, de la estructura subyacente a la teoría de la mente en el niño. Según él, todas las estructuras psicológicas del juego de ficción se encuentran determinadas de manera innata; por eso, cuando el niño se enfrenta a los primeros ejemplos de juego de ficción, puede interpretarlos de inmediato. Más adelante, en este capítulo, expondré una postura ligeramente distinta, dado que las restricciones innatas que operan sobre la ficción se relajan sólo gradualmente [11].

Según Leslie, la estructura del juego de ficción de los niños debería entenderse como el cálculo de una relación computacional de tres términos entre un agente (normalmente, el propio niño), una representación primaria (los objetos reales con los que el niño está jugando) y una representación secundaria, desacoplada, del contenido de la ficción. Esta interpretación contrasta frontalmente con las ideas de Piaget de que los niños representan los hechos como «esquemas» en los cuales el agente, el suceso y el objeto forman una amalgama indiferenciada. Para Leslie, lo específico de la teoría de la mente está en la noción de representación desacoplada [12]. El desacoplamiento permite al niño tratar el contenido que es objeto de la ficción al margen de las relaciones normales que conlleva la representación de objetos o acontecimientos reales. Así, cuando un niño de tres años coge un trozo de madera y dice «Vale, esto es un coche, brrrm, brrrm, brrm...», el cómputo de esta ficción implica:

FINGIR ([*Agente* = niño] [*Representación Primaria* = una estructura mental que representa el hecho de que el objeto que hay encima de la mesa es un trozo de madera] [*Representación desacoplada* = una copia de la estructura mental anterior, pero aislada de las descripciones verídicas y representando a «el coche»]).

Las representaciones primarias y las desacopladas implican niveles de procesamiento diferentes e independientes, y obedecen a restricciones causales, inferenciales y lógicas también distintas. Así, fingir que un simple trozo de madera tiene un volante, una antena y cuatro ruedas no desvirtúa en modo alguno la comprensión que los niños tienen de las propiedades reales del trozo de madera y de los coches de verdad, ni hace que cambien las representaciones de dichas propiedades. Es la representación temporalmente desacoplada la que se «desvirtúa», no las representaciones primarias, que siguen conservando sus relaciones representacionales normales. La representación desacoplada implica la distinción entre una actitud proposicional y un contenido proposicional:

(Yo finjo que) (este trozo de madera) (es un coche)

Como en el ejemplo anterior del lápiz sobre la mesa, es irrelevante para el valor de verdad de la actitud proposicional de FINGIR (y de CREER, PENSAR, AFIRMAR, etc.) que el bloque de madera no sea en realidad un coche. Algunas actitudes proposicionales (p.ej., SABER, RECORDAR) sí entrañan, por supuesto, la condición de verdad de sus contenidos proposicionales.

Leslie sitúa el origen de la capacidad de ficción en algún momento entre los 18 y los 24 meses, exactamente a la misma edad a la que Piaget sostenía que la función simbólica (la cual incluye el juego de ficción, pero también los comienzos del lenguaje, las imágenes mentales y la imitación diferida) entraba a formar parte de la competencia cognitiva del niño. Para Piaget éstos eran avances de dominio general en el desarrollo, el resultado de culminar el período de la inteligencia sensoriomotriz. Olson *et al.*

(1988) sugieren también que el nacimiento de una capacidad simbólica de carácter más general puede ser un elemento importante en el desarrollo de la teoría de la mente en los niños de 18 meses (postura muy cercana a la de Piaget). Para Leslie, sin embargo, las actitudes proposicionales que subyacen a la estructura del juego de ficción son modulares. Leslie (1987, 1990) sostiene que, a los 18 meses, se activa un módulo metarrepresentacional que se encuentra codificado genéticamente y se pone en marcha por maduración cerebral. Es esta postura innatista estática, basada en la codificación genética en vez de en el cambio epigenético, y que Fodor expresa de manera tan elocuente en la cita que aparece al principio de este capítulo, lo que estoy poniendo en cuestión a lo largo de todo el libro. La teoría de la mente no tiene por qué ser un módulo genéticamente determinado y encapsulado, como defiende Leslie. Es cierto que resulta bastante probable que haya en juego *algunas* predisposiciones determinadas de manera genética, pero esta idea no debería negar automáticamente la influencia *epigenética* del ambiente sociocultural en el desarrollo de la teoría de la mente. Más aún, aunque los cómputos de la teoría de la mente puedan acabar siendo de dominio específico, esto no significa necesariamente que constituyan un módulo en el sentido plenamente fodoriano del término, aunque sí podría ocurrir un proceso de modularización progresiva.

¿Es el lenguaje fundamental para distinguir las actitudes proposicionales de los contenidos proposicionales?

En la mayoría de los análisis, el lenguaje de los verbos de estado mental constituye un componente esencial de las actitudes proposicionales. Sin embargo, acabamos de ver cómo Leslie propone que el lenguaje no es necesario para la estructura proposicional del juego de ficción. Premack (1988) ha mantenido también que el lenguaje no es una condición necesaria para que puedan efectuarse cómputos de teoría de la mente, aunque admite que puede amplificar las posibilidades posteriores de esta capacidad. De hecho existe una estrecha relación entre el desarrollo posterior de la teoría de la mente y el lenguaje. Gerhart (1988) ha demostrado que, cuando los niños desarrollan un nivel de complejidad lingüística mayor, empiezan a usar dentro del juego de ficción marcadores lingüísticos distintos de los que usan en sus comentarios no ficticios acerca del propio juego. Asimismo, muchas lenguas hacen un uso especial de los marcadores temporales en el juego de ficción. En francés y en español, por ejemplo, el niño utiliza el pasado imperfecto para crear el contexto de juego de ficción: «Toi tu étais la maman, et moi j'étais le bébé» («Tú eras la mamá y yo era el niño»). Por supuesto, como Piaget (1951) señalaba, normalmente el juego de ficción emerge al mismo tiempo que el lenguaje; pero la idea fundamental de Leslie es que las *complejas* construcciones lingüísticas que incluyen verbos de estado mental aparecen mucho después que las estructuras de complejidad equivalente que se producen en el juego de ficción. El juego de ficción puede describirse mediante la misma estructura proposicional que subyace a los verbos de estado mental. Es en estos aspectos determinantes en los que la estructura del juego de ficción difiere del juego funcional normal, que podemos encontrar en el niño antes de los 18 meses y en otras muchas especies. Queda claro, entonces, que usar los complejos verbos de estado mental no es necesario para que se pongan en marcha los cómputos de teoría de la mente.

Sin embargo, aunque el lenguaje no sea necesario para las primeras manifestaciones de las actitudes proposicionales, posteriormente está íntimamente relacionado con el desarrollo de la teoría de la mente. El modelo RR postula que no es la capacidad lingüística *per se* la que explica el desarrollo, sino más bien el proceso de redescripción que permite la rerrepresentación del conocimiento en formatos representacionales diferentes (con frecuencia, lingüísticos). Sin embargo, puede que el dominio de la teoría de la mente sea un área en la que la traducción a los términos del lenguaje natural (p. ej., el uso de verbos mentales tales como «fingir que», «pensar que», «creer que» y «saber que») constituya una parte esencial del proceso de redescripción. Un estudio sobre la capacidad de los autistas para distinguir entre «saber» y «adivinar» en uno mismo y en los demás (Kazak *et al.*, 1991) indica que existe una alta correlación entre dicha capacidad y los niveles de destreza lingüística de los sujetos. Por otra parte, Zaitchik (1991) ha demostrado que, si a niños de tres años, que normalmente no pasan las tareas clásicas de teoría de la mente, simplemente se les *dice* dónde está de verdad el objeto, sin que hayan visto la acción de esconderlo en ese lugar, son capaces de predecir que un personaje de la historia que tenga una creencia falsa irá a buscar el objeto en cuestión al lugar en donde cree que está, y no a donde el niño sabe que está realmente [13]. Pero, curiosamente, también se da el caso contrario. Norris y Millan (1991) han demostrado recientemente que los niños de cuatro años, que no tienen ningún problema con la tarea tradicional de teoría de la mente, que se presenta tanto visual como verbalmente, sin embargo tienen problemas dignos de consideración con una versión enteramente no verbal de la misma tarea, presentada mediante una película. Estos resultados tan dispares indican que, cuando un dominio se representa preferentemente en un determinado formato representacional (p. ej., la codificación lingüística de los verbos de estado mental) y el ambiente proporciona la entrada informativa directamente en ese formato (como en el estudio de Zaitchik), los niños pueden establecer representaciones privilegiadas. Por consiguiente, puede que el lenguaje no sea necesario para los orígenes de la teoría de la mente, pero el lenguaje y las representaciones múltiples son muy importantes para su desarrollo posterior.

El desarrollo en el niño de la psicología de creencias y deseos

Las actitudes proposicionales en el juego de ficción implican la atribución a uno mismo, a los compañeros de juego y a los objetos de identidades, emociones y experiencias que no se corresponden con la realidad: «Vale que yo era la mamá y tú el niño, y tú estabas llorando porque íbamos demasiado deprisa en este coche». Pero más allá de estas primeras competencias de los niños pequeños, los contenidos proposicionales y las actitudes que los niños mayores pueden expresar y comprender se van haciendo cada vez más complejos. Baron-Cohen (1991) ha demostrado que FINGIR y QUERER son actitudes proposicionales más sencillas que CREER. De hecho, es posible que cada una de ellas siga su propio camino de desarrollo. Asimismo, los niños podrían ser capaces de expresar contenidos proposicionales más complejos usando la actitud proposicional de FINGIR. Es muy probable que esto sea cierto, ya que los niños de tres años tienen muchos problemas para enfrentarse a contenidos proposicionales sencillos si contienen alguna creencia falsa.

Pensemos en la siguiente situación experimental, diseñada para estudiar la comprensión de la creencia falsa, y basada en el trabajo originario de Wimmer y Perner (1983): el niño contempla un escenario en el que el experimentador y otro niño llamado Maxi están juntos en una habitación. El experimentador esconde un trozo de chocolate bajo una caja que se encuentra delante de Maxi. Entonces Maxi sale un momento de la habitación y, mientras está ausente, el experimentador esconde el chocolate en otro escondite. Entonces se le pregunta al niño dónde está realmente el chocolate y, lo que es determinante para la tarea, dónde irá a buscarlo Maxi cuando vuelva. Dicho de otra manera, el niño tiene que distinguir entre lo que sabe que es cierto con respecto al estado actual de los hechos y lo que sabe del estado mental actual de Maxi. Tiene que saber también que el comportamiento de Maxi estará en función de sus representaciones internas, no de la realidad externa.

Otro experimento típico de teoría de la mente, diseñado por Perner *et al.* (1987), consiste en mostrar al niño un tubo de caramelos [*Smarties*] y preguntarle qué hay dentro. El niño responde normalmente que caramelos. Luego se le enseña que el tubo, aunque normalmente contenga caramelos, tiene en realidad un lapicero. Entonces se le pregunta qué responderá un compañero de clase, que todavía no ha visto lo que tiene de verdad el tubo, cuando se le pregunte qué hay dentro. La respuesta del niño puede basarse, o bien (erróneamente) en el estado actual de los hechos, o bien (acertadamente) en el estado actual de creencias del compañero de clase.

Éstas son pruebas sencillas pero concluyentes de la capacidad del niño para atribuir a los demás estados mentales con un contenido. Los niños de tres años no pasan ninguna de las dos pruebas anteriores y afirman que el protagonista se comportará de acuerdo con la situación real de los hechos. No comprenden que el protagonista se comportará según su creencia falsa. Sin embargo, los niños de cuatro años pasan esas mismas pruebas sin problemas. El criterio mínimo para aceptar que una persona posee una teoría de la mente es, de acuerdo con Dennett (1971), que sea capaz de afrontar con éxito unas circunstancias en las que la persona en cuestión no puede fiarse de su propio conocimiento para calcular el estado mental de otro individuo. En el primer ejemplo, el niño tiene una creencia verdadera sobre el nuevo escondite del chocolate, pero Maxi abriga una creencia falsa. Maxi actuará en función de su creencia falsa y, por tanto, irá a buscar en la caja donde estaba el chocolate y no en donde el niño sabe que está ahora. Para responder correctamente a la pregunta sobre dónde irá Maxi a buscar el chocolate, el niño debe saber que los demás tienen pensamientos y creencias, y que éstos son verdaderos o falsos dependiendo de cuál sea su conocimiento en ese momento, así como que la gente actúa en función de sus estados mentales y no en función de la situación real de los hechos. El niño también debe ser capaz de mantener las representaciones correspondientes a su propia creencia sobre el estado actual de los hechos separadas de la creencia falsa del protagonista engañado; tiene que distinguir entre las actitudes proposicionales («Maxi cree que el chocolate está...») y los contenidos proposicionales («El lugar en el que está el chocolate es...»). A los tres años los niños asignan un único valor de verdad a la descripción verídica del estado actual del mundo externo y esperan que Maxi actúe en función de esa misma descripción verídica. En cambio, a los cuatro años pueden tener en mente tanto las representaciones de la descripción verídica como la creencia falsa del protagonista, en forma de actitud proposicional que opera sobre un contenido proposicional.

El modelo RR y los cambios en la teoría de la mente de los niños

Como vimos anteriormente, según Leslie, los niños de 18 meses son ya capaces de adoptar la postura de las actitudes proposicionales en la estructura de las representaciones que sustentan el juego de ficción. No existe, sin embargo, ningún argumento en su teoría que explique por qué la postura de las actitudes proposicionales, que les permite FINGIR, no hace posible también que los niños de tres años realicen inferencias relativas a CREER y PENSAR. La teoría de Leslie sobre el juego de ficción no aborda la cuestión de cómo la información sobre agentes, objetos y sucesos se convierte en estructuras de datos (es decir, en representaciones definidas explícitamente sobre las cuales pueden operar las actitudes proposicionales). Anteriormente, en el capítulo 2, analizamos una posible solución a este problema, basada en la redescripción representacional de las entradas perceptivas en esquemas de imágenes.

Vale la pena especular sobre cómo podría el modelo RR ayudarnos a explicar el desarrollo de la teoría de la mente. El modelo RR defiende que, para que los componentes de un procedimiento sean manipulables, el procedimiento en cuestión debe haber alcanzado primero el nivel de maestría conductual. Sólo entonces se pueden redescribir sus componentes bajo el formato E1. Por ejemplo, el juego de ficción requiere la violación de las descripciones verídicas de la realidad así como la manipulación de representaciones explícitas de los agentes, representaciones primarias de los objetos de juego y representaciones desacopladas de esos objetos desempeñando sus papeles ficticios. De acuerdo con el modelo RR, esto requiere (primero) que el niño posea maestría conductual sobre las representaciones verídicas de la realidad y (posteriormente) rerrepresentaciones de nivel E1 o superior. Sin embargo, los niños pequeños a menudo avisan mediante el lenguaje de su intención de hacer ficción: «¡Estoy jugando!» *. A primera vista, esto parecería indicar que esos niños representan ya de manera explícita (en el formato E2/3) la distinción entre actitudes proposicionales y contenidos proposicionales. Pero, si fuera así, ¿por qué los niños de tres años no usan esas distinciones en las tareas de creencia falsa? Es posible que los niños de dos y tres años manejen la actitud proposicional de FINGIR con mayor facilidad, no porque utilicen ya representaciones de nivel E2/3, sino porque FINGIR implica un marcaje externalizado observable (cambios de voz, cambios de la línea de entonación, movimientos exagerados, risas, etc.), lo cual haría que la distinción se mantuviese resaltada en la mente de los niños. Recordemos que en los pri-

---

* «I pretending», en el original inglés. En español no existe una palabra totalmente equivalente a «pretend», verbo que emplearía un niño de habla inglesa para referirse a su acción de hacer juego de ficción. Dicho verbo, a diferencia del verbo «jugar», implica una construcción proposicional. [*N. de T.*]

meros capítulos, sobre todo en el capítulo 2, veíamos cómo en sus producciones los niños marcaban externamente aquellas distinciones a las que habían llegado a hacerse sensibles. De acuerdo con el modelo RR, esto sólo requiere el formato E1. Y, como Gerhart (1989) ha demostrado, durante el juego de ficción los niños usan marcadores lingüísticos y patrones de entonación distintos de los que usan en sus comentarios no ficticios acerca del juego. En otras palabras, los niños marcan y apoyan externamente la distinción interna con la que operan.

Por tanto, aunque los niños digan «Es juego» («I'm pretending») y aunque deban de tener representaciones E1 de los tres términos que intervienen en el cómputo de la ficción (agente, representación primaria y representación desacoplada) sobre los cuales puede operar la actitud proposicional de FINGIR, la distinción entre actitudes proposicionales y contenidos proposicionales no tiene que estar representada en el formato E2/3 y, por tanto, ser accesible a la conciencia; pero sí debe estar disponible como estructura de datos en el formato E1. Posteriormente, el niño de cuatro años tiene que enfrentarse al hecho de que son las actitudes proposicionales no observables (no marcadas externamente), tales como CREER y PENSAR, las que predicen el comportamiento del protagonista, y no los estados observables del mundo. Cuando los niños de cuatro años pueden realizar inferencias acertadas en función de la creencia falsa de otra persona, son capaces de justificarlo verbalmente. Para ello es necesario el formato E2/3.

Numerosos autores han mostrado últimamente que, en torno a los cuatro años, los niños distinguen explícitamente entre contenidos proposicionales y actitudes proposicionales. Son capaces de explicar cómo ellos mismos pueden tener creencias verdaderas o falsas que pueden cambiar, y cómo los demás pueden tener creencias distintas de las suyas y actuar de acuerdo con ellas (Gopnik y Astington, 1988). A esta edad aprecian también el papel activo de la mente para fijar las creencias (Chandler y Boyes, 1982; Wellman, 1988) y la naturaleza representacional de las creencias (Perner, 1991; Olson, 1988; Flavell, 1988; Forguson y Gopnik, 1988; Astington, 1989). Son capaces de predecir las acciones de los demás cuando se basan en creencias falsas (Perner *et al.*, 1987; Wimmer y Perner, 1983), y recordar el origen de sus propias creencias (Gopnik y Astington, 1988; Gopnik y Graf, 1988; Wimmer *et al.*, 1988). Son capaces de poner en duda la información dada, en lugar de responder de manera automática. Reconocen la diferencia entre las apariencias y la realidad; saben que las intenciones pueden discrepar de la acción y las expresiones faciales, de los sentimientos; y comprenden la manera en que los puntos de vista y la percepción influyen en la formación de las creencias (Flavell *et al.*, 1981;

Olson *et al.*, 1988). Esta colección tan impresionante de capacidades sugiere que a partir de los cuatro años la distinción entre actitudes proposicionales y contenidos proposicionales se encuentra explícitamente representada en el formato E2/3.

¿Debería situarse la teoría de la mente en un contexto de dominio general más amplio?

Hasta ahora, he sostenido que la teoría de la mente se basa en cómputos de dominio específico mediante los cuales se distingue entre las actitudes proposicionales y los contenidos proposicionales sobre los que éstas operan; además, esos cómputos se almacenarían en distintos niveles de explicitud. Joseph Perner, uno de los pioneros en el estudio de la teoría de la mente, postula que en torno a los cuatro años se produce un cambio de tipo más general en las capacidades metacognitivas, gracias al cual los niños llegan a comprender explícitamente el hecho de que entre la mente (la suya o la de los demás) y el mundo hay representaciones internas que actúan como mediadoras (Perner, 1988, 1991).

Perner propone tres estadios en el desarrollo de la psicología del sentido común del niño. Al principio, el niño pequeño cuenta con una sensibilidad innata hacia las expresiones conductuales de estados mentales (expresiones de alegría, tristeza, enfado y otras, apreciables en los ojos, el rostro y las posturas corporales de los miembros de su especie). Perner sostiene que el hecho de poseer al principio de la infancia esa sensibilidad hacia las expresiones conductuales de los estados mentales no requiere la atribución de estados internos, sino simplemente la descripción verídica de los estados conductuales de nuestros congéneres. Perner plantea que, en este primer nivel, los niños representan únicamente el comportamiento observable, pero son capaces de cambiar esas representaciones mediante un «modelo actualizador simple»[14]. Dicho modelo permite al niño atender a, y representarse, los cambios en las expresiones conductuales de los demás, así como sus propias experiencias internas de placer, tristeza, enfado, etc. Por tanto, en este primer nivel el niño sólo comprende las expresiones externas conductuales de los estados emocionales, pero no su estatus como estados mentales internos.

El segundo nivel de la psicología del sentido común en el niño consiste, según Perner, en la comprensión de los estados mentales como relaciones con situaciones del mundo reales o hipotéticas, en vez de, simplemente, con el comportamiento. Dicha comprensión, de acuerdo con Perner, hace que el niño pase de «una teoría conductual de los estados emocionales» a una «teoría mentalista del comportamiento». En lugar de manejar una sola descripción verídica de la realidad, en ese momento los niños tienen a su disposición múltiples modelos alternativos de la misma realidad, los cuales pueden retener simultáneamente en su memoria a corto plazo [15]. Para Perner, el uso de modelos múltiples implica que se establecen relaciones entre dos contenidos proposicionales, pero todavía no se establecen relaciones entre un contenido y una actitud proposicional. Perner *et al.* (1987) explican la naturaleza contrafáctica del juego de ficción sin recurrir a las actitudes proposicionales. Estos autores afirman que, para explicar el juego de ficción, basta con establecer una relación entre dos contenidos proposicionales: uno que describe la situación real y otro que describe la situación imaginada (no verídica); ambos contenidos operan al mismo nivel. Estos modelos alternativos se mantienen en la memoria a corto plazo y se utilizan para evaluar la situación real. Los distintos protagonistas (los reales y los imaginarios) se asignan selectivamente a la situación descrita por cada uno de los modelos alternativos y se mantienen, por consiguiente, separados.

Sin embargo, de acuerdo con Perner, la capacidad de tener modelos alternativos no basta para comprender la distinción entre «Pienso que la taza tiene té» (una creencia que implica una actitud proposicional) y «Pienso en la taza con té» (un pensamiento ficticio que sólo implica contenidos proposicionales). Perner no cree que los niños de dos y tres años se basen únicamente en la realidad. Lo que sucede, según él, es que comprenden las diferencias entre, por ejemplo, «pensar», «querer», «fingir» y «odiar», gracias al uso de modelos alternativos de cómo esas palabras hacen que la gente actúe de forma distinta. Recordemos la formulación de Leslie, muy distinta, según la cual el juego de ficción, al igual que la creencia, implica el concurso de dos niveles diferentes que obedecen a principios inferenciales y causales independientes: el nivel de las actitudes proposicionales (FINGIR/CREER que) y un nivel inferior: el del contenido proposicional X. En cambio, la propuesta de Perner es que basta con manejar modelos múltiples de un mismo nivel —el de los contenidos proposicionales— para explicar cómo comprende el niño la ficción, así como otros avances que se producen en este momento del desarrollo: la comprensión de los desplazamientos invisibles, de la propia imagen reflejada en un espejo, y la empatía. Por consiguiente, según Perner, estamos en presencia de un cambio de dominio general, no de un cambio específico del dominio de la teoría de la mente.

Para Perner, además, el niño de tres años intenta enfrentarse a los problemas de creencia falsa manteniendo simultáneamente en la memoria la situación que percibe realmente y la situación descrita por el enunciado falso, examinando a continuación la falta de correspondencia entre estos dos contenidos proposicionales. Pero, para entender la creencia falsa adecuadamente, se requiere algo más que la asignación de valores estándar de verdad, ya que la creencia falsa se caracteriza no sólo por ser falsa, sino también por el hecho de que quien la tiene la considera verdadera. Este cómputo más complejo es el que requieren las actitudes proposicionales y, de acuerdo con Perner, ésa es la razón por la que los niños no disponen de ellas hasta los cuatro años.

El tercer nivel entra en juego a los cuatro años, momento en el que los niños son capaces de utilizar lo que Perner denomina «metamodelos». Estos modelos implican metarrepresentación y son necesarios para comprender un conjunto de cambios que se producen en el mismo período de desarrollo: la comprensión de creencias falsas y de las representaciones erróneas, y del hecho de que los estados mentales son representaciones internas. Perner afirma que es en ese momento cuando el niño llega a distinguir, por vez primera, entre actitudes proposicionales y contenidos proposicionales. Según Perner, a los cuatro años los niños llegan a comprender la auténtica naturaleza de las representaciones; es decir, el niño aprende que una creencia que tuvo anteriormente era su *representación* del mundo en aquel momento, aunque ese modelo anterior lo representase erróneamente. De esta manera el niño acaba construyendo una «teoría representacional de la mente», que puede aplicar tanto a su razonamiento sobre la psicología del sentido común como a su razonamiento sobre el mundo físico. El niño de cuatro años sabe que las personas no actúan en función de situaciones alternativas, que pueden corresponderse con los hechos o ir en contra de ellos, sino que actúan en función de las *representaciones* mentales que poseen de esas situaciones. A esta edad, el niño sabe también que su percepción de los objetos depende de la distinción entre apariencia y realidad. Perner sostiene que, aunque los niños desarrollen un concepto de representación en torno a los tres años, hay que esperar hasta que tengan por lo menos cuatro años para que incorporen el concepto de representación a su teoría de la mente y, por consiguiente, lleguen a comprender la creencia falsa. Perner considera que estos cambios forman parte de un cambio más amplio, de dominio general, que se da en la capacidad de metarrepresentación, en lugar de constituir un cambio de dominio específico en la capacidad de usar y comprender las actitudes proposicionales[16].

Por consiguiente, tanto Perner como Leslie consideran que alrededor de los 18 meses tiene lugar un cambio fundamental. Para Leslie este cambio implica un nuevo mecanismo que permite generar representaciones nuevas: las actitudes proposicionales. Según Perner, en cambio, no hay que recurrir aún a un nuevo poder representacional; en vez de eso, Perner aboga por la existencia de un mayor poderío computacional, que se manifiesta en el hecho de que el niño puede tener simultáneamente varios modelos alternativos del mundo en su memoria a corto plazo, asignándolos a diferentes elementos, tanto en el juego normal como en el de ficción. Según Leslie, los mecanismos disponibles en el juego de ficción a los 18 meses son los mismos que los que usan los niños de cuatro años en las tareas de creencia falsa. Perner, por el contrario, recurre a un segundo cambio fundamental a los cuatro años que capacita al niño para representar las representaciones (es decir, para crear metarrepresentaciones) y, por consiguiente, para usar, entre otras cosas, actitudes proposicionales. Sin embargo, ninguno de estos dos autores explica de qué manera las representaciones llegan a hacerse progresivamente más explícitas, cuestión que hemos abordado mediante el modelo RR en un apartado anterior.

En mi opinión, hay cosas acertadas en cada teoría. Baron-Cohen (1989a, 1991b) lleva razón al situar los comienzos de la teoría de la mente en los protodeclarativos de la primera infancia, y Leslie tiene razón al mantener la existencia de dos niveles de procesamiento independientes no sólo para las creencias sino también para el juego de ficción (ya que parece que ambos implican la actuación de actitudes proposicionales sobre contenidos proposicionales). Esta importante distinción es la que hace que los cómputos de la teoría de la mente sean sumamente específicos y no formen parte de un proceso de desarrollo de dominio general que afectaría a toda la capacidad de representación. La distinción entre contenidos y actitudes proposicionales es, insisto, un caso típico de especificidad de dominio. Pero, en comparación con Leslie, Perner lleva razón al centrarse en los posibles cambios que pueden ocurrir en este dominio en torno a los cuatro años, y al sostener que la teoría de la mente incorpora en último término una teoría causal del conocimiento [17], en vez de centrarse únicamente en prolongar la misma estructura que funciona a los 18 meses en el juego de ficción para explicar la comprensión de la creencia falsa a los cuatro años.

Más aún, dentro del marco del modelo RR, sostengo que el proceso general de redescripción representacional opera sobre las representaciones de dominio específico de la teoría de la mente que constituyen los protodeclaractivos, al igual que sucede en otros dominios de la cognición, para convertirlos en estructuras de datos disponibles para otros procesos (tales como los operadores de las actitudes proposicionales). Y en cada nivel de redescripción, las teorías de la mente explícitas pueden acabar conectándose con otras partes del sistema cognitivo, sin que los cómputos automáticos de la teoría de la mente dejen de seguir operando dentro de su dominio específico. Los cómputos específicos del dominio de la teoría de la mente interactúan con procesos que afectan a todos los dominios;

por ejemplo, el marcaje temporal de las representaciones («estado del mundo en el momento 1»/«creencia en el momento 1», «estado diferente del mundo en el momento 2»/«creencia en el momento 2», etc.) [18], o la construcción de representaciones que puedan mantenerse en la mente durante unos segundos para procesarlas después sin que se vean afectadas por el procesamiento simultáneo de otras entradas de información [19]. Es decir, comprender creencias falsas no implica sólo la creación de representaciones que puedan sustentar actitudes proposicionales, sino también la retención de dichas representaciones en la memoria a corto plazo y el marcaje de sus relaciones temporales.

¿Es la teoría de la mente igual que cualquier otro proceso de construcción de teorías?

La distinción que Perner establece entre la teoría mentalista del comportamiento que posee el niño de tres años y la teoría representacional de la mente del de cuatro resalta un aspecto importante que no se encuentra en la formulación de Leslie: el hecho de que los cómputos de teoría de la mente incorporen posteriormente una postura metarrepresentacional más general, que va más allá de las actitudes proposicionales propias de la teoría de la mente incorporando una teoría causal del conocimiento. Leslie, en cambio, defiende que la metarrepresentación es específica exclusivamente de los cómputos de teoría de la mente y, junto con Frith, busca en el déficit que los autistas presentan en este dominio una prueba de su tesis. Estos autores intentan demostrar que el déficit específico que caracteriza al autismo es la falta de la capacidad de hacer metarrepresentaciones (Leslie y Frith, 1987). Según Leslie, todos los demás cómputos tienen lugar sobre la base de representaciones primarias.

Sin embargo, otros muchos autores entienden que la metarrepresentación es una capacidad de dominio más general. Es más, Frith sugiere que, incluso en el caso del autismo, probablemente esté también implicado un déficit de carácter más general [20]. Lo que, de hecho, parece faltarles específicamente a los individuos autistas no es una capacidad general de metarrepresentación, sino la capacidad específica de construir las representaciones necesarias para sustentar las estructuras de las actitudes proposicionales características del dominio de la teoría de la mente. Es la adopción de la postura de las actitudes proposicionales la que nos permite comprender lo que hay de específicamente mental en la intencionalidad humana: entender lo que los hablantes quieren decir, y no sólo las palabras que dicen (Sperber y Wilson, 1986). Las personas con autismo tienden a tomar el lenguaje de manera literal, sin comprender la pragmática de la intencionalidad (Frith, 1989). Por ejemplo, responden «Sí» a la pregunta de «¿Puedes pasarme la sal?», en vez de entender que es una petición indirecta de que pasen la sal. Pero el déficit no tiene por qué suponer necesariamente una ausencia generalizada de capacidad metarrepresentacional. En ninguna de las teorías que construyen los niños sobre el lenguaje, las matemáticas o la física, de las que nos hemos ocupado en los capítulos precedentes, se encontraban involucradas las actitudes proposicionales. Éstas constituyen un subconjunto de dominio específico que forma parte de la capacidad general de metarrepresentación, la cual parece penetrar en todos los dominios de la cognición. La sensibilidad a entradas informativas de dominio específico, presente en la primera infancia, va seguida en muchos microdominios por actividades de construcción de teorías explícitas. Una posibilidad sería que los individuos autistas sufriesen un déficit general en la capacidad de construir teorías; sin embargo, esta hipótesis parece poco probable en el caso de los sujetos autistas de nivel alto y habría que comprobarla empíricamente.

De este modo, por una parte, la teoría de la mente no es como las demás actividades de construcción de teorías, ya que se basa en las representaciones y mecanismos específicos que sirven de sustento a las actitudes proposicionales. Pero, por otra parte, la teoría de la mente es igual que otras actividades de construcción de teorías, toda vez que cumple las siguientes características: implica la realización de inferencias basadas en entidades no observables (estados mentales tales como las creencias); incorpora un conjunto coherente de explicaciones sobre los vínculos causales entre estados mentales y conductas, a partir de los cuales pueden predecirse las acciones futuras (p. ej., como Maxi cree que el chocolate está todavía en la cesta y no sabe que lo han cambiado de sitio, lo buscará dentro de la cesta); lleva consigo una distinción creciente entre datos y teorías (comprendiendo el distinto grado de fiabilidad de diferentes fuentes de conocimiento acerca de los estados mentales y el comportamiento que depende de ellos); y posee un dominio representado mentalmente y claramente definido sobre el que operan las explicaciones causales [21].

Al hablar del juego de ficción, señalaba la importancia que tienen los marcadores externos que actúan como una especie de apoyo cognitivo sobre el que se sustentan procesos internos. Nosotros somos una de las pocas especies que hacen uso de distintas formas de indicadores externos para potenciar nuestra memoria y nuestra comunicación. Pasemos, pues, a echar un vistazo al niño como «grafista» e indaguemos en cómo el uso de herramientas culturales amplía nuestras restricciones biológicas.

Capítulo 6
EL NIÑO COMO GRAFISTA

Verba volant, scripta manent.

Las ratas y los chimpancés son seres muy inteligentes, pero no dibujan. Y esto no se debe simplemente a su falta de destreza manual. Sin embargo, asome la cabeza por cualquier guardería, curiosee un libro cualquiera sobre la historia del hombre desde los tiempos del neolítico y paleolítico, o visite algún pueblo que no haya tenido ningún contacto con la cultura occidental y se quedará impresionado por la omnipresencia de la tendencia humana a crear notaciones de diversas clases (p.ej., al dibujar, al burilar, al pintar, al esculpir, al trazar mapas, y al inventar los diversos sistemas gráficos como el lenguaje escrito, la notación numérica o musical, etc.).

Otras muchas especies generan representaciones internas, pero hay algo en la arquitectura de la mente humana que hace a niños y a adultos capaces de producir también notaciones externas, es decir, capaces de servirse de instrumentos culturales para dejar una huella intencional de sus actos comunicativos y cognitivos. Los seres humanos tenemos una gran «facilidad para dejar huellas impresas» (Wilks, 1982), para crear notaciones de diversos tipos. Voy a usar el término «notación» para referirme a estas representaciones externas, y reservar el término «representación» para referirme a algo dentro de la mente. Desde luego, los individuos de varias especies no humanas, como ciertos moluscos e insectos, dejan huellas externas de sus desplazamientos, que les permiten volver a su punto de partida (Gallistel, 1990). Pero, por lo que yo sé, esto ocurre siempre a través de secreciones del cuerpo del animal y no por medio de algún tipo de instrumento externo a su cuerpo. Además, dichas huellas se dejan sobre la localización física real del desplazamiento; no son intencionales o comunicativas. No se parecen en nada a la facilidad humana para dejar huellas impresas.

¿Qué pasa si echamos un vistazo mucho más arriba en la escala evolutiva? Pensemos en los chimpancés, una especie inteligente que utiliza instrumentos para algunos fines y que tiene habilidades comunicativas y representacionales muy ricas. Sin embargo, por lo que he podido averiguar, el chimpancé no usa jamás instrumentos para dejar una huella permanente de sus actos intencionales, a modo de memoria externa o de acto comunicativo.

La habilidad del hombre para dejar huellas impresas puede expresarse de manera icónica (como en el dibujo) o de manera no icónica (como en el alfabeto escrito). Los mapas, los recordatorios y los diagramas se encuentran a medio camino entre lo icónico y lo no icónico. Hay bastante controversia (Freeman, 1987) en torno a la cuestión de hasta qué punto los dibujos y otras notaciones de los niños pueden utilizarse como datos acerca de sus representaciones internas (Kosslyn *et al.*, 1977; Laszlo y Broderick, 1985; Olson y Bialystok, 1983). Dicho debate se refiere al conocimiento que tiene el niño de las relaciones espacio-temporales. Este capítulo tiene un objetivo diferente. En él, voy a servirme del dominio de las notaciones para investigar las restricciones que los niños imponen a los distintos sistemas gráficos. También haré uso del desarrollo de la competencia gráfica para explorar el cambio (tanto micro como macrogenético) en las representaciones internas de la mente humana [1].

¿Implica la precedencia temporal derivación?

Según los datos arqueológicos actuales, los sistemas de escritura modernos tienen 5.000 años. Probablemente, la notación de cantidades data incluso de mucho antes. El dibujo, el grabado y la pintura preceden en el tiempo a los sistemas anteriores; sin embargo, que precedan no quiere decir necesariamente, ni desde el punto de vista histórico ni ontogenético, que deriven de ellos (Karmiloff-Smith, 1990b; Tolchinsky-Landsmann y Karmiloff-Smith, 1992). De hecho, hasta el precursor más simple de la escritura incluía algunos signos no pictóricos. Y actualmente está generalmente aceptado que los sistemas del lenguaje escrito y los números no son simples extensiones del dibujo (Schmandt-Bessarat, 1977, 1978, 1981).

Podemos establecer una analogía con los lenguajes humanos de signos. Debido a que se realizan en una modalidad viso-manual, algunos de estos signos sí tienen componentes icónicos; es decir, guardan algún parecido con la realidad que codifican. En muchos lenguajes signados el signo del verbo «beber», desde el punto de vista de una persona que no use signos, parece una imitación del acto de beber. Pero este signo llega a hacerse muy esquemático en la comunicación ágil y pierde buena parte de su iconicidad. No obstante, su origen etimológico es icónico. Sin embargo, la sintaxis de los lenguajes de signos y una buena proporción del léxico signado no guarda ningún parecido con su significado o con las relaciones que codifica, sean cuales sean. Son completamente arbitrarios y abstractos, lo mismo que los lenguajes hablados (Klima y Bellugi, 1979). Igual pasa con el desarrollo histórico de la escritura; aunque algunos de los primeros signos mantuviesen una analogía con lo que representaban, muchos de los signos primitivos eran notaciones arbitrarias y abstractas. Pero, ¿qué ocurre en la ontogénesis? Dado que el dibujo precede a la escritura en el desarrollo del niño, ¿habría que concluir que la escritura deriva del dibujo? ¿Son el dibujo y la escritura simplemente parte del desarrollo general de las notaciones?

La notación desde la perspectiva de dominio general

La postura piagetiana sobre el dibujo y la escritura es que, tanto uno como otra, tienen sus raíces en una función semiótica común y se desarrollan a partir de ella, al culminar el periodo sensoriomotor. No es necesario que volvamos a insistir aquí en los argumentos presentados en los capítulos anteriores según los cuales no es cierto que la primera infancia sea un periodo completamente no simbólico (Mandler, 1988). El niño pequeño parece disponer de la capacidad de representación simbólica, la cual no emergería, por tanto, exclusivamente al final del denominado periodo sensoriomotor. Sin embargo, el dibujo y la escritura se desarrollan *después* de la primera infancia. De modo que aquí tenemos un caso en el que podría defenderse la existencia de un desarrollo de dominio general por el cual llegarían a aparecer dichas competencias. De hecho, Ferreiro (1982) y Ferreiro y Teberosky (1979) han preferido el marco piagetiano de dominio general para investigar la «lectura» y la «escritura» del niño prealfabetizado.

Trabajando con niños de habla española y francesa, Ferreiro ideó una serie de tareas para intentar averiguar cuál podría ser la hipótesis que los niños prealfabetizados tienen con respecto a las formas escritas. Esta autora les pedía a niños que todavía no sabían leer que adivinasen, por ejemplo, lo que estaba escrito en una página, cuál entre dos palabras iba mejor con un dibujo, etc., y encontró que, al principio, los niños prealfabetizados esperan que el texto escrito sea más o menos un fiel reflejo del dibujo que hay en la misma página. Por tanto, si hay un dibujo de un perro, los niños esperan que cualquier escrito que aparezca debajo del dibujo diga «perro» y no «gato». Cuando se les daban a elegir dos secuencias escritas y dos dibujos, uno de una mariposa pequeñita y el otro de un perro, estos niños pequeños emparejaban la secuencia de letras más corta con la mariposa (porque era pequeña) y la palabra mayor con el perro (porque era más grande). Esa misma secuencia podía ponerse debajo de otro dibujo de un elefante y, entonces, se consideraba que decía «elefante» (ver también Bialystok, 1992).

Ferreiro y Teberosky sostienen que los niños pequeños confunden en un principio el dibujo con la escritura y que ambos tienen sus raíces en lo que Piaget denomina la «función semiótica». Esta postura de dominio general se contrapone a la perspectiva de dominio específico que vamos a ver ahora mismo. En este capítulo la expresión «dominio específico» adoptará una connotación ligeramente distinta. Por una parte, la voy a usar para distinguir el dominio de las notaciones de otros dominios tales como el lenguaje o la física. Por otra parte, la usaré para referirme al desarrollo independiente de cada microdominio (el dibujo, la escritura o la notación numérica), dado que la expresión «de microdominio específico» resultaría demasiado enrevesada. El enfoque de dominio específico de la capacidad de hacer notaciones postula que cada sistema simbólico sigue su propio camino evolutivo.

Un enfoque de dominio específico de la notación

En los capítulos anteriores nos ocupábamos primero de las restricciones innatas en un dominio dado y, después, explorábamos el cambio representacional subsiguiente. En este capítulo tenemos relativamente poco que decir sobre la primera infancia, ya que el dominio de las notaciones ha llamado poco la atención, por ahora, a los investigadores de dicho periodo evolutivo. Pero, dado nuestro interés por la arquitectura funcional de la mente humana en el momento del nacimiento y por los efectos de las restricciones tempranas sobre el aprendizaje posterior, me parece esencial determinar si las diferencias que existen entre los sistemas no icónicos de escritura y numeración y el sistema icónico del dibujo reflejan de algún modo determinadas restricciones perceptivas, como la diferenciación de formas de elementos y líneas. Por consiguiente, aun en ausencia de un cuerpo de datos sustancial, la investigación que estoy llevando a cabo junto con Slater y Tolchinsky-Landsmann sobre la sensibilidad de los niños pequeños a los distintos sistemas de notación merece una breve mención, ya que pone el dedo en las cuestiones que considero importantes.

Consideremos, como hipótesis de trabajo, que la perspectiva de dominio específico es válida con respecto a las primeras diferenciaciones de los sistemas de notación en los niños. Sabemos, por los trabajos de Gibson (1970), Slater (1990), Slater y Morison (1991) y muchos otros, que la percepción visual (la discriminación de la orientación, la percepción de la forma, la constancia del tamaño, etc.) se encuentra bastante organizada en el momento del nacimiento. Sabemos también que, en las culturas occidentales, el entorno del niño pequeño se encuentra impregnado de entradas informativas de carácter notacional. ¿Atienden los niños pequeños a todas las estimulaciones notacionales de la misma manera, o son sensibles a las diferencias entre los distintos sistemas? En el capítulo 4 señalé que los niños preescolares aplican un conjunto de principios a los nombres de los números y otro conjunto, bastante distinto, a las etiquetas dadas a los objetos. Hay razones para suponer que los bebés podrían distinguir entre estos dos dominios también en el procesamiento visual, en función de otras restricciones.

En colaboración con Slater y Tolchinsky-Landsmann, estoy realizando una serie de experimentos para determinar si los bebés son sensibles, por una parte, a las diferencias entre los sistemas alfabético y numérico, y, por otra, a las diferencias entre estos sistemas y dibujos de líneas. En el estudio piloto, utilizamos los paradigmas de habituación que se describieron en el capítulo 1. En él se les presentan a niños de 10 a 18 meses una serie de letras solas o una secuencia de letras (palabras) hasta que llegan al criterio de habituación. Después se les mide la recuperación de la atención ante números y/o dibujos de líneas. Nuestra predicción es que los niños de 10 meses discriminarán entre los dibujos y los otros dos sistemas y, posteriormente, durante la primera infancia, entre las notaciones numéricas y las alfabéticas.

¡No cabe duda de que la investigación de la primera infancia a este respecto se encuentra todavía en su infancia! Pero nuestra intención es llevar a cabo experimentos de comparación transcultural (usando ambientes culturales en los que los sistemas de notación están mucho menos generalizados que en nuestra propia cultura) y de comparación entre distintas lenguas (comparando distintos sistemas numéricos, como el árabe y el romano, y distintos sistemas ortográficos, como el inglés, el hebreo y el chino). Como dije en el capítulo 2, los niños distinguen desde el momento del nacimiento las lenguas humanas de otras estimulaciones auditivas, y a los cuatro días entre la lengua materna y otras lenguas. Es posible que haya desarrollos similares, aunque considerablemente posteriores dentro de la primera infancia, con respecto a los sistemas escritos. En otras palabras, puede que los niños establezcan en principio una distinción perceptiva entre el conjunto de los sistemas escritos y el dibujo, y que, posteriormente, distingan el sistema de escritura de su propio entorno de los sistemas de escritura de otras culturas. Por supuesto, no quiero decir con esto que existan predisposiciones innatas para diferenciar específicamente las notaciones numéricas y alfabéticas de los dibujos. Lo que sugiero es que hace 5.000 ó 6.000 años la cultura se aprovechó de algunas distinciones perceptivas muy notorias a las que las restricciones biológicas dadas en la especie humana eran ya sensibles. Puede ser también que la estructura del proceso actual de escritura tenga una frecuencia espacial o periodicidad particulares (es decir, que la escritura pueda definirse por su longitud de onda y, por consiguiente, pueda distinguirse claramente del dibujo). Estas diferencias perceptivas podrían hacer que el niño fuese sensible a los distintos tipos de estimulaciones notacionales y los almacenase en formatos pertinentes para cada microdominio.

La competencia notacional de los niños antes de la adquisición de los sistemas alfanuméricos

Como estamos todavía muy lejos de contar con resultados completos de estudios sobre la primera infancia, aún sigue abierta la cuestión de si los distintos sistemas de notación se procesan al principio como un único dominio y sólo posteriormente se diferencian en escritura, numeración y dibujo, o si, por el contrario, se procesan de manera específica en cada dominio desde el principio. Tengo la sospecha de que los datos indicarán lo segundo. Sin embargo, lo que sí está claro ya, a partir de las producciones espontáneas de los niños preescolares antes de su acceso a los sistemas alfanuméricos, es que no procesan los sistemas de notaciones mediante un procedimiento de dominio general. De hecho, los niños prealfabetizados distinguen entre el dibujo y la escritura, a pesar de que sus «dibujos» no sean más que garabatos circulares; y su «escritura», líneas horizontales titubeantes. Sin embargo, ellos se mantienene firmes en su distinción: «Esto es un perro» (un garabato circular, irreconocible para cualquiera que no sea el artista en ciernes) «y eso dice "Fido"» (un garabato, igual de irreconocible, pero que es una línea horizontal). En un experimento hecho con niños preescolares nos hemos ocupado de este aspecto (Karmiloff-Smith, 1990b; Tolchinsky-Landsmann y Karmiloff-Smith, 1992); en él se les pedía a niños prealfabetizados, y que tampoco dominaban el dibujo, que «dibujasen» un perro y que «escribiesen» su nombre. Cuando los niños protestaban diciendo que no sabían ni dibujar ni escribir, se insistía en que hiciesen como si supieran. En la figura 6.1 se muestran las producciones de dos niños en las que las diferencias entre el supuesto dibujo y la supuesta escritura quedan claramente establecidas. Más aún, las cintas de vídeo gra-

FIGURA 6.1. *Los dibujos (arriba) y los escritos (abajo) de un «perro» hechos por dos niños preescolares.*

badas muestran que los niños prealfabetizados levantaban la pluma mucho más frecuentemente cuando hacían que escribían que cuando hacían que estaban dibujando [2]. El niño emprende los procesos de la escritura y el dibujo de manera diferente, a pesar de que los productos finales a veces resulten muy parecidos. Es imprescindible, por consiguiente, distinguir entre el producto y el proceso, ya que los productos gráficos de los niños preescolares a veces le pueden parecer al observador productos de dominio general, mientras que sus intenciones gráficas y sus movimientos manuales ponen de manifiesto que se ha establecido una clara distinción entre los dos sistemas.

En comparación con la escasez de datos sobre la percepción que tienen los bebés de los diferentes sistemas de notación, la investigación con niños más allá de la primera infancia, pero antes de la escolarización formal, ha sido muy activa (Ferreiro, 1982; Tolchinsky-Landsmann, 1986; Tolchinsky-Landsmann y Levin, 1985, 1987; Hughes, 1986; Sinclair *et al.*, 1983). La mayoría de estos estudios se ha concentrado en un solo dominio gráfico y llegan a la conclusión de que, al principio, los niños confunden los sistemas notacionales con el dibujo. Tolchinsky-Landsmann y yo misma hemos adoptado una postura diferente. En primer lugar, nuestro foco de atención se centra en la comparación entre los distintos dominios de notación. En segundo lugar, nosotras establecemos una diferencia entre las notaciones consideradas como herramientas de comunicación referencial, tal y como se han estudiado en las investigaciones citadas más arriba, y las notaciones consideradas como dominios de conocimiento, dentro de los cuales cada dominio gráfico constituye un espacio formal de problemas para los niños. ¿Imponen los niños pequeños diferentes restricciones al lenguaje escrito y a la notación numérica como dominios de conocimiento?

Tolchinsky-Landsmann y yo presentamos una serie de tarjetas a unos niños para que las clasificasen distinguiendo entre las que eran «buenas para leerse» y las que no lo eran. Utilizamos un conjunto similar de tarjetas para otra tarea sobre la notación numérica. En las tarjetas aparecían palabras reales, secuencias de letras idénticas o diferentes, letras sueltas, números sueltos, combinaciones de letras y números, combinaciones de letras y dibujos, etc. La conducta de clasificación que mostraron los niños hizo posible determinar cuáles eran sus ideas sobre cada sistema notacional.

Descubrimos que, mucho antes de que sean capaces de leer y escribir, los niños pequeños se rigen por unas cuantas restricciones que gobiernan lo que aceptan como miembro legítimo del sistema de lenguaje escrito, y un conjunto distinto de restricciones para el sistema numérico (Tolchinsky-Landsmann y Karmiloff-Smith, 1992). Estas restricciones, implícitas en la conducta de clasificación, muestran que los niños no confunden el dibujo con la notación, y que establecen claras distinciones entre los dos dominios notacionales. Por tanto, los dibujos, al igual que las tarjetas con combinaciones de los dos sistemas, se descartan tanto como ejemplos de lenguaje escrito como de notación numérica. Los elementos sueltos se aceptan como números, pero se rechazan como escritura. Igualmente, la repetición de elementos idénticos se acepta como número, pero no como escritura. Por el contrario, las uniones entre elementos se aceptan como escritura, pero no como notaciones numéricas. Por último, los niños imponen una limitación de amplitud en cuanto al número de elementos que pueden formar una secuencia escrita (entre tres y nueve elementos), restricción que no mantienen en el caso de la notación numérica.

En otras palabras, ya desde los cuatro años los niños *no* confunden la escritura con la notación numérica o con el dibujo, sino que establecen restricciones distintas para cada sistema. ¿Dichas restricciones están simplemente implícitas en las representaciones en que se apoya la conducta de clasificación de los niños, o se representan explícitamente y, por consiguiente, se encuentran a disposición de la manipulación voluntaria?

El modelo RR y las primeras destrezas gráficas

Después de las tareas de clasificación, usamos una técnica diseñada para un estudio sobre el dibujo (Karmiloff-Smith, 1990a). Primero les pedíamos a unos niños de 4 a 6 años que escribiesen una palabra, una letra y un número. Después, les pedíamos que «escribiesen una palabra que no existiera» («una palabra imaginaria» o «una palabra de otro planeta»; pretendíamos transmitir a los niños la idea de que queríamos que violaran las restricciones de la escritura normal) [3]. De igual modo, les pedíamos también que hiciesen una letra y un número que no existiera.

Con esta técnica conseguimos diferenciar distintos niveles en el grado de explicitación de las representaciones de los niños. Algunos niños de cuatro años simplemente reproducían sus esfuerzos normales por hacer notaciones. No podían todavía manipular voluntariamente los procedimientos que empleaban para clasificar. Sus representaciones eran todavía de nivel I. Sin embargo, unos pocos niños de cuatro años y la mayoría de los de cinco y seis años eran capaces de saltarse ciertas restricciones sobre la escritura y la notación numérica. Las representaciones en que se basaba su conducta clasificadora ya se habían redescrito en el formato E1. Para hacer una palabra o una letra no existente, los niños de cuatro y cinco años producían dibujos o sistemas mixtos, o secuencias de letras idénticas (véase figura 6.2). Los niños de seis años, que sabían usar ya el sistema convencional de escritura, proponían palabras que eran impronunciables (como el último ejemplo de la figura 6.2). Para hacer un número que no existiera, los sujetos más pequeños volvían a proponer dibujos o combinaciones de sistemas (véase figura 6.3). En contraste con el caso de la escritura, no proponían una secuencia de números idénticos, porque eso constituye una secuencia de números legítima. Los niños mayores (como en el último ejemplo de la figura 6.3) tenían tendencia a producir números extraordinariamente largos («demasiado largos para que puedan existir») o números con una gran proporción de ceros.

Por lo general, esta serie de estudios sugiere que, por muy limitado que sea el conocimiento de los niños pequeños sobre la escritura y los números, éstos desarrollan una sensibilidad espontánea hacia las *distintas* características de sus entornos gráficos antes de la escolarización formal. En

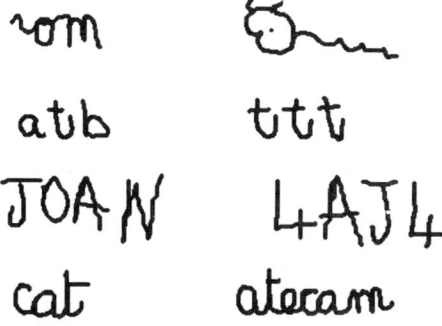

FIGURA 6.2. *Producciones de no-letras y no-palabras hechas por niños. Columna de la izquierda: palabras normales. Columna de la derecha: palabras que no existen.*

182 Más allá de la modularidad

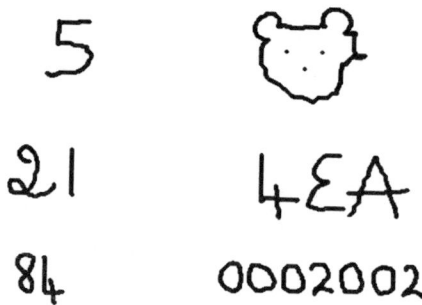

FIGURA 6.3. *Producciones hechas por los niños de no-números. Columna de la izquierda: números normales. Columna de la derecha: números que no existen.*

otras palabras, hacen algo más que responder al entorno gráfico de una manera global, de dominio general. Este hecho se puso de manifiesto mediante la conducta de clasificación, que mostraba claras distinciones entre la escritura, el dibujo y la notación numérica. En un principio, el conocimiento se encuentra representado únicamente en un formato de nivel I, pero nuestros experimentos posteriores demuestran que, con el desarrollo, los niños pueden saltarse los criterios a los que obedecían sus primeras actividades de clasificación. Dichas violaciones deliberadas (que nos recuerdan mucho el juego de ficción, tratado en el capítulo 5) requieren representaciones definidas de manera explícita (es decir, por lo menos, del nivel E1).

Biología frente a cultura: la paradoja de los sistemas de notación

Permítanme que empiece por hacer un resumen de lo dicho hasta este momento. Puede ser que, después de una cierta cantidad de contacto con el entorno gráfico en general, los niños de 10 a 18 meses sean sensibles a las diferencias entre los diversos sistemas de notaciones. Esto es cierto, desde luego, en el caso de los niños preescolares, quienes realizan distintos movimientos manuales cuando hacen que están escribiendo que cuando hacen que están dibujando, a pesar de que, a veces, los productos de sus intentos sean casi indistinguibles. Los niños preescolares clasifican el lenguaje escrito, los números escritos y el dibujo de acuerdo con las distintas restricciones de cada sistema. Los niños un poco mayores son capaces de saltarse voluntariamente las restricciones normales que tienen estos sistemas cuando se les pide que escriban palabras y números no existentes. El desarrollo en el dominio de las notaciones parece implicar algunas constantes específicas para cada sistema.

Pero el hecho de defender que estos sistemas son de dominio específico nos lleva a una paradoja. En el caso del lenguaje, tiene sentido adoptar la postura de que hay restricciones que orientan la sensibilidad del niño hacia las entradas informativas adecuadas para el lenguaje *hablado*. Como vimos en el capítulo 2, los niños pequeños son sensibles a las diferencias entre una entrada auditiva lingüística y otra no lingüística, y entre entradas informativas de la lengua materna y de otras lenguas; y vimos también que son sensibles a las diferencias en el orden de las palabras, los perfiles de entonación, la estructura de las frases, y las estructuras subcategoriales de los distintos tipos de verbos y de estructuras argumentales. A juicio de muchos autores, estas sensibilidades tan tempranas indican que hay ciertas restricciones innatas para el lenguaje. Ahora bien, hicieron falta cientos de miles de años de evolución para que el lenguaje llegase a estar configurado biológicamente, mientras que el uso de herramientas culturales para la escritura data solamente de hace 5.000 ó 6.000 años. La mayoría de los investigadores considera que esto es una minucia en la escala temporal de la evolución. Por consiguiente, es imposible recurrir a una predisposición codificada de manera innata para la escritura [4]. No obstante, de la misma manera que el lenguaje puede verse selectivamente alterado (por ejemplo, en los casos de adultos con lesión cerebral) o puede quedarse selectivamente intacto (recordemos el caso de los niños con síndrome de Williams, del que hablamos en el capítulo 2), también la escritura y el dibujo pueden verse selectivamente alterados o quedar intactos. Se conocen varios casos de hiperléxicos (Cossu y Marshall, 1986) (niños con un retraso mental severo que leen rápida y correctamente, pero sin entender nada), de dibujantes que son *idiot-savants* (Selfe, 1985) y de hipergráficos. Además, la escritura y el dibujo se procesan en distintos hemisferios cerebrales. Marshall defiende la existencia de un módulo para la escritura, un módulo para la lectura..., etc., y sugiere que existirían restricciones biológicas predeterminadas para cada sistema. Mi tesis es que, si estos sistemas acaban siendo modulares en los adultos, es debido a un proceso de modularización, es decir, son producto de un proceso de aprendizaje durante la infancia.

Supongo que la distinción entre el dibujo y los demás sistemas de notación, introducida en un momento evolutivo reciente por la cultura humana, se basó en el aprovechamiento de algunas distinciones especialmente relevantes para la atención y los mecanismos de producción del ser humano, tales como la secuencialidad, la direccionalidad, la iconicidad y la no iconicidad, y la periodicidad del movimiento. Los bebés que se enfrentan a la tarea de distinguir entre distintos tipos de estimulaciones gráficas empezarían con la ventaja de prestarles atención de manera diferenciada, ya que sus mentes están estructuradas de tal modo que la secuencialidad, direccionalidad, iconicidad, periodicidad, etc., son propiedades relevantes para ellos. Este hecho les capacitaría después para almacenar ejemplos de la producción o del producto de cada sistema por separado, para emitir salidas distintas de cada uno, e ir representando gradualmente cada dominio de notación por derecho propio.

El empleo del dominio de las notaciones para explorar el modelo RR y el cambio microgenético

La investigación en el dominio de los sistemas notacionales transciende las cuestiones que surgieron en los capítulos anteriores, en los que se constataba que el cambio representacional sí tiene lugar, de hecho, a una escala macrogenética. En este apartado me voy a ocupar del cambio a nivel microgenético, es decir, el cambio que ocurre dentro de los límites de una sesión experimental.

Si, como yo defiendo, el cambio representacional es un fenómeno omnipresente en el desarrollo humano, entonces no existe ninguna razón, *a priori*, para limitarlo a la escala temporal macrogenética. Debería poderse constatar también a una escala temporal microgenética. Un experimento bastante sencillo indica que, en efecto, podría ser así. En él, se enseñaba, a unos niños de cinco a siete años, un modelo de ferrocarril compuesto por tramos de vía rectos y curvos (figura 6.4), y se les pedía que lo dibujasen. Los niños no tenían ningún problema en seguir estas instrucciones. Des-

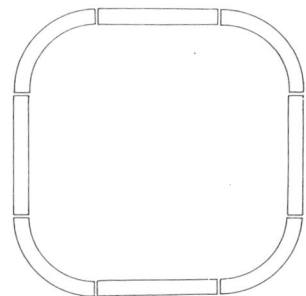

FIGURA 6.4. *Estímulos del circuito de ferrocarril* (De Karmiloff-Smith, 1979c. Reproducido con permiso de Editions de Médicine et Hygiène.)

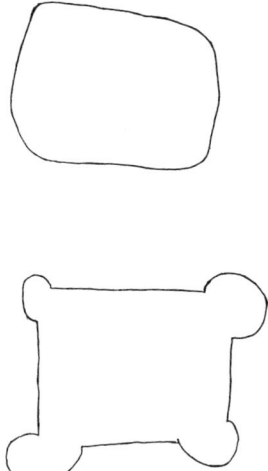

FIGURA 6.5. *Dibujos hechos por los niños de los circuitos de ferrocarril. Arriba: primer dibujo. Abajo: segundo dibujo.* (De Karmiloff-Smith. Reproducido con permiso de Editions de Médicine et Hygiène.)

pués se les decía explícitamente que construyeran un circuito igual que el original, pidiendo al experimentador los tramos de vía que necesitaran. De nuevo, esta tarea les resultó muy sencilla. A continuación, se les pedía que volviesen a dibujar el circuito original, que seguía estando presente de manera visible. Sorprendentemente, unos cuantos niños de cinco años fueron incapaces de reproducir el trazado correcto similar al de sus primeros dibujos. En vez de eso, como puede observarse en la figura 6.5, en esta ocasión los niños reproducían en sus dibujos las nuevas representaciones internas que tenían de la tarea. Los circuitos dibujados representaban por separado las partes curvas y rectas del trazado. En los primeros dibujos de los niños, los distintos componentes del trazado permanecían representados implícitamente, puesto que el objetivo era hacer un dibujo global. Pero después de que el niño hubiese tenido que pedir cada uno de los tipos de vía (es decir, después de hacerle usar un código lingüístico), los distintos elementos se representaban explícitamente. Eran estas nuevas representaciones explícitas a las que accedían los niños durante el segundo intento de dibujo, a pesar de la presencia del modelo [5]. Seguí explorando estos aspectos microgenéticos en una situación experimental más compleja.

El modelo RR postula que el cambio tiene lugar tras lograr la maestría conductual, es decir, después de alcanzar un estado sistemáticamente estable. Para investigar el cambio representacional a un nivel microgenético, necesitaba una tarea en la cual los sujetos fuesen ya competentes, pero para la que tuviesen que producir una solución innovadora. Si la sesión experimental durase lo suficiente, ¿podrían observarse cambios a nivel microgenético que fuesen indicio de una redescripción representacional? ¿Estarían dichos cambios simplemente guiados de manera exógena? ¿O seguirían una línea igual a la que siguen los cambios que se observan a escala macrogenética, cuando, pasados unos años, los niños van más allá del simple logro de sus metas? En los capítulos anteriores, hemos visto varios ejemplos de cambio macrogenético. Ahora vamos a ocuparnos del cambio microgenético.

El estudio consistía en la creación de un dispositivo externo de memoria (Karmiloff-Smith, 1979b). Sólo se sometían a prueba aquellos sujetos que ya eran plenamente competentes en la tarea notacional. Sin embargo, la tarea estaba diseñada de tal manera que los sujetos tenían que crear sobre la marcha soluciones nuevas basadas en dicha competencia. Se les enseñaba a los niños un rollo de papel de envolver de 12 metros, en el que se había trazado una ruta que iba de una casa a un hospital. Había 20 puntos de bifurcación, en los cuales uno de los caminos alternativos de la ruta llevaba a un callejón sin salida y el otro le permitía al niño seguir hacia el punto de llegada. La tarea consistía en «conducir» a un paciente en una ambulancia desde su casa, que estaba al principio del rollo de papel, hasta el hospital, a través de un tortuoso camino. A medida que el niño iba «conduciendo» la ambulancia, el experimentador iba desenrollando el rollo de papel, y enrollando la parte ya recorrida (figura 6.6). El niño no podía prever en el momento en que tenía que decidir ante cada bifurcación cuál de los caminos alternativos le llevaría al hospital, y tenía que dar marcha atrás si, una vez que se había desenrollado el papel, se encontraba en un callejón sin salida. El paciente no iba en la ambulancia durante el primer recorrido de práctica, ya que «podía desangrarse y morir». ¡A los niños les encantan estas situaciones! Durante el primer recorrido, se le permitía al niño que diese marcha atrás si, una vez desenrollado el papel, se encontraba en un callejón sin salida. Pero, dado que el paciente iría en la ambulancia durante el segundo recorrido, se insistía en que, durante la práctica del recorrido, los niños hiciesen alguna marca en un papel que pudieran usar después, para evitar los callejones sin salida en los recorridos posteriores. Se repartía papel y lápices de colores para la tarea de tomar notas. Algunas bifurcaciones estaban marcadas con índices figurativos (árboles, personas y cosas así); otras, tenían índices topográficos, como zig-zags, a lo largo de uno de los caminos de la bifurcación. Si dichos indicios se registraban mediante notaciones, se podrían usar como marcas

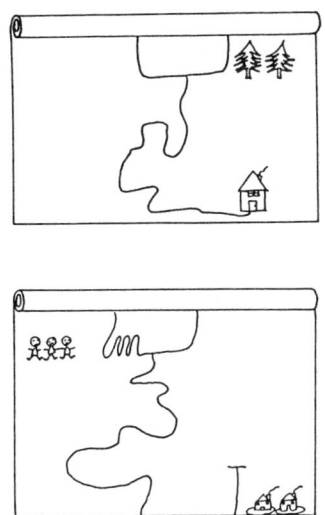

FIGURA 6.6. *Estímulos de la tarea del mapa. Arriba: estado inicial de la ruta. Abajo: estado de la ruta a mitad de camino.* (De Karmiloff-Smith, 1979b. Reproducido con permiso de Ablex Publishing Corporation.)

de referencia en la fase de decodificación. Pero algunas de las bifurcaciones no se podían identificar mediante índices topográficos o figurativos.

En resumen, el problema que los niños tenían que afrontar era crear un sistema de notación que pudiera usarse como una huella externa de memoria que les ayudase a conducir al paciente por el camino correcto en cada bifurcación. La forma o formas que dichas notaciones pudieran adoptar se dejaron totalmente abiertas a la elección de los niños. No había una respuesta que fuese la «buena». Los niños podían usar como claves índices figurativos o topográficos, marcar simplemente si ir a la derecha o a la izquierda, o inventar una solución idiosincrásica. A mí no me interesaba saber *qué* notación usarían los niños. Había elegido, con toda intención, un grupo de edades (entre siete y 12 años) en el que ya sabía, por un trabajo anterior sobre las relaciones simétricas (Piaget y Karmiloff-Smith, 1990), que los niños eran capaces de usar una variedad de sistemas útiles. El foco de mi interés se centraba en si los niños serían capaces de cambiar sus anotaciones correctas según transcurriese nuestra larga tarea.

Los resultados del estudio fueron muy ricos. Algunos niños dibujaron mapas en miniatura que reproducían todos los detalles de la ruta; los mapas de otros eran esquemáticos. Algunos usaron sistemas para indicar la derecha o la izquierda, escribiendo «torcer a la derecha» y «torcer a la izquierda», o «D» e «I». Otros dibujaban simplemente cada bifurcación por separado, sin tener en cuenta los detalles de los caminos que las rodeaban, y usaban entonces flechas, colores distintos, ensanchaban el trazo o marcaban con una cruz el lado de la horquilla que era un callejón sin salida. Algunos utilizaron notaciones lingüísticas, escribiendo instrucciones sobre referencias, como «torcer hacia los árboles», «no ir hacia al lado de la ventana» (de la sala de experimentación), y «coger el lado del zig-zag». Los detalles de estos resultados pueden encontrarse en Karmiloff-Smith, 1979b y 1984. Los ejemplos que vienen a continuación dan una idea de los cambios que tuvieron lugar *después de* que el niño hubiera desarrollado ya un sistema adecuado de notación.

En el diseño de la tarea del mapa iba incorporada la hipótesis falsable de que el cambio representacional está motivado por las restricciones internas y no únicamente por las externas. Ésta es una predicción decisiva para el modelo RR. A lo largo de todo el libro, he mantenido que los fallos provocados por factores externos no son ni la única, ni la principal motivación que propicia el cambio. Mi propuesta es que el cambio es también consecuencia de la estabilidad interna. En el experimento de la ambulancia eran posibles dos tipos de cambio: uno exógeno y otro endógeno. Echemos un vistazo a cada uno de ellos.

Imagínese que usted ha decidido escribir instrucciones que hagan referencia a los índices figurativos (p.ej., «coger el camino en el que está sentado el hombre»; «no ir por el lado del estanque»), o dibujar los índices figurativos próximos a las bifurcaciones. Si encontrase una bifurcación sin ningún índice de este tipo, se vería forzado a cambiar dicho sistema. En ese caso, su cambio se habrá producido por una causa *exógena*. Si nos interesase la capacidad que los niños tienen para hacer un uso flexible de las distintas estrategias, nuestro análisis podría centrarse en ese tipo de cambios. Al igual que en el desarrollo del lenguaje, algunos cambios se producen, en efecto, por restricciones externas, como los malentendidos o las correcciones del destinatario del mensaje. Pero, en el caso del lenguaje, vimos que había otros cambios que nada tienen que ver directamente con las presiones externas. A menudo los niños introducen cambios después de que su producción lingüística sea ya correcta. También en la tarea de los mapas, los niños generan un sistema de notaciones adecuado para todas las bifurcaciones y, sin embargo, introducen modificaciones en él a mitad de camino. En este caso, se debe pensar entonces en causas *endógenas*, ya que no se puede recurrir al fallo, o a la falta de coherencia del sistema de notación, para explicar el cambio en el comportamiento. El

FIGURA 6.7. *Parte de una típica solución a la tarea de los mapas.* (A partir de Karmiloff-Smith, 1979b.)

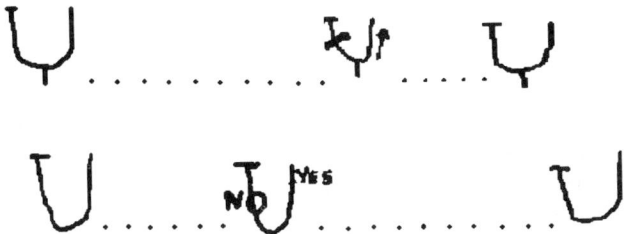

FIGURA 6.8. *Los cambios microgenéticos de dos niños en sus producciones para la tarea de mapas. De izquierda a derecha: fase inicial, una fase posterior y una fase aún más posterior en el protocolo de cada niño.* (Según Karmiloff-Smith, 1979b.)

experimento se diseñó expresamente para permitir que se produjeran los dos tipos de cambios, pero lo que aquí nos interesa son los cambios provocados por causas endógenas.

Tomemos como ejemplo a los niños que dibujaron abstracciones, marcando simplemente cada bifurcación en una secuencia ordenada sobre la hoja, como aparece en la figura 6.7. Éste es un tipo de notación perfectamente adecuada y económica para pasar con éxito cada bifurcación a lo largo de toda la tarea. El orden de las decisiones se encuentra implícitamente codificado en esta secuencia de dibujos que hacen los niños aprovechando las líneas del cuaderno de apuntes (y a veces incluso de manera explícita, al añadir números). En este sistema de notación del niño no se incluye ninguna característica figurativa o topográfica; en consecuencia, no se le plantea ningún problema exógeno para las bifurcaciones que no posean estas características. El niño podría seguir usando el mismo sistema de notación todo el rato, ya que reproduce, exclusivamente, el aspecto esencial para tomar la decisión. Así, de la misma manera que nos preguntábamos por qué nuestro niño lingüista no se limita a seguir usando las formas correctas, sino que va más allá de la producción adecuada, también aquí, en el dominio de las notaciones, podemos hacernos la siguiente pregunta: ¿por qué los niños no se limitan simplemente a seguir su económico y adecuado método de notación?

Mientras el niño se enfrentaba a la tarea se produjeron interesantes cambios microgenéticos. Vuelva a echar un vistazo a la figura 6.7. Resulta fácil apreciar qué camino lleva al hospital y cuál a un callejón sin salida. Sin embargo, después de haber usado ese procedimiento adecuado de notación durante unas cuantas bifurcaciones, de repente los niños introducían información redundante, como se puede observar en las soluciones dadas por dos niños en la figura 6.8. Estos ejemplos ilustran diferentes representaciones superficiales, pero son muy parecidos en otro nivel de abstracción. En cada uno de los casos, el niño empezó con una serie de reproducciones de la bifurcación, solución que podría haber seguido usando durante toda la tarea. Posteriormente, sin embargo, los dos niños modificaron su económica solución gráfica durante unas cuantas bifurcaciones. Uno de ellos añadió una flecha en el camino correcto y puso una cruz en el incorrecto. El otro añadió «sí» en el camino correcto y «no» al lado del incorrecto. En estos dos casos, la información adicional era totalmente redundante, puesto que el primer sistema contenía toda la información necesaria para su posterior descodificación.

Hubo otros muchos cambios microgenéticos de este tipo introducidos en sistemas de notación que eran ya adecuados. Después de usar las notaciones nuevas y redundantes durante unas cuantas bifurcaciones, los niños volvían a la primera estrategia más económica. ¿Por qué realizan los niños estos cambios?

En primer lugar, debemos aclarar que los cambios no eran provocados de manera exógena, por presiones externas debidas a la dificultad que ofreciese una bifurcación en particular. Varios resultados demuestran que éstas no eran especialmente difíciles. Primero, cuando los niños introducían cambios, éstos no siempre tenían lugar ante la misma bifurcación. Algunas notaciones se modificaban, pongamos, en la bifurcación 7, y otras en la bifurcación 10. No obstante, no se introdujo ningún cambio durante las primeras bifurcaciones que van de la 1 a la 6. Parece como si los niños necesitasen consolidar su solución específica para la tarea antes de que se introdujera ningún cambio. Segundo, no había nada en las bifurcaciones concretas en que se producían los cambios que impidiera seguir usando el sistema de partida. Tercero, los cambios que los niños introdujeron, aunque fuesen superficialmente distintos, implicaban en todos los casos la explicitación de información que se encontraba de manera implícita en el sistema anterior. Otra razón para llevar a cabo los cambios podría haber sido que, aunque desde el punto de vista de un observador ajeno el primer sistema fuese adecuado, tal vez el niño considerase que el primer sistema era en cierto modo inadecuado. Sin embargo, esto resulta poco probable, ya que ningún niño volvió atrás para añadir información nueva sobre las notaciones de las bifurcaciones anteriores. Está claro que los niños consideraban que sus notaciones anteriores eran adecuadas para ser usadas más tarde. Si es así, ¿por qué se introducían las modificaciones redundantes?

En mi opinión, lo que pasa es que, cuando el sistema original empieza a consolidarse y automatizarse para una tarea en concreto (y en esta tarea se puede alcanzar la maestría conductual muy rápidamente, ya que los componentes de la solución se encuentran ya entre las competencias del niño), el niño pasa de la mera actividad dirigida a metas en función de los datos, a centrarse en los componentes de la representación interna. Dichos componentes se representan entonces internamente de manera explícita. Y, por fortuna para el investigador, este hecho induce a veces a que los niños hagan explícito en sus notaciones externas el cambio que ocurre en sus representaciones internas. Para referirme a dichas operaciones, he acuñado el término de «procesos metaprocedimentales». En otras palabras, los procedimientos que se usan en principio como medios para alcanzar una meta determinada se convierten después en entrada para otros metaprocesos, que los redescriben y representan la información sobre sus componentes en el formato E1. Recordemos también un proceso similar que ocurría en los dibujos posteriores del circuito de ferrocarril que fueron hechos por los niños de cinco años. La idea de lo «metaprocedimental» no implica ni atención consciente, ni conocimiento verbalmente expresable. Pero sí significa que el niño opera en un nivel distinto del anterior, cuya actividad estaba meramente orientada a metas. El nuevo comportamiento indica que el niño representa externa y explícitamente los componentes del conocimiento que estaban implícitos en las soluciones anteriores.

La importancia de la maestría conductual

Para poder observar el cambio microgenético en las notaciones, deben establecerse diversos criterios. En primer lugar, debemos trabajar con sujetos que ya posean la competencia notacional completa. Si Perner (cuya teoría discutimos en el capítulo anterior) tiene razón al decir que hay un cambio radical en torno a los cuatro años en la comprensión que los niños tienen de la mente como sistema de representación, entonces sería realmente imposible que los niños más pequeños entendiesen de verdad las tareas de notación. Y puede que de hecho sea así. En algunos estudios, aunque los sujetos más pequeños fuesen capaces de producir notaciones en una tarea de memoria, no solían hacer uso alguno de sus notas durante la fase de descodificación. Es como si no comprendiesen la función de las notaciones, aunque fuesen capaces de producirlas. Este caso se dio, por ejemplo, con niños de cinco años en un estudio sobre la notación musical (Cohen, 1985).

En segundo lugar, incluso en el caso de los sujetos mayores, la solución de la tarea sobre la que hay que hacer las notaciones (leer mapas o tocar un instrumento de percusión) debe estar claramente a su alcance si se quiere observar microgenéticamente el cambio endógeno de las representaciones. Por eso Bolger (1988) no encontró cambios endógenos en las notaciones de niños de ocho años mediante un diseño notacional similar, pero usando tareas de resolución de problemas más complejas; como las tareas elegidas eran difíciles para los sujetos, aunque éstos se las arreglasen para resolverlas antes de la parte del experimento que implicaba el uso de notaciones, estaba claro que no habían alcanzado la maestría conductual en la parte de resolución del problema (Bolger, 1988; Bolger y Karmiloff-Smith, 1990). Esto sugiere que, para que la notación sea eficaz, para adaptar un mensaje notacional a otra persona (Li y Karmiloff-Smith, 1990a y 1990b) y para que tenga lugar el subsiguiente cambio representacional, la maestría conductual en la resolución de problemas es un prerrequisito. Esta situación es paralela a la que Shatz (1983) ha mostrado que prevalece en el lenguaje hablado. Sólo después de que los niños hayan alcanzado la maestría conductual en ciertos aspectos del lenguaje, pueden adaptar dichos aspectos a las necesidades comunicativas de los distintos destinatarios.

Restricciones sobre la redescripción representacional

Hemos visto que el cambio representacional ocurre tanto a escala macro como microgenética. Parece verosímil que la redescripción representacional forme parte del desarrollo humano. Sin embargo quedan por contestar algunas preguntas importantes. ¿Por qué el cambio representacional necesita tiempo para ocurrir? ¿Cuáles son las restricciones que actúan sobre el cambio representacional, es decir, sobre la capacidad que tiene el niño de operar sobre los componentes del conocimiento insertos en los primeros procedimientos de funcionamiento eficiente? ¿De qué manera puede diseñar el investigador estudios empíricos que puedan servir para abordar estas cuestiones? ¿Y de qué manera nos puede ayudar el adoptar una postura de desarrollo a precisar más sutilmente las restricciones que afectan al cambio representacional en general? Vamos a ver un estudio en el que yo misma he tratado de abordar el modelo RR en mayor profundidad.

Cuando el conocimiento inserto en los procedimientos se pone a disposición de otras partes del sistema cognitivo en forma de una estructura de datos en formato E1, existen lógicamente muchos formatos en los que dicho conocimiento podría representarse. Podrían ser totalmente flexibles de manera inmediata, o podrían conservar una cierta rigidez. Yo misma me puse a investigar el estado de las primeras redescripciones para ver si, en su primer nivel de redescripción, la nueva representación queda especificada como una lista relativamente fija, encarnando parcialmente alguna restricción inherente al nivel de los procedimientos. Si fuese así, esto restringiría la flexibilidad interrepresentacional. Más adelante en el proceso de desarrollo, mediante más redescripción, dichas restricciones secuenciales podrían irse relajando cada vez más, dando lugar a una representación interna específicamente codificada como un conjunto estructurado, pero ordenado ya de manera flexible, de características susceptibles de ser manipuladas.

La cuestión de las restricciones que operan sobre la redescripción representacional se estudió mediante un experimento de dibujar en el que participaron niños entre los cinco y los 11 años. De acuerdo con la estrategia de investigación que se ha descrito a lo largo de todo el libro, elegí una edad mínima en la cual los niños fuesen ya capaces de hacer dibujos de casas y hombres. A esta edad, también tienen un conocimiento conceptual adecuado sobre los objetos que tenían que dibujar. Dicho de otra manera, todos los sujetos habían llegado ya al nivel de maestría conductual en los procedimientos de dibujo elegidos.

Se pedía a los sujetos que dibujasen una casa y, a continuación, después de que se hubiera retirado el dibujo, se les pedía que dibujasen «una casa que no exista». Se utilizó el mismo procedimiento con los dibujos de un hombre. Recordemos un experimento muy parecido, que se ha tratado anteriormente en este capítulo, sobre «escrituras que no existen». En aquel estudio, lo fundamental era comprobar los límites principales que los niños establecían entre el dibujo, la escritura y los números, mediante el análisis de la manera en que podían violar dichos límites. La lógica que subyace al diseño experimental de la tarea de dibujo que ahora nos ocupa no se centraba en el contenido de los dibujos en sí mismo, sino que intentaba concretar las restricciones generales que afectan al cambio representacional.

Durante la infancia, los niños construyen procedimientos para dibujar una casa y un hombre. Este periodo bien puede implicar un proceso de desarrollo laborioso, pero alrededor de los cuatro o cinco años, los niños pueden ejecutar estos procedimientos de manera eficiente y relativamente automática. Cuando se pide a los niños, por ejemplo, que dibujen una casa, lo hacen rápidamente y bien. Si se les pide que dibujen una casa que no existe, en cambio, se les obliga a que operen sobre sus representaciones internas. En la medida en que participen sujetos que no tengan dificultades en la planificación y ejecución real del dibujo mismo, el análisis de los tipos de modificaciones que los niños produzcan nos permitirá captar las facetas esenciales de las restricciones que afectan a la flexibilidad representacional.

Ya hemos visto que la maestría conductual es un prerrequisito para pasar de las representaciones codificadas en el nivel de los procedimientos al primer nivel de redescripción representacional. El estudio sobre el dibujo se centró en los sujetos que ya habían alcanzado la maestría conductual. En realidad, el análisis no se concentró en discernir si los niños pasaban o no la tarea, ya que la inmensa mayoría de los niños la pasaron. Los 54 sujetos en su totalidad produjeron dibujos adecuados de casas y hombres «existentes», y sólo cinco no dibujaron casas y hombres «no existentes». Por eso, pasar la tarea no supone ningún problema. Lo que aquí importa es si hay diferencias evolutivas no en la tasa de respuestas correctas, sino en el *tipo* de cambio que se da. Y, en caso de que existan tales diferencias, ¿nos proporcionan información sobre las restricciones que afectan al cambio representacional?

Se observaron varios tipos de cambios, como se muestra en las figuras que van de la 6.9 a la 6.14. Dichos cambios afectaban a la forma de la totalidad del dibujo, la forma y el tamaño de los elementos constituyentes, la supresión de elementos, la inclusión de elementos nuevos, los cambios en la posición y/u orientación, y la inserción de elementos de otras categorías conceptuales.

Los criterios usados para dibujar una «casa que sí existe» eran una forma rectangular, un tejado, una puerta, una ventana y, opcionalmente, una chimenea, cortinas, distinto número de ventanas, y otras características, como un tirador. Una «casa que no existe» podía tener el tejado, la puerta, una ventana o la chimenea en una posición u orientación errónea, o le podía faltar alguna característica esencial, como la puerta, o tener una forma no habitual (por ejemplo, un círculo), o una característica atípica (ojos o alas). Un «hombre que no existe» podía tener un número fuera de lo común de algunas de sus características, como dos cabezas; el hecho de añadir un sombrero no servía. Las adiciones de elementos tenían que violar de alguna manera la propiedad de ser casa o la de ser hombre, a la vez que se mantenían otros aspectos centrales para el concepto. Una casa que tuviese una segunda chimenea no era «una casa que no existe»; sin embargo, una casa con un par de ojos o con una chimenea colocada de manera absurda, sí lo era. Lo mismo ocurriría con las sustracciones. El hecho de suprimir un sombrero o un bastón en el segundo dibujo del hombre no se consideraba una violación de la propiedad de ser hombre y, por tanto, no se consideraba como un dibujo correcto de «un hombre que no existe», a diferencia de lo que ocurría si se borraban los ojos o la boca, o se añadían de más.

En la figura 6.9 se presentan algunos ejemplos de cambios hechos en la forma y/o el tamaño de los elementos, pero con el contorno global invariable. La figura 6.10 ofrece algunos ejemplos de cambios en la forma de la totalidad. La figura 6.11 sirve de ejemplo de la supresión de elementos, mientras que la figura 6.12 muestra la inclusión de algunos elementos. Los dibujos de los sujetos que cambiaban la orientación o la posición de los elementos (o de la totalidad) aparecen representados en la figura 6.13. La figura 6.14 ofrece algunos ejemplos de inclusión de elementos pertenecientes a otras categorías conceptuales.

Los resultados completos están descritos en Karmiloff-Smith (1990a). Los niños de todas las edades, desde los cinco hasta los 11 años, cambia-

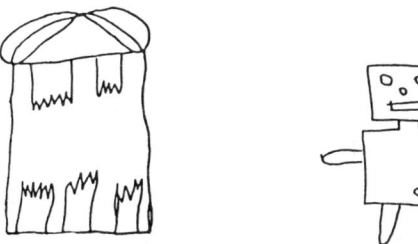

FIGURA 6.9. *Cambios en la forma de los elementos. Izquierda: niño de 4 años y 11 meses. Derecha: niño de 8 años y 6 meses.* (De Karmiloff-Smith, 1990a. Reproducido con permiso de Elsevier Science Publishers B.V.)

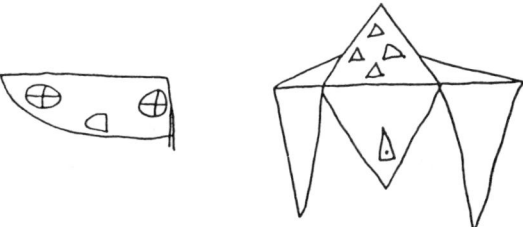

FIGURA 6.10. *Cambios en el contorno. Izquierda: niño de 4 años y 11 meses. Derecha: niño de 8 años y 6 meses.* (De Karmiloff-Smith, 1990a. Reproducido con permiso de Elsevier Science Publishers B.V.)

FIGURA 6.11. *Supresiones de elementos. Izquierda: niño de 5 años y 3 meses. Derecha: niño de 9 años.* (De Karmiloff-Smith, 1990a. Reproducido con permiso de Elsevier Science Publishers B.V.)

FIGURA 6.12. *Inserciones de elementos de la misma categoría. Izquierda: niño de 8 años y 7 meses. Derecha: niño de 9 años y 6 meses.* (De Karmiloff-Smith, 1990a. Reproducido con permiso de Elsevier Science Publishers B.V.)

FIGURA 6.13. *Cambios de posición u orientación. Izquierda: niño de 9 años y 8 meses. Derecha: niño de 10 años y 11 meses.* (De Karmiloff-Smith, 1990a. Reproducido con permiso de Elsevier Science Publishers B.V.)

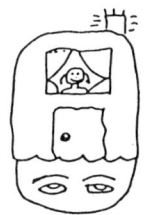 

FIGURA 6.14. *Inserción de elementos de otras categorías. Izquierda: niño de 8 años y 3 meses. Derecha: niño de 10 años y 9 meses.* (De Karmiloff-Smith, 1990a. Reproducido con permiso de Elsevier Science Publishers B.V.)

ban las formas y tamaños de los elementos o la forma de la totalidad, y borraban elementos esenciales. Sin embargo, muy pocos niños de menos de ocho años incluían elementos, o cambiaban la posición o la orientación, o hacían incursiones en otras categorías.

Se llevó a cabo un segundo experimento para verificar si el hecho de que los niños de cinco a siete años (que, por lo demás, lo hacían muy bien) no realizasen ciertos cambios se debía simplemente a una falta de inventiva (es decir, si simplemente es que no se les había ocurrido hacer inclusiones y cambios entre categorías) o si detrás de esto se encontraba una razón más profunda. Primero, sometimos a prueba a un grupo distinto de niños de cinco años mediante la misma técnica. A aquellos niños que conseguían hacer los dos dibujos, pero cuyos cambios se limitaban al tamaño, forma y supresión, se les pedía después que dibujasen «un hombre con dos cabezas» o «una casa con alas». Dicho de otra manera, se les daban de manera explícita las instrucciones para introducir los tipos de cambios típicos de las producciones espontáneas de los sujetos mayores.

Cuando nuestro primer sujeto pequeño empezó a dibujar la segunda cabeza, me vino a la cabeza el lamento de T. L. Huxley: «La gran tragedia de la ciencia: el asesinato de una bella hipótesis por un hecho horrible». Pero, afortunadamente, este primer sujeto, y todos los demás, excepto uno de los siete evaluados, se puso a dibujar, laboriosa y lentamente, dos cuerpos, dos brazos y dos piernas en cada cuerpo, etc. Y volvían a empezar otra vez, porque no estaban satisfechos con el resultado que obtenían. Tenían problemas incluso para copiar simplemente un modelo que les daba el experimentador. Por el contrario, cuando los niños de ocho a 10 años dibujaban espontáneamente un hombre con dos cabezas (interrumpiendo el orden secuencial para insertar una nueva subrutina para dibujar una segunda cabeza), dibujaban un solo cuerpo a la misma velocidad que en su procedimiento habitual de dibujar. Además, cuando a los niños de cinco años se les pedía que dibujasen «una casa con alas» (una respuesta espontánea de inserción entre categorías, típica también de las soluciones dadas por los sujetos mayores), todos realizaban rápida y correctamente la tarea.

¿Por qué los sujetos más pequeños eran capaces de dibujar una casa con alas rápidamente, pero les resultaba difícil dibujar un hombre con dos cabezas cuando se les daban instrucciones específicas durante el experimento complementario? Hay dos razones, y las dos son relevantes para el modelo RR. La primera se refiere a la flexibilidad interrepresentacional y a por qué nuestras instrucciones facilitaron más que los niños añadiesen categorías de otras representaciones. La segunda concierne a restricciones secuenciales y a por qué la casa con alas es más fácil de dibujar que el hombre con dos cabezas.

En el primer estudio, los niños mayores dibujaban espontáneamente casas con alas, caras, etc. Se estaban moviendo con flexibilidad entre las distintas categorías de representación (cosa que los sujetos más pequeños no hacen fácilmente). En el estudio complementario, el experimentador proporcionaba la referencia intercategoría para que se añadieran las alas, permitiendo así que los niños pequeños accedieran a otra categoría representacional, y las añadieran después de haber completado el procedimiento de dibujar la casa [6]. Los niños mayores eran capaces de moverse espontáneamente a través de las categorías representacionales sin necesidad de la sugerencia del experimentador.

La segunda razón tiene que ver con las restricciones secuenciales. La razón por la cual los niños dibujan una casa con alas fácilmente es que se pueden añadir las alas al final del procedimiento de dibujar una casa, tras haberlo llevado a cabo en su secuencia completa. Por el contrario, para seguir las instrucciones de dibujar un hombre con dos cabezas, el niño tiene que interrumpir la secuencia del procedimiento normal de dibujar un hombre, e insertar una subrutina. Un buen número de estudios sobre el desarrollo del dibujo ha demostrado que esto les resulta difícil a los niños pequeños. Los niños de cinco años de mi estudio pasaron también por estas dificultades, mientras que los niños mayores introducían espontáneamente subrutinas dentro de su rápido procedimiento de dibujo. Pero, una vez más, los niños más pequeños retenían su capacidad de dibujar rápidamente un hombre normal. Cuando los niños empiezan a hacer explícitas sus representaciones de nivel I, no las sobrepasan. Éstas siguen estando a disposición de ciertas metas, pero son las representaciones E1 redescritas las que se manipulan para alcanzar ciertas metas.

Las representaciones implícitas y su estatus procedimental

A lo largo de una buena parte de mi trabajo anterior y en la discusión mantenida más arriba sobre el estudio del dibujo, he defendido que las representaciones sobre las que se apoya la maestría conductual en cualquier dominio adoptaban, en principio, la forma de procedimientos. Una representación procedimental *como un todo* es un conjunto de datos para un sistema, pero las partes que componen un procedimiento se encuentran definidas de manera implícita y no están disponibles como datos para el sistema. He usado esta definición de procedimiento para investigar con más detalle las peculiaridades de la redescripción representacional, llegando a la conclusión de que las redescripciones del conocimiento procedimental llevan incorporadas, en principio, restricciones secuenciales. Llegados a este punto, voy a dejar de estar enteramente de acuerdo conmigo misma. Déjenme que les explique por qué.

En primer lugar, he estado usando la noción de procedimiento compilado de una manera mucho más laxa que en la bibliografía sobre inteligencia artificial. Técnicamente hablando, un procedimiento compilado es un procedimiento que se ha modificado pasando de un lenguaje de nivel superior a un código de nivel más bajo, por motivos de velocidad en la ejecución del procedimiento *como un todo*. Es lo equivalente a dar un nombre a algo; una vez dado, sólo se menciona el nombre y no se vuelve a tener acceso a ninguna de las partes componentes. En este sentido, una representación procedimental compilada es un todo no susceptible de ser analizado, que se computa en su totalidad, sin que se vuelva a tener acceso a sus componentes. En el estudio del dibujo, el uso que yo hacía de la noción de procedimiento pretendía captar algo parecido a esto. Me esforzaba por dar con algo así como la distinción que se hace en la inteligencia artificial clásica entre una pila ordenada y una matriz flexible, y por argumentar que el desarrollo implica el cambio repetido de representaciones del primer al segundo tipo.

Lo que sucede es que la restricción secuencial impuesta sobre el primer nivel de redescripción es, especialmente en dominios como el del dibujo, considerablemente más débil de lo que yo había predicho en un principio. Otros investigadores posteriores [7] han demostrado que los niños pequeños pueden interrumpir sus rutinas de dibujo. La cuestión es por qué. *Post factum*, ¿es el dibujo el mejor dominio para investigar la cuestión de las restricciones que afectan al cambio representacional? Parece que no. El dibujo, como todas las formas de notación *externa*, deja una huella. También lleva más tiempo realizarlas, en comparación con los pocos milisegundos en los que se produce el lenguaje hablado, la percepción, etc. Al interrumpir un dibujo que se está haciendo, queda una huella en el lugar donde se dejó el trazado, que actúa como una clave poderosa sobre dónde se ha de continuar. No obstante, sigo estando convencida de que el cambio representacional sí que presenta restricciones secuenciales de partida, sólo que puede que sea necesario buscarlas en áreas en las que no esté implicada ninguna notación externa (tales como contar, hacer música o hablar).

Pero sean o no las primeras rutinas de dibujo procedimientos compilados en el sentido técnico de la palabra, la conclusión que se puede extraer a partir del área del dibujo, al igual que en otros muchos dominios de investigación que se han explorado a lo largo del libro, es que las representaciones nuevas, si no son directamente codificadas en el código lingüístico, empiezan por estar codificadas en un formato de nivel I. En otras palabras, el conocimiento que contienen está simplemente implícito para el sistema.

RR y la relajación progresiva de las restricciones secuenciales

El hecho de que, en el nivel de los procedimientos, las habilidades se encuentren representadas de manera secuencial ha sido objeto de análisis por numerosos autores (Bruner, 1970; Dean, Scherzer y Chambaud, 1986; Fuson, Richards y Brians, 1982; Goodnow y Levine, 1973; Huttenlocher, 1967; Kosslyn, Cave, Provost y von Gierke, 1988; Lashley, 1951; Premack, 1975; Restle, 1970; Cromer, 1983; Gilliéron, 1976; Goodson y Greenfield, 1975; Greenfield, Nelson y Salzman, 1972; Greenfield y Schneider, 1977; Piaget e Inhelder, 1948). Esta larga lista de referencias demuestra que las restricciones secuenciales han sido claramente documentadas en un buen número de dominios distintos. Por ejemplo, en las tareas de seriación, al principio los niños sólo pueden añadir elementos al final de la serie; posteriormente, añaden elementos al principio de la misma, y sólo más tarde pueden introducir también elementos nuevos dentro de una serie ya ordenada. Esto es aplicable tanto a la actuación de niños preescolares en tareas simples de seriación (Greenfield *et al.*, 1972), como a la de niños mayores en tareas complejas (Gilliéron, 1976; Piaget e Inhelder, 1948). Por tanto, parece que, fuera del dominio de las notaciones opera una restricción secuencial en los distintos momentos del desarrollo y a través de una variedad de tareas. Desde mi punto de vista, las tareas de seriación son especialmente indicativas de la existencia de redescripción representacional. En consecuencia, cuando un niño preescolar puede interrumpir una rutina muy bien aprendida, y meter una taza en medio de una secuencia de tazas insertadas unas en otras, podemos concluir que las representaciones que subyacen a la rutina previa han quedado representadas ahora bajo el formato E1.

El cambio por causas exógenas y por causas endógenas

Hasta aquí mi postura ha sido que, en la notación y en otros dominios, determinados aspectos del cambio se producen por causas endógenas. Freeman (1980) ofrece una alternativa algo distinta para explicar el hecho de que los dibujos de los hombres, las casas, etc., sigan estando «guiados por una fórmula» (es decir, sigan siendo estereotipados). Según él, el dibujo es un acto no comunicativo y, por tanto, el campo de acción de la interacción social para alterar el curso del dibujo queda bastante limitado.

Aunque el dibujo no sea siempre comunicativo, es un acto intencional. Sin embargo, aunque los dibujos se modificasen mediante la retroalimentación (cosa que es dudosa), dicha retroalimentación se da sólo de manera exógena, sobre el *producto* del dibujo y no sobre el *proceso* de dibujar. Por tanto, el niño tiene que construir y cambiar de manera endógena las representaciones secuenciales. Por supuesto, Freeman lleva razón al señalar que los niños y los adultos, en circunstancias normales, continúan produciendo dibujos «formularios», si no son artistas. Pero esas representaciones producidas externamente no tienen por qué ser necesariamente informativas sobre sus potenciales capacidades internas. De acuerdo con el modelo RR, las representaciones de nivel I siguen generando los dibujos formularios, mientras que para otras tareas se necesitan otros niveles de representación explícita. El estudio que yo hice sobre el dibujo muestra que, dando las instrucciones adecuadas, hasta los niños más pequeños pueden demostrar que sus procedimientos formularios de dibujo han sufrido una redescripción representacional que les permite introducir cambios. Existe una diferencia fundamental entre el comportamiento externo de dibujar (las producciones externas formulaicas que hacen los niños y los adultos que no son artistas) y las representaciones internas (que, como sugiere mi estudio y la investigación previa, conllevan cambios evolutivos con respecto a su flexibilidad y accesibilidad). Al igual que los niños van más allá de la maestría comportamental en el lenguaje, el cambio en el dibujo se produce también por causas endógenas, y no se encuentra sólo sujeto a las influencias comunicativas externas.

Esto no supone negar que las influencias externas puedan afectar al dibujo de los niños. Recordemos que no defiendo que el cambio esté siempre provocado por causas endógenas; mi postura es más bien que a menudo lo está y que, cuando se inicia de manera exógena, no deja de implicar un cambio *interno* posterior. De hecho, los experimentos sobre dibujo en los que se ha conseguido inducir algún cambio de manera exógena (Cox, 1985; Davis, 1985; Freeman, 1985; Pemberton y Nelson, 1987; Phillips *et al.*, 1985) han puesto de manifiesto que sólo se da una modesta (si es que hay alguna) generalización de los resultados del aprendizaje del dibujo. Pemberton y Nelson (1987) enseñaron a unos niños pequeños varias habilidades para dibujar un hombre y encontraron sólo «una modesta evidencia de que se había transferido alguna generalización de las nuevas habilidades de dibujo cuando se dibujaba una casa». De igual modo, un entrenamiento en la habilidad de dibujar un cubo, que había sido un éxito, no se transfería al dibujo de una pirámide, o viceversa (Phillips *et al*, 1985). Cox (1985) consiguió entrenar a unos niños para que cambiasen del nivel de las representaciones centradas en el objeto al de las representaciones centradas en el observador, pero, como ella misma señala, «los procedimientos de entrenamiento crean simplemente una entrada nueva en el repertorio del que disponen los niños, para producir salidas gráficas específicas, dadas unas entradas de apoyo específicas». Como sostiene Freeman, cuando se usa un entrenamiento exógeno, los niños no infieren una solución general para un problema de proyección; simplemente se limitan a construir una descripción estructural independiente. En términos del modelo RR, simplemente añaden una nueva representación independientemente almacenada, que tendrá que producir una redescripción y explicitación representacional (un proceso provocado de manera endógena), antes de que pueda convertirse en una estructura de datos disponible para la generalización y usos más flexibles.

Al destacar la importancia de los procesos inducidos por causas endógenas en el cambio evolutivo, no deberíamos perder de vista el papel que tiene el ambiente. Una razón por la que hago tanto hincapié en los factores internos es que muchos investigadores del desarrollo emplean modelos de cambio cuyo motor es el fracaso o la comisión de errores. En estos modelos, todo cambio es generado por el ambiente externo. El modelo RR propone una perspectiva endógena del cambio, cuyo motor es el éxito y que se genera mediante la estabilidad y la reorganización representacional. Pero vuelvo a repetir que los factores endógenos no son los únicos responsables del cambio. La integración del innatismo y el constructivismo que he defendido a lo largo de todo el libro requiere que *tanto* las predisposiciones innatas como las influencias del ambiente sobre el desarrollo cerebral del recién nacido y el niño mayor se consideren factores fundamentales.

Capítulo 7
INNATISMO, ESPECIFICIDAD DE DOMINIO Y CONSTRUCTIVISMO PIAGETIANO

> *Apelar a influencias innatas no implica en modo alguno un compromiso con la inmutabilidad.* (Marler, 1991.)

A lo largo de los capítulos anteriores, dedicados al niño como lingüista, físico, matemático, psicólogo y grafista, han surgido reiteradamente varios temas que sugieren que el constructivismo de Piaget no es necesariamente incompatible con la existencia de predisposiciones innatas o con la especificidad de dominio del desarrollo. Todos estos temas entrañan restricciones sobre la manera en que funciona la mente en calidad de sistema que se organiza y se redescribe a sí mismo, desde la infancia y a lo largo del desarrollo.

Cuando concebí originalmente el modelo RR, no tenía ningún compromiso, ni en un sentido ni en otro, en relación con la arquitectura inicial de la mente del bebé. El modelo se concentraba en el proceso de redescripción representacional en niños mayores. Como modelo de cambio representacional, no sufriría ningún cambio aunque el desarrollo resultase estar libre de predisposiciones innatas o restricciones de dominio específico. Sin embargo, con el torrente de investigaciones sobre la primera infancia que se ha producido desde entonces, parecía importante que en este libro tomásemos postura en relación con este periodo. Además, cuanto más se sabe sobre el conocimiento de los bebés, más parece pasar al primer plano la cuestión del *estatus representacional del conocimiento del bebé*. A lo largo de los capítulos anteriores he defendido la idea de que, cuando se adquiere por vez primera, el conocimiento se almacena en el formato de nivel I (es decir, implícitamente), y que un aspecto crucial del desarrollo consiste en la redescripción de ese conocimiento para pasarlo a diferentes niveles en formatos explícitamente accesibles.

El hecho de tomar postura respecto a la primera infancia ha tenido también otras consecuencias. Ha servido para subrayar la existencia de restricciones de dominio específico sobre el desarrollo. Quiero también volver a referirme a la distinción que he establecido en el libro entre «dominio» y «módulo». Desde el punto de vista de la mente del niño, un «dominio» es el conjunto de representaciones que sostiene un área específica de conocimiento (el lenguaje, el número, la física, etc.) así como los distintos microdominios englobados en ellas. Un «módulo» es una unidad de procesamiento de información que encapsula ese conocimiento y las computaciones que se realizan con él. Considerar que el conocimiento es de dominio específico no implica necesariamente que también sea modular, ya que el almacenamiento y el procesamiento de la información puede ser de dominio específico sin estar encapsulado, preestablecido [*hardwired*], tener una arquitectura nerviosa fija, ser obligatorio, etc. Probablemente Fodor tiene razón al decir que hay módulos perceptivos, en el sentido estricto que él da al término. Pero yo he defendido la idea de que, en la medida en que la mente sea modular, lo será como consecuencia de un proceso gradual de modularización, y que buena parte del desarrollo cognitivo es de dominio específico sin ser estrictamente modular.

Por último, la integración de la primera infancia en el modelo RR ha resultado crucial en relación con el marco de referencia epistemológico más general en el que se ha planteado la discusión de este libro, es decir, el intento de reconciliar algunos aspectos del innatismo y el constructivismo de Piaget. Unas veces, quedaba claro que el punto de vista de Piaget requería el añadido de predisposiciones innatas de dominio específico; otras, el enfoque epigenético y constructivista de Piaget resultaba un complemento vital del marco innatista.

La especificidad de dominios y la teoría piagetiana

Como hemos visto a lo largo del libro, la teoría de Piaget postula la existencia de un número mínimo de procesos de dominio general en el recién nacido, sin ninguna predisposición de dominio específico. Según esta teoría, además, hay un prolongado período durante el cual sólo hay representaciones de estatus sensoriomotor. En cambio, en este libro hemos visto cómo el recién nacido y el bebé de pocos meses ya poseen o adquieren muy rápidamente principios de dominio específico que restringen la manera en que procesan distintas clases de entradas sensoriales. La existencia de sesgos atencionales de dominio específico significa que el bebé sólo procesa determinadas entradas de información, pero esto implica más que simplemente atender a los datos relevantes; significa que, *antes* de que haya habido una cantidad significativa de aprendizaje, puede producirse la selección, atención y almacenamiento coherente y de dominio específico de distintas entradas de información (Feldman y Gelman, 1987). Por consiguiente, puede decirse que, hasta cierto punto, la mente del bebé anticipa las representaciones que va a necesitar almacenar más adelante para su desarrollo posterior en dominios específicos. El bebé no se enfrenta a entradas de información caóticas y totalmente indiferenciadas como sostendría Piaget. Es posible que las investigaciones futuras nos lleven a reinterpretar los datos actuales sobre los bebés, pero estoy convencida de que seguiremos teniendo que apelar a la existencia de *algunas* predisposiciones de dominio específico innatamente guiadas que restrinjan la arquitectura de la mente infantil.

Apelar a la existencia de restricciones de dominio específico en el desarrollo no supone negar la existencia de algunos mecanismos de dominio general. Las tareas que hemos explorado en cada capítulo dejan claro que los niños pueden recurrir a procesos de inferencia complejos. El trabajo analizado en varios capítulos indica que los bebés van mucho más allá de las codificaciones sensoriomotrices y hacen uso de procesos de dominio general, tales como la redescripción representacional, para codificar la información sensorimotriz en formatos accesibles. Por consiguiente, los procesos de dominio general que sostienen la inferencia y la redescripciópn representacional operan a lo largo de todo el desarrollo y es probable que estén innatamente especificados. Pero apelar a *procesos* generales que serían iguales en dominios distintos no es lo mismo que invocar la existencia de *estadios de cambio* de dominio general.

La *función* y el *proceso* de redescripción representacional son, según mi hipótesis, de dominio general, puesto que un proceso equivalente opera de la misma forma en diferentes dominios y microdominios; pero la redescripciópn representacional se produce de forma reiterada en distintos momentos del desarrollo. Aunque el proceso sea de dominio general, la estructura de los cambios sobre los que opera está restringida de modo específico. En otras palabras, la redescripción representacional es un proceso que está influido por la forma y el nivel de explicitud de las representaciones que sostienen un microdominio particular en un momento dado, y no implica un cambio estructural generalizado *à la* Piaget.

Sin embargo, no deja de asaltarme la sensación de que también podría haber *algunos* cambios que fuesen de dominio general. Uno de esos cambios es el que parece producirse hacia los 18 meses de edad y que aparentemente afecta a varios dominios simultáneamente, sobre todo en lo que se refiere a la posibilidad de tener en mente dos representaciones al mismo tiempo y representar acontecimientos hipotéticos en general (Meltzoff, 1990; Perner, 1991), en lugar de computaciones relacionadas con la teoría de la mente en particular (Leslie, 1987). Los 18 meses son la misma edad a la que, también según Piaget, se producía un cambio en la estructura representacional que permitía la aparición del juego de ficción, el lenguaje, las imágenes mentales, etc. Lo más probable es que la manera exacta en que Piaget explicaba cómo se producía ese cambio —como culminación de un período puramente sensoriomotor— sea errónea, pero la convicción de que a los 18 meses ocurre algo fundamental podría estar bien fundada.

La otra edad a la que podría producirse un cambio transversal de dominio general son los cuatro años. Esta edad no corresponde a ningún cambio de estadio en la teoría piagetiana, pero ha resultado ser un momento en el que parecen producirse cambios fundamentales que afectan a varios dominios distintos. Es más, esta edad también parece marcar más o menos el momento en que el niño humano empieza a diferir radicalmente del chimpancé. En palabras de Premack (1991, p. 164): «Una buena regla práctica es la siguiente: si el niño de tres años y medio no puede hacerlo, el chimpancé tampoco puede».

Probablemente, la explicación que da Piaget de estos cambios recurriendo a una modificación generalizada de la estructura lógica sea errónea. En mi opinión, la suposición más plausible en relación con cualquier cambio generalizado en el desarrollo y las diferencias entre especies es que deben de estar relacionadas con tipos específicos de desarrollo cerebral. Así, si resultase que, en efecto, hay cambios transversales o de dominio general, podríamos usarlos para diagnosticar la aparición de cambios fundamentales en el cerebro. Esta última es, por supuesto, una cuestión que aún está por resolver, pero puede que el nuevo y floreciente campo de la neurociencia cognitiva del desarrollo no tarde mucho en darnos respuestas pertinentes. Sin embargo, aunque hubiese algunos cambios generalizados, es importante recordar que sus efectos se manifestarían de modo distinto en cada dominio, puesto que tendrían que interactuar con restricciones de dominio específico. En última instancia el desarrollo no va a resultar *o* un proceso de dominio específico *o* un proceso de dominio general; es evidente que el desarrollo consiste en la interacción de *ambos*, y que es mucho más de dominio general de lo que suponen la mayoría de los enfoques innatistas/modularistas del desarrollo, pero también mucho más de dominio específico de lo que contempla la teoría piagetiana.

Especificidad de dominio y desarrollo anormal

A lo largo del libro, he aludido en distintos momentos al desarrollo anormal. Por desgracia, la naturaleza ofrece muchas veces al científico sus propios experimentos, en los que distintas capacidades pueden aparecer intactas o dañadas. Estos casos no sólo merecen ser objeto de estudio por sí mismos, sino que además pueden ayudarnos a comprender mejor el desarrollo normal y el problema de la especificidad de dominios.

En el capítulo 5 mencionaba el hecho de que los niños autistas parecen tener un desarrollo relativamente normal en toda una serie de dominios y, sin embargo, presentan serias deficiencias en su teoría de la mente. Incluso sujetos autistas que tienen un CI relativamente elevado son incapaces de hacer tareas de creencia falsa que a los niños normales de cuatro y cinco años y a niños con síndrome de Down, cuyo CI es mucho más bajo, les resultan sencillas. No está claro si el déficit de los autistas es informativo (es decir, no son capaces de construir representaciones de los estados mentales de los demás) o se debe a una limitación de recursos (la incapacidad de tener en mente una representación del estado del mundo y marcarla cronológicamente, de manera que más adelante puedan hacerse las inferencias necesarias acerca del estado mental previo de otra persona y el estado del mundo en ese momento)[1]. Si el déficit autista fuese representacional, sería un indicio de especificidad de dominio; si fuese computacional, el que sea o no de dominio específico dependería de que demostrásemos que las computaciones dañadas en la teoría de la mente (mantenimiento de representaciones en la memoria, marcaje cronológico y comparación de diferentes representaciones, etc.) están de hecho presentes en todos los *demás* dominios de conocimiento del individuo autista[2].

Otro síndrome que puede ayudarnos a indagar en el problema de la especificidad de dominios es el síndrome de Williams (SW), cuyo perfil cognitivo es distinto del supuesto déficit único de la persona autista. Muchos sujetos aquejados de este síndrome tienen uno o dos dominios relativamente intactos (por ejemplo, el lenguaje y el reconocimiento de caras [Bellugi *et al.*, 1988; Udwin y Yule, 1991]), mientras que la mayor parte de sus capacidades cognitivas (el número, la resolución de problemas, la planificación, etc.) está gravemente dañada. Para empezar, aunque los niños y los adultos con SW suelen ser extremadamente buenos en tareas de reconocimiento de caras, son muy deficientes en otras tareas espaciales, lo cual sugiere que el reconocimiento de caras es una capacidad de dominio específico y no simplemente una parte más de las habilidades visoespaciales generales. El que este razonamiento pueda hacerse extensivo a las personas normales depende, por supuesto, de si los procesos de modularización del reconocimiento de caras en sujetos con SW son los mismos que en las personas normales.

Los individuos que sufren el síndrome de Williams son a menudo sorprendentemente buenos en la producción y la comprensión del lenguaje. Y, a pesar de que su CI suele estar en torno a 50, dan muestra incluso de poseer algo de conciencia metalingüística (Karmiloff-Smith, 1990c). Dos sujetos con SW no sólo fueron capaces de realizar a la perfección las sencillas tareas metalingüísticas parcialmente «en directo» expuestas en el capítulo 2, sino que además mostraron niveles de éxito bastante elevados en tareas metalingüísticas «en diferido». La presencia de estas capacidades metalingüísticas contrasta vivamente con su paupérrimo rendimiento en otras tareas sencillas que requieren habilidades numéricas y visoespaciales. La existencia de metaconocimiento es extremadamente rara en niños retrasados. Su existencia en individuos con SW indica que puede que algunas formas de metaconocimiento no sean de dominio tan general como se supone normalmente.

La especificidad de dominio del lenguaje o del reconocimiento de caras se ve también apoyada por las investigaciones realizadas con distintos grupos de adultos normales que han sufrido alguna lesión cerebral. Por ejemplo, los afásicos sufren graves trastornos en distintos aspectos del lenguaje, pero suelen ser capaces de realizar normalmente otras tareas cognitivas (Shallice, 1988; Tyler, 1992). Las personas aquejadas de prosopagnosia tienen graves problemas para reconocer caras (ya sean caras en general o, lo más frecuente, rostros de individuos concretos), pero no parecen tener dificultad alguna para reconocer información espacial de otro tipo (Bornstein, 1963; Farah, 1990).

Junto con los ejemplos de desarrollo anormal, los que acabamos de mencionar relativos a la neuropsicología de personas adultas apoyan la idea de que el lenguaje y el reconocimiento de caras son capacidades de dominio específico. Sin embargo, no conozco ningún caso de lesión cerebral en adultos en que se haya detectado un déficit que afecte al conjunto de computaciones relacionadas con la teoría de la mente. Sin embargo, hay casos de pacientes con lesiones en el hemisferio derecho cuya fluidez sintáctica y semántica coexiste con una peculiar ausencia de pragmática (Gardner, 1985). Estos pacientes parecen incapaces de tener en cuenta cuál es el estatus o el conocimiento previo de sus interlocutores; por ejemplo, muestran una actitud excesivamente familiar hacia perfectos desconocidos. Sería especialmente interesante comprobar la hipótesis de la especificidad de dominio de la teoría de la mente con estos pacientes. Usando las tareas de teoría de la mente desarrolladas por Perner y sus colegas (discutidas en el capítulo 5), sería posible determinar si el déficit pragmático de los pacientes está también acompañado de la imposibilidad de comprender las creencias falsas de los demás. Este resultado apoyaría la idea de que la teoría de la mente es una capacidad de dominio específico.

Aunque en la bibliografía sobre el autismo hay indicios bastante convincentes de que las computaciones relacionadas con la teoría de la mente son de dominio específico, todavía no se ha descartado que haya una aportación sustancial por parte de procesos de dominio general. A favor de esta última posibilidad está el hecho de que los niños con síndrome de Down o síndrome de Williams, que pasan las mismas tareas de teoría de la mente que los niños normales de cuatro años, fallan, sin embargo, en tareas de teoría de la mente más complicadas que requieren la inteligencia de un niño normal de entre siete y nueve años. En cambio, en el dominio del lenguaje, los sujetos con SW pueden usar una sintaxis compleja que no aparece en el habla normal antes de los siete-nueve años. Por consiguiente, puede que la teoría de la mente requiera más una aportación de procesos de dominio general que del lenguaje.

Una forma de desarrollo anormal en la que sí parecen darse déficits de dominio general es el síndrome de Down. Para explorar más esta idea, Julia Grant y yo realizamos un estudio en profundidad de un caso de síndrome de Down. M. G. era un muchacho de nueve años al que pasamos reiteradamente una larga serie de tareas como las que he mencionado en los distintos capítulos de este libro. Un resultado sorprendente fue la falta de coherencia de sus resultados: en la mayoría de los microdominios, M. G. no parecía alcanzar nunca un nivel sistemático de maestría conductual. Por ejemplo, en una sesión efectuaba el dibujo de una casa que parecía hecho por un niño de seis años; y, una semana después, sus dibujos parecían más bien los de un niño de dos años; y así sucesiva e incoherentemente a lo largo de las sesiones de prueba. Además, aunque M. G. aprendió rápidamente a equilibrar los bloques tanto de peso simétrico como asimétrico de la tarea que vimos en el capítulo 3, y mostraba un inmenso placer al conseguirlo en cada sesión de prueba, parecía que cada vez tenía que volver a aprender la tarea de nuevo. En ningún momento presenciamos signo alguno de que en su conducta empezase a surgir aunque sólo fuera el comienzo de la teoría del centro geométrico. Así, aunque su actuación era bastante buena, este niño con síndrome de Down raramente alcanzaba un nivel pleno de maestría conductual, y, cuando lo conseguía, nunca iba más allá de la maestría conductual en los microdominios en que la alcanzaba. En otras palabras, no había indicio alguno de que las representaciones internas de M. G. hubiesen sufrido ninguna forma de redescripción.

Lo mismo pasaba con otro sujeto, D. H., una muchacha de 17 años aquejada de espina bífida e hidrocefalia interna. D. H. es retrasada profunda, pero tiene una producción lingüística muy fluida. A pesar de ello, su rendimiento en nuestras sencillas pruebas metalingüísticas parcialmente en directo (muy fáciles para niños normales de cuatro-cinco años) fue bastante pobre. En cuanto a la prueba metalingüística «en diferido», D. H. fue totalmente incapaz de realizarla, aunque algunos de los sujetos con síndrome de Williams, con un CI tan bajo y un lenguaje tan fluido como ella, sí fueron capaces de hacerla bien.

El caso de M. G., el niño con síndrome de Down, indica que la maestría conductual es condición necesaria para la redescripción representacional. Este niño no logró alcanzar un nivel coherente de maestría conductual en los microdominios en que le sometimos a examen. Pero el caso de D. H. indica que, aunque puede que la maestría conductual sea una condición necesaria para la redescripción representacional, no es una condición suficiente. A pesar del elevado nivel de fluidez de su lenguaje, D. H. no logró resolver ninguna de las tareas que empleamos para medir los primeros signos de redescripción representacional.

Cualquiera que sea el mecanismo al que apelemos para explicar el proceso general de redescripción representacional, parece que puede faltar o presentar deficiencias en muchos individuos retrasados. En cambio, algunos individuos con síndrome de Williams, cuyo CI no es mayor de 60, no sólo llegan al primer nivel de redescripción (alcanzan la máxima puntuación en nuestra tarea parcialmente en directo), sino que además demuestran poseer algunas capacidades metalingüísticas (Karmiloff-Smith, 1990c; Karmiloff-Smith, Bellugi, Klima y Grant, 1991), lo cual es coherente con la hipótesis de que ha habido redescripción en niveles superiores. Este hecho indica que la posesión de un nivel de inteligencia general normal no es un requisito necesario para que el proceso de redescripción representacional se produzca en un dominio *particular*. Las capacidades metalingüísticas de los individuos aquejados de síndrome de Williams indican que pueden producirse procesos metacognitivos circunscritos a dominios específicos si toda la capacidad mental se encuentra exclusivamente centrada en uno o dos dominios.

Por consiguiente, en general la realización en profundidad de estudios neuropsicológicos sobre el desarrollo normal debería ayudarnos a generar hipótesis más precisas sobre la cuestión de en qué medida el desarrollo normal es de dominio general y en qué medida es de dominio específico.

¿Qué queda de la teoría de Piaget?

Puesto que no he dejado de defender argumentos contrarios a la existencia de estadios y favorables a la especificidad de dominio del desarrollo, puede que el lector se pregunte qué es lo que, en mi opinión, podría salvarse de la teoría de Piaget, si es que puede salvarse algo. Para abordar esta cuestión, es preciso que retorne a un nivel de discusión epistemológica más general.

La concepción piagetiana del desarrollo está enraizada en una actitud epigenética y constructivista en la que tanto la mente como el ambiente desempeñan papeles esenciales en todo momento. En cambio, la postura innatista carga el peso principal de la explicación sobre la existencia en la mente de estructuras preestablecidas. Según los innatistas, el desarrollo sigue caminos semejantes porque todos los niños normales vienen al mundo con las mismas estructuras innatamente especificadas. El papel del ambiente se reduce al de mero factor desencadenante. Pero el hecho de que el desarrollo avance de modo similar en todos los niños normales no significa necesariamente que el desarrollo deba estar innatamente especificado en detalle, porque lo que también es cierto es que todos los niños se desarrollan en ambientes típicos de nuestra especie (Johnson y Morton, 1991). De manera que es la interacción entre restricciones innatas semejantes y restricciones ambientales semejantes la que produce trayectorias de desarrollo comunes. Además, a pesar de mis argumentos favorables a la existencia de algunas predisposiciones innatas de dominio específico, reconozco, con Piaget, que el cerebro posee inherentemente más plasticidad de lo que la postura innatista admite. El caso de los sordos congénitos, expuesto en el capítulo 2, es un ejemplo especialmente bueno de cómo un área del cerebro destinada al procesamiento auditivo puede reestructurarse para procesar información visoespacial de manera lingüísticamente relevante.

Investigaciones realizadas con otras especies también demuestran la plasticidad del cerebro. Por ejemplo, Greenough *et al.* (1987), en estudios realizados con ratas, han demostrado que el aumento y la pérdida de sinapsis cerebrales está en función de diferentes tipos de experiencia [3]. Así, cuando se la coloca en una rueda de actividad simplemente para que haga ejercicio, en la rata se produce un incremento de los capilares sanguíneos del cerebelo, pero un descenso del número de sinapsis (debido a una «poda» de las conexiones neuronales existentes, como consecuencia de la falta de otras formas de estimulación distintas del ejercicio físico). Sin embargo, cuando se coloca a la rata en un ambiente rico que la obliga a aprender cosas, se producen aumentos sustanciales de crecimiento dendrítico y conectividad sináptica [4]. Piaget habría recibido estos hallazgos con los brazos abiertos considerándolos en consonancia con los resultados de sus primeros trabajos con moluscos [5], ya que ésta es precisamente la manera en que él creía que se producía la dinámica epigenética del cambio, en contraposición a la concepción innatista del desenvolvimiento genético. La principal diferencia entre la postura de Piaget y la que yo adopto aquí es mi insistencia en que hay *algunas* predisposiciones innatamente especificadas y de dominio específico que guían la epigénesis. Los bebés llegan a la carrera del desarrollo con más ventaja de partida de lo que Piaget creía.

El constructivismo de Piaget incorpora el principio de «equilibración», basado en una noción de conflicto interno entre sistemas que se encuentran en diferentes niveles de desarrollo. En cambio, el modelo RR postula cambios en función de la eficacia y el éxito, y, de hecho, muchos de los estudios que hemos expuesto en este libro y los nuevos datos de Siegler (1989a, 1989b) demuestran que el cambio se produce después del éxito y no sólo después del fracaso. En otras palabras, los niños exploran los ambientes de dominio específico yendo más allá de la eficacia en su interacción con ellos. Esto no equivale a la noción piagetiana de «abstraction réfléchissante», que se genera sólo cuando el sistema está en desequilibrio. Según ese punto de vista, un sistema en estado de equilibrio nunca mejoraría espontáneamente ni exploraría nuevas posibilidades. Sin embargo, sabemos que pueden producirse cambios sin conflictos y que los conflictos no dan automáticamente lugar a cambios. Siempre he defendido una idea que a muchos les resulta contraintuitiva: que el cambio representacional se genera cuando alguna parte de la dinámica del sistema alcanza *estabilidad*.

Esto no significa negar la importancia de la inestabilidad, el fracaso, el conflicto y la competición como generadores de otros tipos de cambio (Bates y MacWhinney, 1987; Thelen, 1989). Merece la pena insistir sobre este punto. Puede producirse competición en directo entre distintos procesos provocando cambios conductuales. Pero la hipótesis que he desarrollado a lo largo del libro es que la competición que provoca los cambios representacionales sólo puede producirse después de que cada uno de los competidores potenciales se haya consolidado (es decir, sea estable por sí mismo). Por ejemplo, en el capítulo 3 vimos cómo los niños no tenían en cuenta contraejemplos (es decir, no daban estatus de contraejemplos a los casos que lo merecían) hasta que su teoría sobre un microdominio particular se hubiese consolidado. Pueden encontrarse ejemplos parecidos en la historia de la ciencia y en la estrategias de experimentación científica que siguen los niños (Klahr y Dunbar, 1988; Kuhn *et al.*, 1988; Kuhn y Phelps, 1982; Schauble, 1990) [6], así como en los diferentes dominios de conocimiento que hemos visto a lo largo de este libro.

En resumidas cuentas, ¿desempeña la teoría piagetiana aún algún papel en la comprensión teórica del desarrollo? A mí me parece que la respuesta es claramente afirmativa. Las teorías del desarrollo cognitivo (así como los recientes modelos conexionistas del desarrollo cognitivo [McClelland, 1991; Parisi, 1991] [7], que examinaré en el capítulo siguiente) siguen inspirándose en la *epistemología* de Piaget, es decir, en su postura general sobre el carácter rico y constructivo de la interacción entre el niño y el ambiente y su intento de comprender las propiedades emergentes. Lo que ya no resulta viable son los detalles de su descripción *psicológica* de los cambios en forma de estadios generales con estructuras lógico-matemáticas. Creo que es posible conservar la esencia de la teoría piagetiana y prescindir de los estadios y las estructuras. Sin embargo, Beilin (1985) adopta justo la postura contraria. Según él, los estadios y las estructuras son elementos fundamentales de la teoría de Piaget. Antes, mi tendencia era a estar de acuerdo con esta idea. Sin embargo, el proceso de escribir un libro le lleva a uno a reconsiderar sus posturas de forma más detenida, y ahora mismo estoy convencida de que la verdadera esencia de la teoría de Piaget reside en su epistemología, en su meta más general de llegar a comprender la epigénesis y las formas emergentes. Pero el problema de la teoría de Piaget (y, sin duda, del modelo RR) es que, en comparación, por ejemplo, con teorías expresadas en forma de modelos computacionales, resulta vaga y poco especificada. De este problema es del que me voy a ocupar en el capítulo siguiente.

Capítulo 8
LA ELABORACION DE MODELOS DEL DESARROLLO: REDESCRIPCIÓN REPRESENTACIONAL Y CONEXIONISMO

> *La principal virtud de los modelos computacionales... es inalcanzable en las formulacionales verbales tradicionales de las teorías del desarrollo.* (Klahr, 1992, p. 21.)

Uno de los objetivos de este libro es convencer a los científicos cognitivos del valor que tiene la perspectiva del desarrollo sobre el funcionamiento de la mente humana. Sin embargo, en el núcleo de buena parte de los trabajos que se realizan en la ciencia cognitiva está el uso de modelos de ordenador para comprobar teorías psicológicas. Por consiguiente, resulta esencial dedicar algún espacio al análisis de cuál es la relevancia del modelo RR para los intentos de expresar las teorías del desarrollo en forma de simulaciones por ordenador.

Enfoques «duros» y enfoques «blandos» en la construcción de modelos del desarrollo

¿Qué clase de modelo es el modelo RR? A lo largo del libro he descrito el modelo RR de forma verbal. Usando la expresión de Klahr (1992), este modelo se encontraría en el extremo «blando» de la elaboración de modelos del desarrollo cognitivo. El extremo «duro» consiste en la aplicación de las teorías en forma de programas de ordenador.

La dicotomía que Klahr establece capta una importante distinción entre el hecho de centrarse en los principios generales del desarrollo o centrarse en la especificación de mecanismos concretos. Según Klahr, el proceso mismo de simular el desarrollo en forma de programas de ordenador puede permitirnos obtener ideas sobre los mecanismos que subyacen a los cambios que se producen en el desarrollo, en tanto que las descripciones verbales siempre resultan burdamente vagas sobre los mecanismos. Estoy de acuerdo, pero no hay por qué considerar que los enfoques «blandos» y «duros» sean mutuamente excluyentes.

En mi opinión, los modelos «blandos» muchas veces permiten alcanzar una comprensión intuitiva más amplia de los principios generales del cambio, mientras que tanto los diagramas de flujo del procesamiento de información como el enfoque simbólico de la simulación por ordenador corren seriamente el riesgo de reificar en una o más cajas u operadores identificados por un nombre lo que en realidad podría ser producto de un sistema sumamente interactivo. No obstante, en el extremo «duro» de la elaboración de modelos, ha habido una serie de interesantes intentos de expresar teorías del desarrollo mediante distintas formas de procesamiento de información: por ejemplo, mediante guiones (Schank y Abelson, 1977; Nelson, 1986), modelos de dependencia o contingencia del desarrollo (Morton, 1986) o dentro del marco de sistemas de producción automodificativos (Klahr et al., 1987) [1]. Sin embargo, en este capítulo voy a tomar como ejemplo principal algunas simulaciones conexionistas recientes, ya que parecen ser las más próximas al espíritu de la epigénesis y el constructivismo. Además, abordan el problema que he planteado anteriormente en relación con las teorías de estadios al demostrar que mediante aprendizajes aditivos pueden obtenerse cambios de conducta aparentemente semejantes al paso de un estadio a otro sin necesidad de estructuras y mecanismos cualitativamente distintos (McClelland, 1989).

Aunque el enfoque conexionista ha sido objeto de fuertes críticas (Pinker y Mehler, 1988) y ha sido motejado de «retorno al asociacionismo disfrazado de alta tecnología» (Jusczyk y Bertoncini, 1988) o «remiendo del enfoque "del ruido al orden" predicado por Piaget» (Piatelli-Palmarini, 1989), un creciente número de científicos interesados en el desarrollo cognitivo ven en él un considerable potencial teórico para explicar los principios más generales de la epistemología piagetiana (Bates, 1991; McClelland, 1991; Bechtel y Abrahamsen, 1991). Por otra parte, hay una serie de rasgos del modelo RR, desarrollado de manera independiente durante los años setenta y principios de los ochenta, que curiosamente parecen coincidir con algunas características de las recientes simulaciones conexionistas.

Después de presentar algunas rasgos fundamentales de estos modelos, pasaré a examinar en qué medida las simulaciones conexionistas pueden o no captar lo que considero crucial en cualquier modelo de cambio y desarrollo. En la medida en que pueden hacerlo, el conexionismo ofrece al modelo RR un poderoso juego de herramientas «duras» procedentes de la teoría matemática de los sistemas dinámicos complejos (Van Geehrt,

1991). Y en la medida en que los modelos conexionistas no consiguen simular adecuadamente el desarrollo, el modelo RR sugiere algunas modificaciones cruciales.

Arquitectura básica de los modelos conexionistas

En contraste con la concepción de von Neumann del modelo por ordenador, según la cual los estados del ordenador se procesan como símbolos que especifican un conjunto de operaciones secuenciales, muchas redes conexionistas se basan en el procesamiento distribuido en paralelo (PDP). La primera vez que oí hablar de los modelos PDP de desarrollo, se me ocurrió que PDP debía significar «postulados sobre el desarrollo presuntuosos». Pero, a medida que mi comprensión de los modelos se ha ido haciendo más profunda [2] y a medida que las versiones del desarrollo que ofrecen han ido tomando cada vez más en cuenta los verdaderos procesos de aprendizaje de los niños, he acabado por reconocer su potencial para la ciencia cognitiva del desarrollo. Por consiguiente, he decidido cambiar el significado de la última P de «presuntuosos» a «prometedores». No voy a embarcarme en una detallada exposición del conexionismo, puesto que hay libros excelentes dedicados por completo al tema (Rumelhart y McClelland, 1986; McClelland y Rumelhart, 1986; Clark, 1989; Bechtel y Abrahamsen, 1991). Lo que voy a hacer es tomar de las simulaciones conexionistas aquellos aspectos que resultan de especial importancia para nuestra discusión del modelo RR. Pero, para empezar, necesitamos una somera descripción de la arquitectura básica.

El tipo más común de red conexionista consta de un gran número de unidades de procesamiento sencillas, cada una de las cuales adopta distintos grados de activación y envía señales excitatorias o inhibitorias a las demás unidades con las que se encuentra conectada. Las arquitecturas de estas redes constan típicamente de una capa de entrada, una o más capas de unidades ocultas, que corresponden a las representaciones internas cambiantes de la red, y una capa de salida, con una vasta red de conexiones entre las distintas capas. En general, las capas ocultas tienen menos unidades que la capa de entrada, lo cual hace que la representación de la información procedente de ésta esté comprimida. En la figura 8.1 se ilustra una red típica de tres capas.

No todas las redes conexionistas funcionan con representaciones totalmente distribuidas. Cuando se utilizan representaciones localistas, el estatus de la entrada de la red es más parecido al de símbolos en la arquitectura de von Neumann. En los sistemas totalmente distribuidos, el

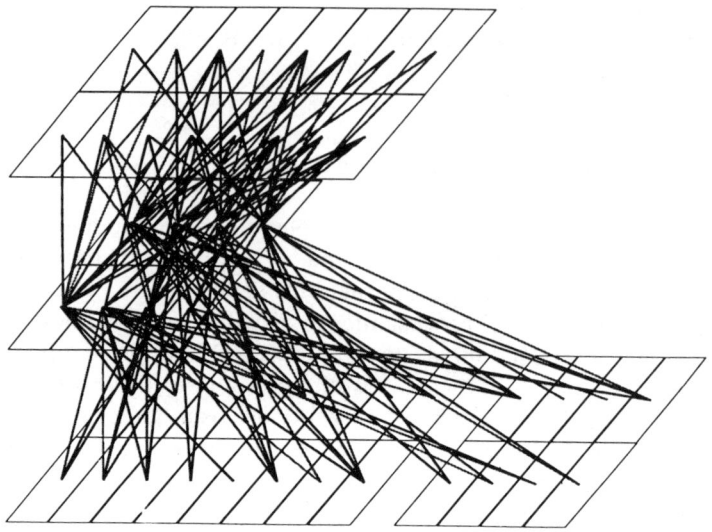

FIGURA 8.1. *Red de tres capas.*

conocimiento de la red no es una estructura de datos estática situada en unidades determinadas, como en los programas tradicionales, sino que se encuentra almacenado en la fuerza de los pesos que poseen las conexiones entre las distintas unidades mediante una sencilla transformación no lineal (p. ej., una función logística) de la entrada. El grado de activación de una unidad dada es una función continua de la entrada neta que recibe esa unidad. Normalmente los pesos iniciales de las conexiones entre distintas capas de unidades son aleatorios, y durante el proceso de aprendizaje los pesos de estas conexiones cambian constantemenmte en función del algoritmo de aprendizaje. Un algoritmo de aprendizaje que suele usarse a menudo es el de «propagación hacia atrás», que se basa en la realización de finos ajustes en las activaciones que resultan de la suma de la diferencia, elevada al cuadrado, entre los niveles de activación que constituyen la meta del sistema y los niveles de activación computados de manera proalimentativa de las salidas. Otros algoritmos de aprendizaje implican conexiones totalmente interactivas (McClelland, 1990; Movellan y McClelland, 1991). Las unidades ocultas van desarrollando representaciones a medida que el aprendizaje avanza. Finalmente, cuando el aprendizaje ha terminado, los niveles de activación y las fuerzas de conexión tienden a asentarse en un estado relativamente estable a lo largo de toda la red.

En lugar de los pasos secuenciales preestablecidos y discontinuos, típicos de los programas anteriores de inteligencia artificial, las redes conexionistas implican una dinámica de sistema masivamente paralela. Los elementos de procesamiento dan respuestas no lineales a sus entradas, y esto tiene consecuencias tanto para la representación como para el aprendizaje.

En primer lugar, las representaciones pueden ser continuas y graduadas, reflejando detalles sutiles, y, cuando sea apropiado, también pueden exhibir propiedades binarias y categoriales (Elman, 1991)[3].

La segunda consecuencia para el aprendizaje afecta directamente al corazón de la concepción piagetiana del proceso de desarrollo, es que el mismo proceso de asimilación y acomodación de información nueva opera continuamente. Sin embargo, en contraste con la concepción piagetiana de los estadios, McClelland (1989) y otros autores han mostrado cómo las redes exhiben transiciones aparentemente semejantes a cambios de estadio, pero no como consecuencia de cambios discontinuos de estructura o algoritmo de aprendizaje, sino como resultado simplemente de un lento proceso de aprendizaje aditivo que, al llegar a un punto determinado, provoca una importante modificación en los productos de salida. En otras palabras, una enorme cantidad de interacciones locales sencillas puede producir efectos globales complejos, sin necesidad de apelar a ninguna forma de control ejecutivo (un homúnculo) que esté por encima y al margen de la dinámica de los sistemas. Las redes conexionistas constituyen un ejemplo especialmente bueno de cómo puede obtenerse una sorprendente cantidad de orden a partir de estados iniciales aleatorios y sin cambios de arquitectura.

Otra analogía sugerente (aunque, esta vez, no cognitiva) es la reacción química autocatalítica de Belusov-Zhabotinski descrita en Thelen (1989). Si ponemos iones de bromato en un medio muy ácido en un plato de cristal poco profundo, empiezan a aparecer estructuras en forma de anillos concéntricos con una sorprendente apariencia de orden (Madore y Freedman, 1987). Thelen hace hincapié en el hecho de que es imposible describir los patrones emergentes en función de la conducta competitiva aleatoria de los iones individuales, dado su elevado número. Los distintos patrones no preexisten en los compuestos químicos. Surgen como consecuencia de complejas interacciones aleatorias entre las restricciones inherentes a esos compuestos, las restricciones impuestas por la forma y la textura del recipiente, las que crea la temperatura de la habitación, etc. En otras palabras, los patrones resultantes son una propiedad emergente de la dinámica de sistemas: ni más ni menos. Según Thelen, el orden que contemplamos en la embriogénesis y la ontogénesis también puede interpretarse en función de las propiedades que emergen de la dinámica de sistemas. Y lo mismo sucede, aparentemente, con las redes conexionistas.

Vamos a explorar ahora algunas de las maneras en que los enfoques conexionistas de la simulación del desarrollo se relacionan con los temas recurrentes que han ido apareciendo a lo largo de este libro. Como he dicho antes, desarrollé el modelo RR antes de saber nada sobre el marco conexionista. Sin embargo, algunas de las ideas intuitivas que manejaba en ese momento (maestría conductual, el estatus de las representaciones implícitas, etc.) resultaron ser sorprendentemente cercanas a algunos de los postulados básicos del enfoque conexionista. Por ejemplo, muchos detalles del aprendizaje que se produce durante la fase 1, que lleva a adquirir maestría conductual y representaciones de nivel I, podrían verse especialmente bien captados por los modelos conexionistas. Sin embargo, como veremos, el aspecto del desarrollo en que este libro se ha centrado —el proceso de redescripción representacional— es precisamente lo que, hasta ahora, falta en las simulaciones conexionistas.

Innnatismo y conexionismo

La mayor parte de los investigadores de convicciones conexionistas adoptan en sus estrategias de investigación un punto de vista no innatista, lo cual hace posible explorar hasta qué punto pueden simularse los fenómenos del desarrollo a partir de un estado inicial de *tabula rasa* (es decir, partiendo de pesos y niveles de activación aleatorios, sin ningún conocimiento de dominio específico). Esto ha hecho que algunas personas interpreten los resultados de los modelos conexionistas como una prueba contundente favorable a las posturas antiinnatistas. Sin embargo, no hay nada en el marco conexionista que impida el uso de pesos de partida sesgados (es decir, pesos equivalentes a predisposiciones especificadas innatamente, en lugar de pesos aleatorios). De hecho, ésta es la solución que han adoptado varios autores de modelos conexionistas, aunque muchas veces más por razones técnicas que teóricas. Por ejemplo, puesto que sabemos que los bebés son sensibles a la simetría, la forma y la ordinalidad, no habría nada inherentemente contrario al conexionismo en el hecho de incorporar dichas predisposiciones en el estado inicial de una red que vaya a aprender otras tareas.

Se han propuesto distintas formas de simular los cambios del desarrollo. Una de ellas consiste en empezar con una red dotada de un pequeño número de unidades ocultas y, a medida que avanza su «desarrollo», ir reclutando cada vez más unidades o una capa extra de unidades ocultas para comprimir aún más los datos (Schultz, 1991a y b). Esta idea se parece bastante a la noción neopiagetiana según la cual la capacidad de procesamiento aumenta con la edad. Otros autores han sugerido un proceso equivalente al cambio «madurativo», el cual consistiría en que la red empezaría usando el aprendizaje por contraste de Hebb, pero, al «madurar», llegaría a usar el aprendizaje por propagación hacia atrás (Bechtel y Abrahamsen, 1991). También se ha recurrido al aprendizaje incrementativo, que consiste en que la red sólo puede ver al principio una parte de la entrada de datos simultáneamente, en lugar de tener acceso a toda la entrada de una sola vez (Elman, 1991; Plunkett y Marchmann, 1991). Todas estas soluciones al problema de los cambios del desarrollo son de dominio general, pero empezamos a asistir a un aumento de la tendencia por parte de los conexionistas a explorar de qué manera la inclusión de restricciones de dominio específico en las redes puede moldear el aprendizaje. En mi opinión, es muy probable que esta última opción pase a ocupar un lugar central en los futuros modelos conexionistas del desarrollo.

Especificidad de dominio y conexionismo

Podría parecer que los modelos conexionistas niegan, implícita o explícitamente, la necesidad de aprendizajes de dominio específico; pero, como veremos en un momento, la especificidad de dominio penetra sutilmente por la puerta de atrás.

En el capítulo 1, expuse la distinción que propone Fodor entre encapsulamiento de recursos y encapsulamiento informativo. Según Fodor, los módulos están encapsulados informativamente, pero se muestra neutral en relación con el encapsulamiento de recursos. Desde el punto de vista de la especificidad de dominios, esto equivaldría a decir que los dominios son específicos desde el punto de vista representacional, pero podrían emplear algoritmos de aprendizaje generales. A favor de la generalidad de dominios, los conexionistas hacen hincapié en que sus modelos usan los *mismos* algoritmos de aprendizaje en categorías de entrada distintas que se presentan a redes también distintas. Pero no hay ni una sola red a la que se haya presentado una colección de entradas procedentes de dominios *distintos* (por ejemplo, el lenguaje, el espacio, la física). Las redes que se emplean para simular la adquisición del lenguaje (que analizaremos en detalle en una sección posterior) sólo ven secuencias de palabras (Elman, 1991). La misma red no podría usarse para aprender una tarea de física sin alterar por completo el aprendizaje lingüístico que ya se hubiese producido, a menos que se la siguiese entrenando en la tarea original. En otras palabras, el hecho de que cada red se dedique a un tipo específico de entrada, en una tarea de aprendizaje específica, es en última instancia equivalente a la especificidad de dominios (o modularidad) del ser humano. Aparentemente, los bebés procesan las entradas de datos privativas de cada dominio específico de forma independiente, y eso mismo hacen las redes.

Las redes no muestran necesariamente encapsulamiento de recursos, ya que el mismo algoritmo de aprendizaje puede usarse en muchas redes distintas. Sin embargo, cada red individual se encuentra informativamente encapsulada, a pesar de lo cual, curiosamente, las redes no son «módulos» en el sentido de la distinción que tracé en el capítulo 1 entre módulo y proceso de modularización. De hecho, las redes «imitan» el proceso de modularización porque, sin tener incorporado ningún sesgo inicial o tan sólo unos pocos, a medida que avanza el aprendizaje *se van haciendo* cada vez más parecidas a módulos especializados. Inicialmente, una red podría aprender a procesar datos de entrada lingüísticos o físicos, pero, después de haber aprendido, pongamos por caso, datos lingüísticos, la misma red es ahora incapaz de aprender datos de física sin desbaratar todo el aprendizaje realizado con los datos de entrada iniciales. Por consiguiente, hay un nivel de descripción en el que las redes son de dominio tan específico como muchos ejemplos de aprendizaje humano. Es posible que terminemos por necesitar redes múltiples con algoritmos de aprendizaje distintos.

Vamos ahora a echar un vistazo a algunas características específicas del modelo RR y sus relaciones con el marco de referencia conexionista.

Maestría conductual y conexionismo

A lo largo del libro he sostenido repetidamente que la maestría conductual es un prerrequisito del cambio representacional. Por ejemplo, en el capítulo 3 vimos cómo los niños que se enfrentaban a la tarea de equilibrar bloques seguían siendo consumados equilibradores de bloques durante un par de años antes de pasar a guiarse por la teoría del centro geométrico. Recuérdense también los ejemplos del capítulo 6 relativos a las habilidades gráficas de los niños. Desde el punto de vista del microdesarrollo, en la tarea de generación de mapas, ningún niño introducía cambios en su sistema en estadios tempranos de la tarea. Los cambios se producían sólo después de siete o diez bifurcaciones, es decir, después de que la solución específica de la tarea se hubiese consolidado. Asimismo, en la adquisición del género gramatical, los niños consolidan primero cada uno de los sistemas (el morfofonológico, el sintáctico y el semántico) por separado, y sólo después empieza cada sistema a introducir restricciones sobre los demás (Karmiloff-Smith, 1979a). Siempre hay un periodo de maestría conductual que parece ocurrir antes del cambio representacional. Sin embargo, si se analizan las unidades ocultas de una red conexionista durante el aprendizaje, resulta que hay alguna representación del cambio subsiguiente *antes* de que éste pueda observarse en los productos de salida de la red, lo cual indica que los cambios pueden empezar a producirse antes de alcanzar la plena maestría conductual.

¿Qué es, entonces, la maestría conductual? En mi opinión, la idea intuitiva que subyace a la noción de maestría conductual se corresponde bastante bien con la noción conexionista de que las redes alcanzan estados estables. Hay un momento durante el proceso de aprendizaje de una red en que los pesos tienden a estabilizarse, de manera que la entrada de datos nuevos ya no afecta a su valor. En un modelo conexionista esto pone *punto final* al aprendizaje, mientras que en el modelo RR se trata del *punto de partida* para generar redescripciones de las representaciones implícitas de nivel I.

Representaciones implícitas y conexionismo

Muchas veces, me ha resultado difícil comunicar, especialmente a los psicólogos del desarrollo, lo que entiendo exactamente por «representaciones implícitas de nivel I». Como mencioné en el capítulo 1, muchas veces los investigadores han recurrido al término «implícito» para justificar la aparición de conductas eficientes que surgen «demasiado pronto» para los postulados de una determinada teoría. Pero, hasta ahora, no se ha dado ninguna definición de «implícito». Por otra parte, el término «explícito» suele confundirse con la capacidad de acceder a conocimientos verbalmente expresables. A lo largo de este libro he defendido una visión más compleja del cambio representacional de lo que parece indicar la dicotomía anterior. He postulado la existencia de distintos niveles de redescripción más allá de las representaciones de nivel I.

Algunas simulaciones conexionistas recientes del aprendizaje del lenguaje ilustran especialmente bien cuál es el estatus de las representaciones de nivel I dentro del modelo RR del desarrollo. El trabajo de Elman (1991) constituye un ejemplo especialmente elegante.

La red creada por Elman intenta simular la tarea a la que se enfrenta un niño pequeño a la hora de aprender las relaciones lingüísticas de dependencia estructural a partir de una entrada de datos consistente en secuencias de palabras semejantes a las de la lengua inglesa. La red recibe las palabras de una en una y tiene que predecir el siguiente estado de la entrada, es decir, cuál será la siguiente palabra de la secuencia. La diferen-

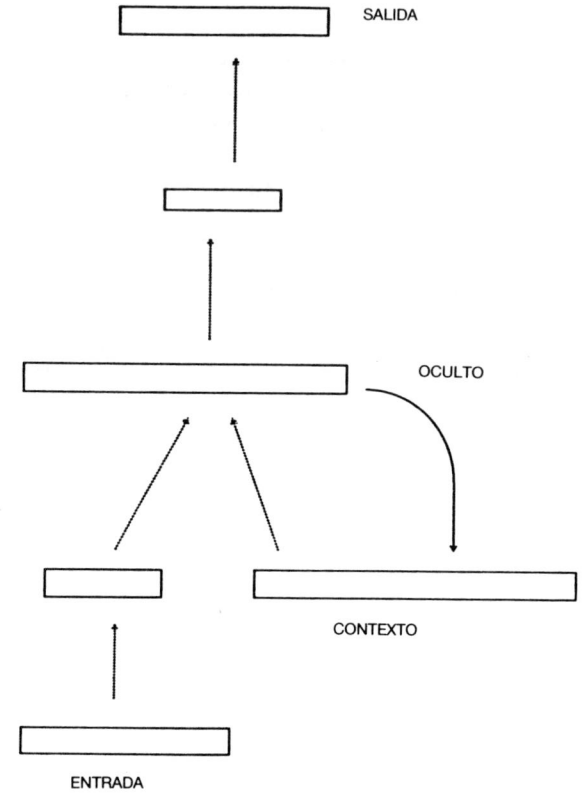

FIGURA 8.2. *Red recurrente de Elman.* (Tomado de Elman 1989. Reimpreso con permiso del autor.)

cia entre el estado predicho (la salida que la red tiene por objetivo) y el estado real subsiguiente (la salida que computa la red) vuelve retroalimentativamente a la red a cada paso. Pero la red es recurrente. Hay una capa de unidades contextuales (un subconjunto especial de entradas que no reciben ninguna entrada externa), la cual retransmite de nuevo los resultados del procesamiento previo a las representaciones internas. De este modo, en el momento 2, la capa oculta procesa tanto la entrada correspondiente a este momento como los resultados (procedentes de la capa contextual) de su propio procesamiento en el momento 1; y así sucesivamente de modo recurrente. Gracias a este procedimiento, la red capta la naturaleza secuencial de la entrada. En la figura 8.2 se muestra la arquitectura de esta red [4].

El conjunto de entradas utilizado por Elman constaba de secuencias parecidas a oraciones que diferían en la concordancia numérica entre sujeto y verbo (p. ej., «chico oye.»/«chicas ven.»), en el carácter transitivo o intransitivo de los verbos («chico persigue chica.»/«chico camina.»), y en los niveles de subordinación de oraciones de relativo («chicos que persiguen chica ven.»/«chicas que chico persigue caminan.»), etc. El punto que aparece al final de cada secuencia desempeña un papel equivalente al de los contornos de entonación exagerados que subrayan la estructura de constituyentes de las frases, emitidas en lo que ha dado en llamarse «maternés», que los niños pequeños reciben como entrada informativa. En la red de Elman, cada sustantivo y cada verbo aparecen en distintos papeles gramaticales en las secuencias de entrada, de manera que una misma entrada se procesa de modo distinto en función de en qué estado se encuentren las unidades contextuales (por ejemplo, «chico» después de un pronombre de relativo frente a «chico» después de un verbo transitivo). Es cierto que la red recibe las palabras ya segmentadas (tarea que el niño debe realizar por sí mismo al adquirir el lenguaje), pero también es verdad que la red nunca recibe información sobre el papel que cada palabra desempeña en la oración, su categoría gramatical o la concordancia numérica. Estas categorías debe inferirlas la red durante el aprendizaje usando varias fuentes simultáneas: las regularidades estadísticas entre las secuencias de entrada, la información retransmitida a las unidades ocultas desde las unidades contextuales y la información retropropagada relativa a las diferencias entre las predicciones de la red de cuál va a ser la siguiente entrada y la entrada que realmente se produce.

Para enseñar a la red, Elman probó distintas formas de aprendizaje incrementativo: al principio, introducía secuencias sencillas y, después de una determinada cantidad de aprendizaje, procedía a proporcionarle secuencias más largas y con oraciones de relativo. También variaba la «memoria a corto plazo» de la red: al principio sólo podía examinar dos o tres elementos seguidos, pero después era capaz de examinar secuencias más largas. En el aprendizaje incrementativo, al aumentar las actividades de procesamiento de la red, las representaciones nuevas siguen estando restringidas por el aprendizaje anterior con secuencias más cortas, que contienen las generalizaciones más importantes necesarias para el aprendizaje posterior.

Se ha criticado a los modelos conexionistas por la manera en que las entradas que representan surgen del conocimiento, basado en reglas, del propio autor del modelo (Lachter y Bever, 1988). Aunque esto puede suceder realmente en algunos modelos, Elman usa vectores de entrada locales y arbitrarios para representar todas las entradas. Por ejemplo, «chico» y «chicos» son arbitrariamente distintos, como todos los demás nombres y verbos. Ninguna parte de la representación da indicación alguna del solapamiento que pueda existir en la función gramatical o el significado. Cada vector de entrada es simplemente una larga secuencia de «ceros» con «unos» aislados situados en distintos puntos arbitrarios. La función gramatical debe inferirse y representarse progresivamente en las unidades ocultas a medida que avanza el aprendizaje.

En realidad, el potencial representacional de las entradas que recibe la red de Elman es menor que el de las entradas que normalmente recibe un niño [5]. Pero, paradójicamente, a pesar de esta diferencia, esta característica del modelo de Elman resulta fiel al espíritu del modelo RR. En efecto, antes he sostenido que, a pesar de la información potencial presente en la estructura de la entrada (p. ej., los solapamientos fonológicos y semánticos entre «chico» y «chicos»), *inicialmente* las representaciones de los niños se almacenan independientemente unas de otras (Karmiloff-Smith, 1979a).

No es necesario que aquí nos ocupemos de todos los detalles del proceso de aprendizaje de la red de Elman; lo que nos interesa es el *estatus* de las representaciones que la red va construyendo progresivamente. En primer lugar, Elman muestra que, al igual que sucede con la mayoría de las redes conexionistas basadas en funciones no lineales, para el aprendizaje es esencial un largo período inicial. Al principio, las predicciones de la red son aleatorias, pero con el tiempo la red aprende a predecir, no necesariamente la palabra concreta que va a aparecer a continuación, sino su *categoría* correcta (sustantivo, verbo, etc.), así como el marco de subcategorización adecuado del siguiente verbo (transitivo o intransitivo), y el número correspondiente tanto al sustantivo como al verbo (singular o plural). Esto no puede hacerse por mera asociación entre elementos superficiales adyacentes. Por ejemplo, aunque, en el caso de las secuencias más sencillas, la red podría aprender a predecir que las secuencias con «n» (verbo en plural*) siguen siempre a secuencias con «s» (sustantivos en plural), no podría hacerlo en el caso de secuencias con oraciones de relativo incrustadas, en las que un verbo en plural puede ir detrás de un sustantivo en singular (p. ej., «chicos que persiguen *chica ven* perro»). En este caso, la red *debe* hacer predicciones *dependientes de la estructura*. Así, pues, la red pasa progresivamente de procesar meras regularidades superficiales a

---

* En el experimento original de Elman, realizado en lengua inglesa, el contraste es entre la ausencia de «s», que en inglés identifica a los verbos en tercera persona del plural, y su presencia, que en el caso de los sustantivos, al igual que en castellano, marca el plural de esta categoría gramatical *[N. de los T.]*.

representar algo más abstracto, pero sin que este rasgo se encuentre incorporado en la red como una restricción lingüística preespecificada.

¿Podemos, a partir de estos impresionantes resultados, sacar la conclusión de que la red sabe realmente algo sobre las categorías lingüísticas de sustantivo/verbo, singular/plural, transitivo/intransitivo, y sobre los diferentes niveles de incrustación gramatical? La respuesta es afirmativa y negativa al mismo tiempo. Negativa, porque ni esta red ni ninguna otra podría usar directamente este conocimiento gramatical con otros fines (véase más abajo); y afirmativa, porque sí puede decirse que sabe algo sobre esas categorías gramaticales en el sentido de que ahora posee lo que el modelo RR denominaría «representaciones de nivel I». Vamos a echar un vistazo al estatus de este conocimiento implícito que posee la red.

Hay varias formas de indagar en las representaciones internas de una red durante y después del proceso de aprendizaje. Una consiste en analizar los espacios correspondientes a los pesos de las unidades ocultas, lo cual puede hacerse mediante un análisis de conglomerados o, de forma más dinámica, haciendo un análisis de componentes principales de las múltiples trayectorias que aparecen en el espacio de activación (González y Wintz, 1977). En el ejemplo de la red de Elman, a medida que avanza el aprendizaje, cada secuencia de palabras se representa internamente como una trayectoria a través del espacio correspondiente a los pesos de las unidades. Pueden registrarse las representaciones del conjunto completo de oraciones de entrada congelando los pesos y grabando los patrones en las unidades ocultas. El conjunto de trayectorias que este proceso crea en el espacio de pesos N-dimensional de la red muestra que ciertas categorías tienden a alinearse de forma específica y en posición ortogonal respecto a otras. A continuación, pueden crearse imágenes de fase-estado que reflejen la rotación de los ejes mostrando cuáles son los componentes principales más significativos.

Por ejemplo, los usos de «chico» como sujeto, en una trayectoria por el espacio de pesos, se encuentran alineados con otros sujetos oracionales, mientras que los usos de «chico» como objeto directo se alinean de forma ligeramente distinta pero en las cercanías. Asimismo, los usos de «chica» en posición de sujeto se alinean con los usos de «chico» en posición de sujeto. En otra dimensión del espacio de activación, «chico» y «chica», en todos sus papeles gramaticales, se alinean con todas las demás palabras que llamamos «sustantivos», los cuales, a su vez, se encuentran más separados del patrón de organización de los verbos. En otra parte del espacio de activación, los verbos se dividen en trayectorias que separan a los transitivos de los intransitivos. Y así sucesivamente. Estas distintas trayectorias derivan de representaciones en las unidades ocultas que comparten niveles de activación que se solapan entre sí. Son producto de la dinámica global del sistema que tiene lugar mientras la red aprende el conjunto de secuencias de entrada.

Representaciones explícitas y conexionismo

Este conocimiento gramatical, aparentemente tan impresionante, está tan sólo implícito en las representaciones internas del sistema, lo cual no significa que no se encuentre representado. Como en el caso de los primeros aprendizajes de un niño, mi tesis sería que se encuentra representado en el formato de nivel I. Pero somos nosotros, teóricos externos, quienes empleamos formatos de nivel E para etiquetar las trayectorias en el espacio de pesos con los nombres de «sustantivo», «verbo», «sujeto», «objeto», «intransitivo», «transitivo», «plural», «singular», etc. La propia red nunca va más allá de la formación del equivalente a representaciones estables de nivel I. En otras palabras, no trasciende espontáneamente el nivel de maestría conductual gracias al cual puede actuar de forma eficaz; no redescribe las representaciones almacenadas en sus trayectorias de activación. A diferencia del niño, la red no se «apropia» espontáneamente del conocimiento que tiene representado sobre distintas categorías lingüísticas. No puede usar directamente el conocimiento más abstracto, de nivel superior, para fines distintos de aquel para el que fue diseñada, ni intercambiar conocimiento con otras redes. Para explotar el producto de su aprendizaje, sería preciso apelar a otra red, y esto no es algo que ocurra *espontáneamente* después de alcanzar un umbral determinado de estabilidad. La noción de «sustantivo» permanece implícita en la dinámica de sistema de la red. El aprendizaje *inicial* de los niños es también de este tipo; sin embargo, ellos sí proceden a redescribir espontáneamente su conocimiento. Este proceso generalizado de redescripción representacional da lugar a la manipulabilidad y flexibilidad del sistema humano de representación.

La verdad es que no sería difícil construir una red, inspirada en el modelo RR, capaz de redescribir los estados estables del espacio de pesos, de tal manera que la información implícita representada en sus trayectorias pudiera usarse como conocimiento por la misma red u otras distintas. Pero esto podría implicar un cambio en la arquitectura de la red, que requeriría tal vez la creación de nódulos especiales que no estarían implicados en otros aspectos del procesamiento en directo. Por otra parte, el modelo RR sugiere que lo que se abstrae durante el proceso de redescripción conlleva una pérdida de detalle y una ganancia en accesibilidad. Por consiguiente, no sería deseable que se redescribiesen todas las trayectorias de la red, sino simplemente el *producto* de las más importantes (algo así como redescribir las instantáneas de fase-estado proporcionadas por el análisis de componentes principales). Además, el modelo RR postula que el conocimiento redescrito con nociones abstractas tales como «verbo» y «sustantivo» debe estar en un formato *distinto* del de las representaciones originales de nivel I. En otras palabras, las redescripciones deberían estar en un formato representacional utilizable por redes que previamente hubiesen procesado representaciones *distintas* en el nivel de entrada. De ahí la necesidad de que la redescripción representacional se haga a formatos de nivel E: si se tratase de meras copias de las representaciones de nivel I, no serían transportables de una red a otra, ya que dependerían en exceso de las características específicas de sus entradas.

En el capítulo 2 vimos un ejemplo especialmente relevante de en qué podría consistir un proceso como éste en el caso del ser humano. Cuando se pedía a niños de cuatro a seis años de edad que repitiesen la última palabra que había dicho el experimentador antes de interrumpir un relato, algunos de los sujetos más jóvenes (de entre tres y cuatro años de edad) eran totalmente incapaces de hacer la tarea, a pesar de la gran cantidad de ejemplos y ayuda que recibían del experimentador. La fluidez de su lenguaje y la ausencia de errores de segmentación indicaban que eran capaces de representar las fronteras formales entre palabras en la mayoría de los vocablos que usaban y entendían, pero aún no estaban listos para ir más allá de la maestría conductual. Había otros niños (de entre cuatro y cinco años de edad) que no eran capaces de hacer inmediatamente la tarea pero que, con un único ejemplo con algunas palabras de clase abierta, fueron capaces de hacer extensiva inmediatamente la noción de «palabra» a todas las categorías de clase abierta y clase cerrada. Sus representaciones de nivel I estaban listas para una redescripción al nivel E1 generada desde fuera. Sin embargo, los niños un poco mayores (cinco-seis años), que nunca habían recibido clases de lenguaje, habían realizado espontáneamente el proceso de redescripción por su propia cuenta, y hacían bien la tarea desde el primer momento, incluso en la historieta inicial de presentación. Por último, las representaciones de los niños de entre seis y siete años de edad mostraban signos de haber experimentado más redescripciones y haber pasado al formato E2/3, ya que eran capaces de tener acceso consciente a su conocimiento y dar explicaciones verbales de qué es una palabra y por qué. Considero que este proceso de redescripción múltiple del conocimiento, que se hace cada vez más accesible a distintas partes del sistema, es un componente esencial del desarrollo humano que los creadores de modelos conexionistas deben tener en cuenta.

Por último, en el capítulo 2 presenté un caso en el que no parecía producirse ningún tipo de redescripción representacional. Se trataba del conocimiento sobre computaciones en directo de las restricciones del discurso (las decisiones que tomamos en un discurso extenso acerca de cuándo hay que pronominalizar, usar sintagmas completos, etc.). Este tipo de decisiones depende no sólo de la estructura del lenguaje *per se*, sino también (y sobre todo) de la construcción en directo de un modelo de discurso determinado. Puede que, si exploramos mediante redes conexionistas la diferencia entre estados representacionales estables y los que sólo son relevantes para la dinámica en directo y, por consiguiente, no deben almacenarse, seamos capaces de explorar en mayor profundidad las restricciones sobre la redescripción representacional en los seres humanos. Además, por la bibliografía sobre el desarrollo de la conciencia metalingüística y de la metacognición en general, sabemos qué características del aprendizaje llegan a ser accesibles a la conciencia y en qué orden. Podríamos usar simulaciones conexionistas para explorar hasta qué punto las distintas características participan en relaciones de correspondencias múltiples y cuáles llegan a estar representadas de forma más explícita en las unidades ocultas.

¿Qué falta en los modelos conexionistas del desarrollo?

Aunque los modelos conexionistas tienen un cierto potencial para la teorización sobre el desarrollo, presentan también varios inconvenientes. Uno de ellos tiene que ver con las entradas que se ofrecen a las redes. Salvo algunas excepciones, puede decirse que, por ahora, los conexionistas no han conseguido construir verdaderos modelos del desarrollo, sino modelos de *tareas*. Este hecho resulta especialmente evidente si echamos un vistazo al ejemplo de la balanza, tan popular en todo tipo de modelos por ordenador, ya sean conexionistas o de otro tipo (Schultz, 1991a y b; McClelland y Jenkins, 1990; Langley, 1987; Siegler y Robinson, 1978; Newell, 1991). Los modelos se han centrado en la actuación de los niños en la tarea de la balanza, no en cómo aprenden sobre los fenómenos físicos en general. Es un hecho que muchos niños llegan al experimento de la balanza sin ninguna experiencia previa con este aparato; pero eso no significa que no posean ningún conocimiento relevante para la tarea. Puede que, en tareas realizadas con una balanza tradicional, se centren en el peso porque lo que el experimentador manipula de forma más ostensible sean las pesas. Pero, en la tarea de equilibración de bloques que vimos en el capítulo 3, muchos niños pequeños se olvidan del peso y se centran exclusivamente en la longitud. Los niños llegan a estas tareas habiendo aprendido ya algo acerca de cómo caen las reglas de las mesas, cómo equilibrarse en un columpio de balancín, etc. Pero un columpio no es una balanza: ¡no está equipado con una línea de espigas equidistantes sobre la que puedan colocarse niños exactamente del mismo peso uno encima de otro! El desarrollo no puede reducirse al aprendizaje de tareas específicas; consiste en derivar conocimiento de muchas fuentes distintas y usarlo de forma orientada a metas. Por eso, en mi opinión, es necesario usar vectores de entrada mucho más ricos si queremos construir modelos de la manera en que los niños de verdad aprenden en ambientes de verdad.

Para ser justos, hay que reconocer que la elaboración de modelos precisos requiere necesariamente simplificación, y ése es el motivo por el cual defendía el papel complementario que pueden desempeñar los enfoques «blandos». Además, ciertas simulaciones conexionistas del problema de la balanza no se centraban en el problema físico. Por ejemplo, el trabajo de McClelland (1989) sobre la tarea de la balanza tenía como meta principal demostrar que las redes son capaces de producir conductas con características de estadios a partir de un proceso de aprendizaje meramente incrementativo. Pero, si queremos construir modelos del contenido de los aprendizajes infantiles en microdominios específicos, entonces nuestros modelos deben reflejar la complejidad de la interacción del niño con el mundo; y, como he sugerido en secciones anteriores de este capítulo, el punto de partida del aprendizaje de las redes no tiene por qué ser aleatorio: podría poseer algunos pesos inicialmente sesgados como consecuencia de la evolución y/o de aprendizajes anteriores.

Parece bastante plausible que los modelos conexionistas puedan aportar precisión a la explicación de lo que he denominado «aprendizaje de fase I» (la fase que termina con la obtención de maestría conductual; es decir, el periodo de rica interacción con el ambiente durante el cual se construyen y consolidan las representaciones de nivel I). Sin embargo, el desarrollo implica mucho más que esto. En distintos momentos he insinuado que las simulaciones conexionistas se quedan cortas y no llegan a alcanzar ciertos componentes del desarrollo humano que considero esenciales. Ciertamente, como vimos con algún detalle en la sección anterior, hasta ahora los modelos conexionistas han tenido poco que decir acerca de cómo se pasa de las representaciones implícitas a las explícitas[6], lo cual, según el modelo RR, constituye un proceso esencial. ¿Cómo puede una red apropiarse de sus propios estados estables? Clark (1989), Dennett (1978) y McClelland (1991) sostienen que bastaría con añadir a una red conexionista otra que utilice el equivalente del lenguaje público, dando por supuesto que la única diferencia entre conocimiento implícito y explícito es que este último se encuentra codificado lingüísticamente. Sin embargo, he presentado ejemplos de conocimiento en niños que se encuentra codificado explícitamente pero que no son capaces de articular lingüísticamente. El modelo RR postula un panorama más complejo con múltiples niveles de redescripción representacional, una de cuyas manifestaciones es el lenguaje, y no necesariamente la más importante. Finalmente, el hecho de que la mayoría de los modelos conexionistas mezclen estructura y contenido hace difícil que puedan explotarse los componentes del conocimiento. Pero, como vimos, especialmente en el capítulo 6, los niños extraen componentes de conocimiento de los procesos en que se encuentran incrustados, los rerrepresentan y los utilizan de forma que cada vez resultan más manipulables.

La cuestión de cómo puede construirse un modelo de la redescripción representacional en una red conexionista está sin resolver. ¿Podría conseguirse simplemente añadiendo más capas a la arquitectura de una única red o creando, pongamos por caso, una jerarquía de redes interconectadas? ¿Habría que coger un nodo, externo respecto al procesamiento en directo, y alimentarlo gradualmente con información procedente de las representaciones internas en desarrollo cuando las unidades internas alcanzasen un determinado umbral de estabilidad? ¿O, quizá, tendremos que optar por modelos híbridos que consten tanto de procesamiento distribuido en paralelo como de manipulaciones secuenciales clásicas de símbolos discretos? (véanse las discusiones de Karmiloff-Smith, 1987, 1991; Clark y Karmiloff-Smith, 1992; Schneider, 1987). A medida que las redes conexionistas vayan haciéndose más complejas, creo que la cuestión de si algo es de verdad «híbrido» irá perdiendo importancia. En mi opinión, los modelos futuros del desarrollo deben simular *tanto* los beneficios del procesamiento rápido mediante representaciones implícitas *como* los que se derivan de la posterior redescripción representacional, proceso que, a mi manera de ver, hace posible la creatividad humana.

¡En este libro no hay diagramas de flujo!

Desde la década de los setenta, cuando introduje la noción de redescripción representacional y operadores metaprocedimentales, no han dejado de asediarme con preguntas acerca de los mecanismos precisos. Yo me ponía entonces a la tarea dibujando uno o dos diagramas de flujo, con cajas que representaban un «detector de estabilidad», un «escáner de analogías», un «redescriptor», un «operador consciente», etc., todos los cuales no tardaban mucho en acabar en la papelera. Y, si me atrevía a presentar un diagrama de flujo en una charla informal, inmediatamente me veía interrumpida y sometida a un interrogatorio acerca de cómo cada uno de los operadores metaprocedimentales sabe en qué momento tiene que aplicarse; así que otra vez tenía que volver a la pizarra y embarcarme en un frenesí de diagramas y cálculos de razones entre ejemplos positivos y contrarios. Pero, dejando aparte un par de momentos de locura en que llegué a publicar algo que se encontraba extrañamente a medias entre un ordinograma y un diagrama de flujo de información (Karmiloff-Smith, 1979a, 1985), siempre he tenido la impresión de que esas preguntas estaban planteadas en un nivel inadecuado en relación con las intuiciones con las que yo me debatía. Para mí la conciencia no era una «caja» o un operador independiente; era, y es, una propiedad emergente de la reiteración del proceso de redescripción representacional. A mi modo de ver, los tipos de constructo que surgen en la teoría de sistemas dinámicos, y su aplicación en modelos conexionistas de desarrollo, puede que resulten estar en el nivel adecuado para exploraciones futuras más precisas del modelo RR.

Capítulo 9
ESPECULACIONES A MODO DE CONCLUSIÓN

> *Hablar de instintos para la inventiva es menos ilógico de lo que parece a primera vista.* (Marler, 1991, p. 63.)

Tal vez el título de este capítulo haya hecho al lector esbozar una sonrisa. ¡En todos los capítulos anteriores había algo más que una pequeña dosis de especulación! Pero, junto a la recogida de datos experimentales y observacionales, la elaboración de teorías y la especulación son partes esenciales de la perspectiva del desarrollo en la ciencia cognitiva.

Empecé el libro distinguiendo entre las representaciones en que se apoya la capacidad de realizar conductas complejas y las cosas que una especie dada puede hacer con esa complejidad. Mi tesis ha sido que, de una manera mucho más generalizada incluso que nuestro primo cercano el chimpancé, la mente humana explota su complejidad representacional por medio de la rerrepresentación de su conocimiento implícito en formatos explícitos. Gracias a ello, el conocimiento se hace utilizable al margen de las metas especializadas para las que suele utilizarse normalmente. Sostengo que esto raramente ocurre en otras especies, si es que ocurre alguna vez.

Recordemos aquel ejemplo que ponía Premack (capítulo 5) del ave que, para mantener a raya a posibles competidores, desplegaba una compleja serie de conductas que, en términos humanos, merecerían el nombre de «engaño». Pero esas conductas no parecían estar a disposición del ave ni siquiera para otras metas estrechamente relacionadas con la anterior.

¿Y qué puede decirse del chimpancé, con el que compartimos casi el cien por cien de nuestro patrimonio genético? ¿Juegan los chimpancés, como los niños, con el *conocimiento* igual que juegan con objetos físicos y con sus congéneres? Según las conversaciones que he tenido con Premack, no hay ningún indicio obvio de redescripción representacional en la conducta del chimpancé. Hay numerosos ejemplos de cómo el chimpancé es capaz de ir más allá de una tarea predeterminada; por ejemplo, si la tarea consiste en armar las piezas de un rompecabezas con la cara de un chimpancé, el simio, tras completar correctamente el rompecabezas, podría añadir piezas extra como decoración formando un sombrero o un collar (Premack, 1975). Pero Premack no conseguía recordar ningún ejemplo en el que el chimpancé analizase espontáneamente los componentes de su eficiente conducta de la manera en que lo hace un niño. No resulta, desde luego, demasiado obvio cómo podríamos reconocer la redescripción representacional en el chimpancé si ésta existiera. Los niveles superiores de redescripción (por ejemplo, al formato lingüístico) están, obviamente, descartados. Pero sabemos que en muchas ocasiones los niños desarrollan representaciones explícitas que están a medio camino entre las representaciones implícitas y los datos verbalmente comunicables. En el niño, la maestría conductual suele ir seguida del nivel E1 de redescripción representacional. En cambio, el chimpancé parece contentarse con repetir continuamente sus conductas eficaces; no va más allá de la maestría conductual. En cambio, hemos visto a lo largo del libro cómo los niños humanos intentan espontáneamente comprender su propio conocimiento, y cómo esto lleva a la clase de manipulabilidad representacional que finalmente les permite convertirse en lingüistas, físicos, matemáticos, psicólogos y grafistas intuitivos.

La explicación que se me ocurre es que o bien el proceso de redescripción representacional no existe en otras especies, o bien, si existe (tal vez en el chimpancé), los códigos de nivel superior a que se traducen las representaciones durante la redescripción están muy empobrecidos. Es posible que los chimpancés que han sido sometidos a «entrenamiento lingüístico» muestren signos de redescripción representacional, pero esto no se debería a la existencia de una especie de código lingüístico *per se*, sino a la posibilidad de redescripción a cualquier otro código más explícito (Karmiloff-Smith, 1983).

El modelo RR es fundamentalmente una hipótesis sobre la capacidad específicamente humana de enriquecerse desde dentro, explotando el conocimiento ya almacenado y no simplemente explotando el ambiente. La existencia de relaciones representacionales intra e interdominios es el signo distintivo de un sistema cognitivo flexible y creativo. La ubicuidad de la redescripción representacional es, en mi opinión, lo que hace que el conocimiento humano sea específicamente humano.

Esta afirmación constituye, desde luego, un desafío a los etólogos, desafío que yo misma preveo afrontar en el futuro. ¿Qué indicios debería-

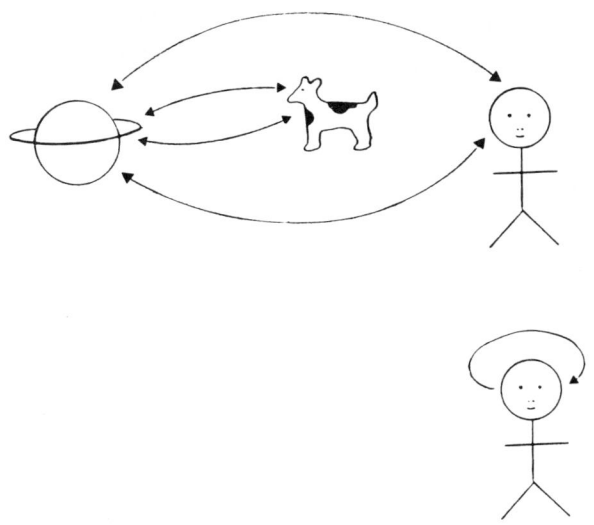

FIGURA 9.1. *Dos clases de aprendizaje.*

mos buscar en otras especies? ¿Qué maquinaria deberíamos agregar al estornino, la hormiga, la araña, la abeja o el chimpancé para que el proceso de redescripción representacional fuese posible en ellos?

En la figura 9.1 aparece una caricatura de la diferencia que pienso que existe entre los humanos y las demás especies. Según esta figura, existen representaciones de nivel I que funcionan como herramientas cognitivas que permiten a los organismos (humanos o no humanos) actuar sobre el ambiente y verse afectados, a su vez, por éste. La segunda parte de la figura no pretende transmitir la idea de que, en el ser humano, ¡el conocimiento entre por un oído y salga por otro! Más bien, se trata de una manera de recordar que, en el humano, las *representaciones internas* son objeto de manipulación cognitiva, de manera que la mente se extiende mucho más allá de su ambiente y es capaz de creatividad. El lector me permitirá que me atreva incluso a decir que el proceso de redescripción es, según las palabras de Marler, uno de esos instintos humanos para la inventiva.

Espero haber convencido al lector de que el nuevo y floreciente dominio de la ciencia cognitiva necesita ir más allá de la tradicional dicotomía entre innatismo y empirismo que en buena medida lo impregna, adoptando una epistemología que acepte tanto las predisposiciones innatas como el constructivismo. La ciencia cognitiva tiene mucho que ganar si va más allá de la modularidad y se toma en serio el problema de los cambios de desarrollo. La comprensión de la mente del niño a lo largo del desarrollo debería ser un componente esencial tanto de la enseñanza como de la investigación en el campo de la ciencia cognitiva.

Este libro empezaba con una cita de Fodor. Me voy a permitir terminar con otra: «En lo más hondo de mí, me inclino a dudar que exista el desarrollo cognitivo en el sentido en que piensan los psicólogos cognitivos del desarrollo» (1985, p. 35).

Ahora que ha llegado al final del libro, espero sinceramente que el lector, en lo más hondo, ¡no esté de acuerdo con Fodor!

EPÍLOGO PARA LA EDICIÓN ESPAÑOLA: CÓMO HACER DE LOS CEREBROS MENTES CREATIVAS MEDIANTE EL PROCESO DE REDESCRIPCIÓN REPRESENTACIONAL

A lo largo de este libro he sostenido que la redescripción representacional (RR) es una forma de arquitectura mental, presente por doquier en el ser humano y probablemente exclusiva de nuestra especie, que da lugar a un grado de flexibilidad y control cada vez mayor. Mi tesis es que hay un sentido muy profundo en el cual puede decirse que el proceso RR transforma progresivamente el cerebro en una mente creativa. En este epílogo, que he escrito especialmente para la versión española de *Más allá de la modularidad,* me gustaría abordar varias cuestiones nuevas y algunas posibles ampliaciones del modelo RR.

Ontogenia y filogenia

Aunque, por supuesto, no deseo insinuar que la ontogenia recapitule la filogenia, no deja de ser interesante señalar el hecho de que, en un libro reciente, Merlin Donald analiza los orígenes de la mente moderna aludiendo a la existencia de tres estadios en la evolución de la cultura y el conocimiento (Donald, 1993), los cuales recuerdan mucho al modelo RR, aunque se hayan elaborado de modo independiente.

Donald plantea que el cambio filogenético puede caracterizarse mediante tres sistemas de representación mnemónica: las habilidades miméticas, el lenguaje y los símbolos externos. Según él, los monos antropoides y los bebés son excelentes perceptores de sucesos, es decir, reaccionan a estímulos externos. En la terminología del modelo RR, diríamos que utilizan representaciones de nivel I. En cambio, siempre según Donald, a los simios no se les da nada bien la memoria episódica, porque no pueden *autodesencadenar* sus recuerdos independientemente de las claves del medio. Sus sistemas cognitivos siguen siendo primordialmente reactivos. El avance humanoide crucial tuvo que ver con la capacidad de ir más allá de los estímulos externos. Según Donald, el primer nivel de desarrollo que diferenció al *homo sapiens* de otras especies consistió en el surgimiento de la capacidad de recuperar voluntariamente las entradas de memoria; en otras palabras, la aparición del recuerdo autodesencadenado, no controlado por los estímulos. También en el modelo RR el primer nivel de redescripción (E1) permite al niño hacerse independiente de los estímulos externos, lo cual cuadra bastante bien con la noción de «habilidad mimética» propuesta por Donald.

El segundo nivel filogenético del modelo de Donald apela al lenguaje, cuya aparición se debe al descenso del tracto *[vocal bose]* vocal por la laringe. Según él, este hecho permitió el desarrollo de un aparato fonológico de alta velocidad y, con ello, la invención léxica. Pero, antes de inventar un léxico, los homínidos tenían que adquirir la capacidad de controlar voluntariamente las memorias motrices almacenadas, y esta recuperación tenía que hacerse independiente de las claves ofrecidas por el ambiente. Por consiguiente, al igual que sucede en el modelo RR, Donald sitúa el desarrollo de representaciones explícitas *antes* de la aparición del lenguaje. En contraposición al punto de vista de Donald, Dartnall ha propuesto recientemente que, en realidad, filogenéticamente el desarrollo del lenguaje precedió al de la redescripción representacional, pero, en consonancia con el modelo RR, Dartnall defiende la idea de que, ontogenéticamente, la redescripción precede al lenguaje (Dartnall 1994).

El tercer nivel propuesto por Donald supone la creación de sistemas externos de almacenamiento y recuperación de memoria, lo cual permitió al *homo sapiens* ampliar su memoria de trabajo mediante invenciones visosimbólicas (el dibujo, la escritura, etc.), dando lugar a una nueva arquitectura de este sistema de memoria. En el capítulo 6 de este libro, dedicado al desarrollo de la competencia gráfica o notacional del niño, se abordan en detalle cuestiones muy semejantes a ésta. Según Donald, el papel de la memoria de trabajo biológica ha cambiado filogenéticamente a causa del uso masivo de dispositivos externos de memoria. Antes de ello, el contenido de la memoria a largo plazo sólo era accesible a la memoria biológica, lo cual explica la necesidad de recurrir a mnemotécnicas orales, el recitado de amplios contenidos literales y la dependencia de individuos especializados como los chamanes. En otras palabras, desde el punto de vista de la evolución, la memoria oral y las imágenes visuales han sido objeto de un proceso de trueque con los dispositivos de memoria externos, tales como la escritura alfabética. El desarrollo de estos dispositivos mnemónicos externos dio lugar a un elevado ritmo de cambios tecnológicos, en contraposición a la lentitud de los cambios genéticos. Y, como demuestra el gran número de investigaciones que analizamos en el capítulo 6 de este libro, en la ontogenia los dispositivos externos de memoria desempeñan un papel cada vez más importante.

Se trata, por consiguiente, de una serie de sugerentes analogías entre el modelo filogenético de Donald y el marco ontogenético del modelo RR, analogías que merecerá la pena explorar en el futuro.

RR en la infancia

A lo largo del libro, he tenido relativamente poco que decir sobre el proceso de redescripción representacional en la primera infancia, aunque desde luego no descartaba que en el desarrollo pudiera haber redescripción desde muy pronto. Concretamente, en el capítulo 1 hacía referencia al trabajo de Jean Mandler y su utilización del concepto de RR para explicar las primeras manifestaciones de conocimiento declarativo, accesible, en los bebés. Otra posible aplicación del modelo dentro de la primera infancia podría ser recurrir al concepto de RR para explicar la «reacción al extraño», que ocurre aproximadamente entre los siete y nueve meses de edad. Según algunos autores, lo que sucede es que a esa edad los bebés son capaces de distinguir con mayor claridad entre lo conocido y lo desconocido en general. Pero esto no puede explicar la reacción al extraño, puesto que desde hace algún tiempo sabemos que los bebés ya son capaces de distinguir entre lo conocido y lo desconocido incluso durante sus últimos meses de vida intrauterina, y ni que decir tiene que son capaces de hacerlo en el momento del nacimiento o durante los primeros meses de vida postnatal. Por ejemplo, si, durante los tres últimos meses de gestación, la madre escucha reiteradamente distintas composiciones de Mozart, al principio el feto reacciona dando vigorosas patadas. Sin embargo, en un proceso de habituación, el feto cada vez da menos patadas al oír la música de Mozart. Pero si la música cambia, y se escucha a Bach, el feto empieza otra vez a dar patadas con energía (Hepper, comunicación personal). No se trata simplemente de una reacción a una composición musical distinta, puesto que el feto había escuchado muchas composiciones distintas de Mozart. Parece que lo que ocurre es que el feto capta algún *rasgo auditivo común* entre las *distintas* composiciones de Mozart. Discrimina la composición de Bach y reacciona a ella de modo distinto porque Bach no posee ese rasgo común mozartiano al que se había habituado. Por supuesto, esto no quiere decir que el feto comprenda la música clásica, pero sí que es capaz de empezar a hacer sutiles discriminaciones auditivas ya en el útero (véase un análisis más detenido de esta cuestión en Karmiloff-Smith, 1994).

Por otra parte, muchos de los experimentos con neonatos y niños de hasta cuatro meses de edad, que he tenido ocasión de presentar a lo largo de los distintos capítulos del libro, ponen de manifiesto que la capacidad de discriminar entre estímulos nuevos y conocidos está bien desarrollada en el bebé. Esto es especialmente cierto en el caso de las caras humanas, como vimos en el capítulo 5. En el momento del nacimiento, el bebé prefiere fijarse en caras humanas más que en otros estímulos; a los cuatro días de edad, distingue la cara de su madre de otras caras, así como su voz y su olor. Por eso el hecho de que un bebé de cinco meses no tenga ningún inconveniente en que le coja en brazos una persona cualquiera que le sonría, mientras que a los nueve meses se pone a llorar empecinadamente si alguien intenta cogerle de los brazos de su madre —la «reacción al extraño»—, no puede explicarse diciendo que es porque el bebé es ahora capaz de discriminar entre su madre y las personas extrañas. Este tipo de discriminación puede hacerla desde los primeros días de su vida.

Por consiguiente, para explicar la reacción al extraño lo que tenemos que hacer es centrarnos en el estatus representacional de ese primer conocimiento que el bebé tiene de su madre. ¿Qué ha cambiado en las representaciones que el bebé de nueve meses tiene de la diferencia entre su madre y un extraño, en comparación con las de los bebés más pequeños? Creo que el modelo RR puede ayudarnos a dar con una respuesta. Las representaciones del bebé de cinco meses están activadas por los estímulos (*stimulus-driven*) y permanecen implícitas. El bebé de esta edad se limita a registrar que se trata de la cara de su madre o que se trata de otra cara que sonríe pero que él no conoce. Puede discriminar entre caras distintas que aparezcan en el ambiente. Sin embargo, no puede traer *voluntariamente* esas caras a su mente. En cambio, las representaciones del niño de nueve meses se encuentran definidas explícitamente y se han relacionado entre sí internamente, de tal modo que, cuando sus representaciones de un extraño son activadas por un estímulo, se comparan de inmediato con las representaciones, activadas internamente, de su madre. Esto es lo que causa el miedo al extraño, que se superará progresivamente a medida que el niño se vaya convenciendo de la continuidad de los cuidados que le proporciona su madre.

Otra área del desarrollo infantil para la que el modelo RR parece proporcionar una explicación adecuada ha sido señalada por Rutkowska (1994; véase también Rutkowska, 1993). Según esta autora, el modelo RR ayuda a explicar, por ejemplo, los cambios en la apreciación que los niños tienen de la covariación entre tamaño y peso de los objetos. Cuando los niños cogen y levantan una serie de objetos cuyo peso y tamaño son proporcionales, pueden observarse tres niveles distintos de reacción ante la presentación de un objeto «trucado», cuyo peso resulta inadecuadamente pequeño (Mounoud y Hauert, 1982). Hacia los seis-ocho meses, los bebés actúan igual que con los objetos «normales», realizando ajustes locales individuales adaptados al peso de cada objeto concreto. Su conducta está totalmente controlada por el estímulo y se basa en el uso de lo que el modelo RR llama «representaciones de nivel I». Las cosas son muy distintas hacia los nueve-diez meses. A esta edad, los bebés esperan que el objeto sea más pesado de lo que realmente es antes de intentar levantarlo, de tal modo que, cuando levantan el objeto, su acción se ve entorpecida por el movimiento hacia arriba excesivamente rápido que realiza su brazo. Las respuestas afectivas que se dan en esta última situación parecen indicar que los niños detectan la anomalía. En cambio, a los 14-16 meses, la molestia inicial se ve rápidamente compensada.

Según Rutkowska, este patrón de desarrollo parece seguir estrechamente las tres fases del modelo RR en línea con la hipótesis RR. La información contenida en patrones de acción perceptivo-motores que se repiten eficazmente se hace explícita en el nivel de programas de acción, sirviendo de sostén a formas de control anticipatorio, en lugar de meramente reactivas. En otras palabras, los niños van haciendo progresivamente explícitas las restricciones que afectan a los patrones de acción eficaces. Parece producirse alguna forma de abstracción de variables perceptivas y motrices nuevas a partir de un abanico de soluciones locales aplicadas a problemas concretos; y esta abstracción se basa en el éxito y la eficacia; no está engendrada por «alteraciones» piagetianas. Al igual que sucede en el modelo RR, Rutkowska sostiene que se trata de un proceso conservador, es decir, que los mecanismos iniciales no se ven sustituidos sino complementados por el desarrollo de mecanismos anticipatorios, como lo demuestra el nivel final de los niños de 14 meses, que son capaces de integrar ambos tipos de mecanismos.

Estamos, pues, en presencia de otro aspecto del desarrollo infantil al que podría aplicarse el modelo RR.

¿Es RR sobre representaciones o sobre procesos?

A lo largo del libro, he sostenido que la RR se centra en los distintos formatos representacionales en los que el conocimiento puede representarse y rerrepresentarse. Sin embargo, podría sostenerse que, aunque he demostrado con datos empíricos que el «proceso» RR parece ocurrir en diferentes dominios de conocimiento, lo que no habría demostrado es que sea necesario apelar a diferentes «formatos representacionales». ¿Por qué no invocar simplemente el unitario «lenguaje del pensamiento» de Fodor al que todo conocimiento sería traducido? Un importante motivo para no hacer esto último es el lento ritmo que sigue el cambio cognitivo y la existencia de soluciones correctas de un problema en un formato representacional que, sin embargo, no se encuentran aún disponibles en otro. Este hecho se ve especialmente bien ilustrado por algunos datos recientes sobre la falta de correspondencia entre los gestos y el lenguaje (véase Goldin-Meadow y Alibali, 1994). Los niños demuestran con gestos poseer un conocimiento sobre la conservación que, sin embargo, contradicen verbalmente.

Otra buena ilustración de la falta de correspondencia verbo-gestual proviene de algunos estudios recientes sobre teoría de la mente. En la hoy ya clásica tarea de creencia falsa (Wimmer y Perner, 1983), analizada en el capítulo 5, se ponía de manifiesto que los niños menores de cuatro años tenían dificultades para comprender que un protagonista con una creencia falsa actuaría en función de esta creencia y no en función de la situación real. Sin embargo, un estudio reciente de Clements y Perner (1994) muestra que los movimientos oculares que realizan los niños de tres años ponen de manifiesto que conocen la respuesta correcta (puesto que *miran* al lugar al que iría el protagonista que tiene la creencia falsa), aunque den respuestas verbales incorrectas en las que dicen que el protagonista irá al otro escondite. En otras palabras, el conocimiento almacenado en un formato sensorial tiene que traducirse a un formato verbal diferente, lo cual parece llevar hasta un año de desarrollo. De este modo, el modelo RR sirve para explicar el proceso usado para conectar información almacenada en formatos distintos.

¿Es la maestría conductual un paso previo esencial para el comienzo de la RR?

Dos contraargumentos son posibles a este respecto. El primero procede de una serie de estudios recientes realizados por Goldin-Meadow y sus colegas (Goldin-Meadow, Alibali y Church, 1993), que parecen indicar que una total maestría (es decir, una conducta totalmente eficaz) no es un prerrequisito necesario del cambio representacional. Su razonamiento es que, siempre que el sistema alcanza un estado estable —y podría tratarse de un estado estable en el que el sujeto diese respuestas erróneas—, la redescripción puede producirse y, de hecho, se produce. Curiosamente, sus ejemplos proceden del campo de las matemáticas, en el que los niños no saben que su respuesta es incorrecta. Por consiguiente, en este dominio puede haber estabilidad sin retroalimentación ambiental. En cambio, en el caso del lenguaje o la mayoría de las situaciones de resolución de problemas, el niño sabe durante la primera fase que no ha alcanzado el nivel de maestría; p. ej., sus producciones lingüísticas no coinciden con el modelo lingüístico adulto o no resuelve el problema al que se enfrenta. Por eso, en estos casos la RR no se produce hasta haber alcanzado un nivel eficaz de maestría.

La segunda pega es que el cambio representacional empieza a ocurrir *antes* de alcanzar la maestría conductual. La crítica que acabamos de ver era que el cambio representacional no depende de la realización de conductas correctas en áreas concretas de un dominio de conocimiento dado. Un análisis más detenido de los modelos conexionistas me ha llevado a cuestionar la necesidad de alcanzar un nivel pleno de maestría conductual como prerrequisito del cambio representacional. Tan pronto como un modelo conexionista ha empezado a captar las regularidades de los datos de entrada, en el nivel de las unidades ocultas pueden verse ya signos de la representación de los rasgos componentes en unidades particulares, cambios que, sin embargo, no son aún aparentes en el nivel de salida. En otras palabras, la red representa conocimiento antes de ser capaz de usarlo en sus salidas. El problema es que, en el caso de los niños, el mejor indicio al que podemos recurrir se encuentra, hoy por hoy, en los datos, es decir, en las salidas observables. Aunque es cierto que, a medida que empecemos a usar los estudios de activación cerebral, tal vez seamos capaces de captar estas diferencias internas en los sujetos.

Es importante subrayar que la redescripción representacional no pretende captar cambios en el desarrollo que no sean duraderos. Su objetivo apunta a cambios internos más estables (aunque no congelados). Desgraciadamente, los medios de que disponemos para indagar en esos cambios internos son frustradoramente indirectos. Cabe esperar que, en el futuro, las nuevas técnicas de elaboración de imágenes del cerebro, tales como el PET y el MRI, nos ofrezcan esa posibilidad, al igual que el uso continuo de redes como modelos de la mente y el cerebro (Quartz y Sejnowski, 1994; Shultz y Schmidt, 1991), basándose en el manejo de muchos niveles distintos de análisis.

Referencias bibliográficas

Clements. W., y Perner, J. (1994). «Implicit understanding of false belief», comunicación presentada en la 10th Annual Conference of the Cognitive Section of the British Psychological Society, Cambridge, 9-11 septiembre.

Dartnall, T. (1994). «Redescribing redescription». *Behavioral and Brain Sciences,* 16 (4).
Donald, M. (1993). «Precis of Origins of the modern mind: Three stages in the evolution of culture and cognition». *Behavioral and Brain Sciences,* 15: 737-791.
Goldin-Meadow, S.; Alibali, M., y Church, R. B. (1993). «Transitions in concept acquisition: Using the hand to read the mind». *Psychological Review,* 100 (2): 279-297.
Karmiloff-Smith, A. (1994). *Baby It's You: A unique insight into the first three years of the developing baby.* Londres: Ebury Press, Random House.
Mounoud, P., y Hauert, C. A. (1982). «Development of sensory-motor organization in young children: Grasping and lifting objects». En G. E. Forman (Ed.), *Action and Thought: From sensori-motor schemes to thought operations.* Nueva York: Academic Press.
Povinelli, D. J., y DeBlois, S. (1992). «Young children's (homo sapiens) understanding of knowledge formation in themselves and others». *Journal of Comparative Psychology,* 106: 228-238.
Quartz, S. R., y Sejnowski, T. J. (1994). «Beyond modularity: Neural evidence for constructivist principles in development». *Behavioral and Brain Sciences,* 16 (4).
Rutkowska, J. C. (1993). *The computational infant: Looking for Developmental Cognitive Science.* Hove: Harvester Wheatsheaf.
Rutkowska, J. C. (1994). «Situating representational redescription in infants' pragmatic knowledge». *Behavioral and Brain Sciences,* 16 (4).
Shultz, T. R., y Schmidt, W. C. (1991). «A cascade-correlation model of balance scale phenomena». *Proceedings of the 13th Annual Conference of the Cognitive Science Society,* Hillsdale, N. J: Erlbaum, pp. 635-640.

NOTAS

Capítulo 1

[1] Véase también el análisis de Marr (1976) del principio de diseño modular.

[2] Fodor 1985, p. 37. Caplan (1985) también se ocupa de esta cuestión sosteniendo que los sistemas de entrada de datos son encapsulados a causa de la naturaleza de las representaciones que computan, no por algún rasgo de su procesamiento diseñado con un propósito especial.

[3] Véase también Logan, 1988; Posner y Snyder, 1975; Shiffrin y Schneider, 1977.

[4] De hecho, Fodor (1985, p. 35) niega específicamente no sólo la relevancia del desarrollo cognitivo sino la existencia misma del desarrollo tal y como lo conciben la mayor parte de las personas que estudian el desarrollo cognitivo.

[5] Véase el análisis que Marr (1982) hace de la modularidad en función de la existencia de distintos grados de modularidad. Véase también Shallice (1988), donde se sugieren modificaciones de la estricta definición de módulo hecha por Fodor.

[6] Otra definición de «innato» es la de Pylyshyn (1987, p. 117): «Lo que la gente quiere decir (o debería querer decir) cuando afirma que un estado o capacidad cognitiva es *innata* es lo siguiente: no que sea independiente de influencias ambientales, sino que es independiente de una construcción gobernada por reglas a partir de representaciones de propiedades pertinentes del ambiente. En otras palabras, no se encuentra relacionada sistemáticamente con su causa ambiental solamente en lo que a su contenido semántico (o informativo) se refiere».

[7] Karmiloff-Smith, 1986. Un análisis más reciente de la naturaleza de las especificaciones innatas puede encontrarse en Johnson, 1993, y Johnson y Morton, 1991.

[8] Existen datos provisionales, procedentes de estudios sobre la actividad cerebral de personas adultas estudiada mediante tomografía de emisión de positrones, que muestran, por ejemplo, que se activan áreas diferentes del cerebro en función de que los sujetos vean palabras reales (adquiridas durante su infancia, cuando aprendieron a leer) o «no palabras» a las que se enfrentan por vez primera; véase Peterson *et al.*, 1989, y Posner *et al.*, 1988. Que yo sepa, no existe aún ningún trabajo parecido realizado con niños pequeños.

[9] Beilin, 1989, Gruber y Voneche, 1977, y Gold, 1987, son excelentes revisiones de la teoría de Piaget. Teorías de dominio general neopiagetianas pueden encontrarse en Case, 1978,

Fischer, 1980, Halford, 1982, y Pascual Leone, 1976 y 1987; estos autores defienden la existencia de cambios generales a lo largo del desarrollo en el poder de memoria o de computación. Un nuevo punto de vista diferente del anterior puede encontrarse en M. Anderson, 1992.

[10] Fodor (1983, p. 33) utiliza el término «constructivismo» de manera distinta a Piaget. Para Fodor se trata de una forma de empirismo: «Específicamente, si pudiéramos considerar que las estructuras mentales están compuestas de elementos primitivos, tal vez podría demostrarse que hay mecanismos de aprendizaje responsables de provocar su construcción..., una convergencia real entre los motivos del asociacionismo clásico y quienes efectúan su reencarnación computacional. Ambas doctrinas ven en los análisis constructivistas de las estructuras mentales la promesa de una teoría empirista (es decir, no innatista) del desarrollo cognitivo». Según Piaget, su epistemología genética constructivista —la noción de que las estructuras cognitivas nuevas son propiedades emergentes de un sistema autoorganizativo— representaba una alternativa tanto al innatismo como al empirismo.

[11] Boden, 1982; Karmiloff-Smith, 1979a, 1986, 1991; Mandler, 1983. En Feldman y Gelman, 1987, y Gelman, Massey y McManus, 1991, pueden encontrarse algunas discusiones en este sentido.

[12] Puesto que la teoría del desarrollo cognitivo de Piaget hunde sus raíces en la noción de continuo biológico (véase, p. ej., Piaget, 1967), implícitamente —si no explícitamente—, Piaget debe de haber atribuido *algunos* atributos específicamente humanos a la mente del recién nacido, sin los cuales sería difícil comprender por qué el bebé humano difiere tan radicalmente de otras especies o qué tipo de teoría evolutiva tenía Piaget en mente.

[13] En Keil, 1986, puede encontrarse un análisis del cambio ontogenético de dominio específico; en Mounoud, 1986, una teoría basada en la repetición de fases de desarrollo; y en Carey, 1985, un análisis de las reorganizaciones fundamentales del conocimiento dentro de dominios específicos.

[14] Véase Gelman, 1990b, y la totalidad del volumen 14 (1990) de la revista *Cognitive Science*, dedicado al problema de las restricciones de dominios específicos en el desarrollo. Es especialmente interesante la excelente discusión que Keil hace en ese volumen de las diferencias entre las teorías de dominio específico y las de dominio general.

[15] Antes del nacimiento también hay organización. Según Turkewitz y Kenny (1982), la activación de diferentes sistemas sensoriales durante la embriogénesis es secuencial, lo cual tiene como consecuencia que los sistemas prenatales en desarrollo sean independientes entre sí. Por consiguiente, la organización inicial postnatal surge como una propiedad emergente de estas activaciones secuenciales. La restricción de las entradas sensoriales es, por tanto, adaptativa y ventajosa como base de la organización nerviosa y el desarrollo perceptivo posterior.

[16] Véase también Johnson-Laird, 1982, y Marshall, 1984.

[17] Véase también Maurer, 1976, y Meltzoff, 1990.

[18] En Johnson, 1988, y Johnson y Karmiloff-Smith, 1992, pueden encontrarse análisis críticos de distintas teorías seleccionistas de la especificación genética.

[19] Thelen (1989) defiende convincentemente la idea de que en un sistema epigenético no hay, en realidad, ninguna diferencia formal entre fuentes de cambio exógenas (externas) y endógenas (internas) en las que el papel del organismo desempeña un papel crucial.

[20] El cubo de Rubik es un juguete que consta de pequeños cuadrados móviles de seis colores distintos. El propósito del juego es mover los cuadrados, situados en pequeños bloques articulados que pueden desplazarse en todas direcciones, hasta conseguir que cada cara del cubo sea de un solo color.

[21] El paso de la práctica laboriosa a la automaticidad o procedimentalización ha sido objeto de numerosos análisis en la bibliografía sobre el aprendizaje de habilidades por personas

adultas. Puede consultarse, por ejemplo, Anderson, 1980, Logan, 1988, Posner y Snyder, 1975, y Shiffrin y Schneider, 1977.

[22] En J. Campbell, 1990, puede encontrarse una discusión de la importancia de introducir la noción de rerrepresentación en el desarrollo de modelos de inteligencia artificial.

[23] Quiero agradecer a Jean Mandler la paciencia que tuvo, al comentarme mis trabajos, para no dejar de plantearme el problema de la codificación lingüística directa ¡hasta que por fin me decidí a escucharla!

[24] Sarah Hennesy, estudiante de doctorado en la Unidad de Desarrollo Cognitivo de Londres, ha mostrado cómo los niños poseen información lingüísticamente codificada sobre principios matemáticos sin que lleguen a usarla en sus cálculos matemáticos durante un largo período de tiempo.

[25] Véase E. Clark, 1987, y Marshall y Morton, 1978, a propósito de la importancia de la incongruencia entre entradas y salidas en el aprendizaje temprano del lenguaje.

[26] La siguiente anécdota puede servir de jocosa ilustración de lo que quiero decir. Una vez me comprometí a dar una serie de clases sobre desarrollo en la Escuela de Verano de Sociología organizada por la Fundación Europea de la Ciencia. Como es lógico, me sentí obligada a dedicar una de las clases al tema de la interacción madre-hijo (campo de investigación que, con algunas excepciones, es predominantemente ateórico y que no me entusiasma especialmente), y para ilustrar ciertas ideas me puse a imitar los exagerados rasgos prosódicos del habla maternofilial. Después de la clase, una estudiante se me acercó presurosa y exclamó: «¡Ha sido espléndido! ¡Tan expresiva! Se nota que le gustan los niños». Entonces escuché cómo el científico cognitivo que hay en mí (no la madre) repuso con vehemencia: «¡ Yo *ODIO* a los niños!». Espero que mis queridas hijas me perdonen: ellas saben lo que quiero decir.

[27] Véase también Meltzoff, 1990.

[28] Sin embargo, véase en Rutkowska, 1991, un punto de vista distinto, así como la respuesta de Keil, 1991.

[29] Véase, p. ej., Gelman y Coley, 1991; Keil, 1979, 1989; Carey, 1985; Mandler, 1988; Mandler, 1993; Markman, 1989.

Capítulo 2

[1] Atkinson, 1982; Chomsky, 1986; Bloom, 1990; Hyams, 1986; Pinker, 1984, 1987, 1989; Roeper, 1987; Valian, 1986, 1990.

[2] Piaget, 1955b; Schlesinger, 1971; Slobin, 1973; Bowerman, 1973; Sinclair, 1971, 1987; Bates y MacWhinney, 1987; Bruner, 1974/75, 1978; Greenfield y Smith, 1976; Bates *et al.*, 1979; Golinkoff, 1983; Schaffer, 1977. Hay una interesante paradoja en torno a la adquisición del lenguaje que no parece darse en otros dominios del conocimiento. Newport y sus colaboradores (Johnson y Newport, 1989; Newport y Supalla, en prensa) afirman que, mientras que en la mayoría de los dominios del aprendizaje la habilidad aumenta en el curso del desarrollo, la capacidad de adquirir la lengua materna alcanza el máximo muy pronto y después declina. Cualquier persona que haya intentado aprender una segunda lengua siendo adulto lo sabe. Y, sin embargo, las capacidades generales de resolución de problemas de los adultos son considerablemente mayores que las de los niños de cuatro años. La conclusión más obvia que cabe extraer es que la adquisición de la lengua materna es una capacidad de dominio específico restringida por la maduración, puesto que cuando los adultos recurren a procesos de dominio general para adquirir otra lengua ésta no se adquiere como la lengua materna. Pero no todos los investigadores adoptan esta postura. Según Newport (1990), como las capacidades cognitivas de procesamiento general están *menos* desarrolladas en el niño pequeño, sólo

perciben y almacenan un número limitado de componentes de forma y significado. En cambio, los adultos almacenan segmentos mayores y se centran en establecer correspondencias de palabras enteras. Esto hace que el niño pequeño tenga ventaja sobre los niños de más edad y los adultos en aquellos aspectos del aprendizaje del lenguaje que requieren un análisis de componentes (p. ej., las estructuras morfológicas complejas). En otras palabras, el hecho de poseer una menor capacidad de procesamiento cognitivo capacita al niño para adquirir los componentes del sistema lingüístico que al adulto le resultan opacos. Newport muestra cómo, con independencia del tiempo de exposición a una segunda lengua (p. ej., treinta o más años), cuando la adquisición tiene lugar entre los tres y los siete años de edad, el producto final no se diferencia en nada del de los hablantes nativos de esa misma lengua, mientras que las personas cuyo aprendizaje comenzó a edades más tardías presentan un grado de aptitud progresivamente menor en tareas finas de estimación de la gramaticalidad. La hipótesis de «menos es más» es interesante, pero como los niños de siete años son cognitivamente mucho más avanzados que los de tres, la tesis de Newport llevaría a predecir que adquirir una segunda lengua igual que la lengua materna debería ser más difícil a los siete años que a los tres. Que yo sepa, eso no es así. Se pueden adquirir varias lenguas igual que la lengua materna con tal de que el aprendizaje se produzca pronto, en el período anterior a la pubertad. (Evidentemente, para adquirir la segunda lengua igual que la materna, el niño debe estar inmerso en un ambiente de aprendizaje natural, no en una situación formal como la escolar.) Para que el argumento de dominio general de Newport se sostuviese, debería demostrar que entre los tres y los siete años declina el nivel de las adquisiciones, tal vez usando tareas de estimación lingüística más difíciles. Tendría además que reconciliar estos argumentos con los que ha desarrollado en artículos anteriores (p. ej., Newport, 1981) en los que demostraba que los niños que aprenden lenguaje de signos empiezan produciendo signos holísticos que posteriormente separan en sus partes morfológicas. Analizo esta cuestión más adelante en este capítulo.

[3] También resulta difícil hacer encajar la noción de periodo crítico para la adquisición del lenguaje (Lenneberg, 1967) con la noción piagetiana de que el lenguaje surge simplemente a partir de la inteligencia sensoriomotriz. Un periodo crítico supone una predisposición biológica presente sólo en determinados periodos madurativos. Esto no sucede sólo en el aprendizaje de segundas lenguas, como veíamos en la nota anterior, sino también para aprender la lengua materna. Newport (1990) lo comprobó en un detallado estudio de personas sordas de nacimiento, pero por lo demás normales, cuya lengua materna era el lenguaje de signos americano (ASL, en su abreviatura inglesa). La edad en que estas personas adultas habían entablado contacto por vez primera con el ASL variaba, abarcando desde el momento del nacimiento hasta diversos momentos durante su niñez. Los «hablantes» o, mejor, «signantes» nativos habían empezado a aprender ASL en la cuna, es decir, en la atmósfera familiar de sus padres, también sordos y usuarios de dicho lenguaje. Los otros eran hijos de padres oyentes que no sabían lenguaje de signos. Dentro de este grupo había aprendices precoces que habían entrado en contacto con el ASL entre las edades de cuatro y seis años al interactuar con compañeros sordos del internado especial al que acudían. Un tercer grupo, los aprendices «tardíos», habían entrado en contacto con el ASL a través de compañeros entre los 14 y los 26 años. En el momento de ser sometidas a prueba, ya de adultas, todas estar personas habían estado en contacto con el ASL por períodos que oscilaban entre 40 y 70 años. Y, aunque todas ellas «hablaban» con fluidez el ASL, Newport encontró una relación sistemática entre la edad en que habían entrado en contacto por vez primera con el lenguaje y su capacidad de producir y comprender la compleja morfología de los verbos del lenguaje de signos. Estos resultados sugieren que el estado madurativo tiene un efecto de muy largo alcance en la adquisición de una lengua materna.

[4] Hay que resaltar que estos argumentos seguirían siendo válidos aunque decidiésemos

rechazar el modelo sintáctico de Chomsky de principios y parámetros (Chomsky, 1981, 1986; véase también la discusión de Roeper, 1987) y adoptar, por ejemplo, un modelo de especificación léxica (Bresnan, 1982; Gazdar, 1982) o de implicaturas universales (Hawkins, 1983), con tal de suponer que éstas se encontrasen innatamente especificadas. No se trata de defender el modelo de Chomsky sino de hacer hincapié en el hecho de que, para explicar cómo se pone en marcha la adquisición del lenguaje, es precisa alguna predisposición *específicamente lingüística* que interactúe con entradas de información lingüísticamente pertinente.

[5] Una descripción más completa, acompañada de un análisis crítico, de la postura de la escuela piagetiana en relación a la adquisición del lenguaje puede encontrarse en Karmiloff-Smith, 1979a, pp. 3-19.

[6] En Marshall, 1980 y 1984, puede encontrarse una discusión de esta cuestión.

[7] Una discusión completa puede encontrarse en Gleitman y Wanner, 1982.

[8] Esto es algo que cada lengua puede hacer de modo distinto y usando diferentes mecanismos (Bowerman, 1989; Choi y Bowerman, 1991).

[9] Eilers *et al.*, 1984; Eimas *et al.*, 1971; Fernald y Kuhl, 1981; Fowler *et al.*, 1986; Kuhl, 1983; DeMany *et al.*, 1977; Spring y Dale, 1977; Sullivan y Horowitz, 1983.

[10] Véase también Seidenberg y Petitto, 1987.

[11] En Mandler, 1988, puede encontrarse un análisis del carácter simbólico de estos signos precoces.

[12] Véase también Soja *et al.*, 1985.

[13] Véase también Taylor y Gelman, 1988.

[14] En su crítica del enfoque basado en restricciones, Nelson (1988) pasa por alto este hecho tan importante. Sin embargo, sus argumentos sirven para resaltar la necesidad de que los teóricos de las restricciones proporcionen formulaciones más precisas de las restricciones que invocan.

[15] En Maratsos y Chalkley, 1980, puede encontrarse un análisis de varios intentos abortados de reducir las categorías sintácticas a categorías semánticas, pero en Braine, 1991, puede encontrarse una reciente recuperación, más sutil, de la hipótesis de la facilitación semántica.

[16] Véase también Golinkoff y Hirsch-Pasek, 1990.

[17] La mayoría de los experimentos psicolingüísticos exigen que los sujetos, sean niños o adultos, adopten una postura metalingüística. Y, una vez tratadas metacognitivamente, las representaciones están sin duda abiertas a restricciones cognitivas de dominio neutral. Por consiguiente, hay que ser cautos a la hora de extraer conclusiones sobre las bases iniciales del lenguaje basándonos en experimentos psicolingüísticos sobre etapas posteriores del mismo. Aunque no cabe duda de que hay experimentos que demuestran que a veces el lenguaje está restringido por el conocimiento, esto se debe a menudo a que los propios experimentos no activan realmente el procesamiento normal del lenguaje sino restricciones metacognitivas de dominio general.

[18] Berthoud-Papandropoulou, 1978; Bialystok, 1986a, 1986b; Clark, 1978; Tunmer *et al.*, 1983.

[19] En Tyler, 1988, puede encontrarse un análisis de la distinción «en directo / en diferido» [«on-line/off-line»] tal y como puede aplicarse a pacientes adultos aquejados de afasia.

[20] Este experimento se basaba en una tarea en diferido diseñada por Berthoud Papandropoulou (1978, 1980).

[21] Véase también Gerken *et al.*, 1987.

[22] Los detalles de este estudio pueden encontrarse en Karmiloff-Smith, 1979a, pp. 170-85.

[23] Aunque los niños suponen temporalmente que el artículo indefinido significa preferentemente «uno solo» en lugar de «uno cualquiera», si añadimos la expresión «quiero jugar» (p. ej., «prête-moi un ballon; je veux jouer» [«préstame una pelota; quiero jugar»]), entonces los niños de entre cinco y siete años vuelven a hacerlo bien, como los de tres años. El aña-

dido parece subrayar la función de referencia inespecífica de «una pelota [cualquiera]» en lugar de «una [sola] pelota». (Véase Karmiloff-Smith 1979a, p. 175).

[24] Los detalles completos pueden encontrarse en Karmiloff-Smith, 1979a, pp. 64-86.

[25] Por ejemplo, Maratsos, 1976, y Warden, 1976, en el caso del inglés; Karmiloff-Smith 1979a, en el del francés.

Capítulo 3

[1] Esta propuesta de Spelke contradice las ideas de Marr (1982) sobre la percepción de objetos, según las cuales la percepción tridimensional se forma después de haberse realizado un análisis bidimensional del cual surge un bosquejo en dos dimensiones y media. Según Spelke, la segmentación de los objetos ocurre *después* de percibir tridimensionalmente la distancia y el movimiento superficiales, lo cual evitaría algunos de los problemas que se plantean al buscar las fronteras entre objetos en representaciones de nivel bajo de estimulaciones visuales en dos dimensiones. En Spelke, 1990, puede verse una exposición más detallada y fecunda; y en Rutkowska, 1991, un punto de vista distinto.

[2] Parece que el movimiento es también un factor esencial en los sesgos atencionales y procesos perceptivos tempranos. Por ejemplo, Vinter (1984, 1986) ha demostrado que para provocar imitación en el recién nacido es preciso que el modelo sea dinámico (p. ej., movimientos de meter y sacar la lengua). Vinter consiguió reproducir los resultados de Meltzoff (1988) con recién nacidos empleando el movimiento, pero sólo a partir de los 8-9 meses de edad eran capaces los bebés de Vinter de hacer el movimiento de sacar la lengua en respuesta a un modelo estático en el que la lengua aparecía ya sobresaliendo. Asimismo, Johnson y Morton (1991) han demostrado que los recién nacidos atienden selectivamente a caras en movimiento antes que a otros estímulos visuales, pero, a ciertas edades, esto puede no cumplirse si el estímulo facial es estacionario.

[3] No todos los investigadores aceptan esta interpretación; véase, p. ej., Stiles (comunicación personal) y Rutkowska, 1991.

[4] Una discusión de esta cuestión puede encontrarse en Leslie, 1988.

[5] En Karmiloff-Smith, 1984, puede encontrarse una reinterpretación de los datos.

[6] Véase también S. Gelman y Coley, 1991; S. Gelman y Markman, 1986; Keil, 1979, 1989, 1990.

[7] Otros autores (Klahr y Dunbar 1988; Kuhn *et al.*, 1988; Moshiman, 1979) han adoptado una perspectiva de dominio general sobre el descubrimiento científico en los niños, según la cual el niño avanza pasando de centrarse en la consideración de datos a la teorización. El concepto de sucesión de fases que caracteriza al modelo RR defiende la existencia de desarrollos de dominio específico en la relación entre la teoría y los datos.

[8] Véanse las discusiones de la noción de «teoría» en Carey, 1985, Perner, 1981 y Wellman, 1990.

Capítulo 4

[1] Véase también Gruber y Voneche, 1977.

[2] Por supuesto, si uno presenta una situación como, por ejemplo, una línea de huevos con su correspondiente línea de copas para huevos, el establecimiento de la correspondencia resulta mucho más fácil para el niño porque puede prescindir de la cardinalidad. En Gold, 1978, 1985 y 1987, pueden encontrarse interesantes discusiones de este y otros temas piagetianos.

[3] Beilin, 1989; Tollefsrud-Anderson *et al.,* 1994.

⁴ Gelman, 1982; Gelman y Cohen, 1988; Gelman y Gallistel, 1978; Gelman y Greeno, 1989; Gelman y Meck, 1986; Starkey, Spelke y Gelman, 1983, 1990.

⁵ Estudios semejantes pueden encontrarse en Sophian y Adams, 1987; Starkey y Cooper, 1980; Strauss y Curtis, 1981, 1984, y Starkey *et al.*, 1980.

⁶ No está claro por qué los bebés, cuando responden intermodalmente, suelen hacerlo sistemáticamente, en una amplia gama de tipos de estimulación, a las correspondencias, pero a veces en cambio lo hacen a las diferencias (en Spelke, 1985, puede verse un análisis de la cuestión). Pero lo importante es la sistematicidad de sus respuestas, ya sea a las correspondencias o a las diferencias, en una tarea dada.

⁷ Siegler ha demostrado también que en todos los casos, antes de descubrir una estrategia nueva, los niños son capaces de resolver correctamente la tarea del número. Siegler demuestra que los niños *descubren* una estrategia nueva después de un período de actuación eficaz sin presiones externas para el cambio, pero empiezan a *generalizar* estrategias nuevas al encontrar dificultades. Descubrió que, muchas veces, esos ensayos correctamente resueltos que preceden al descubrimiento de una estrategia nueva iban acompañados de largas pausas y/o extrañas verbalizaciones en voz baja. Podría tratarse de indicios de que algo parecido a la redescripción representacional está ocurriendo internamente. Lo que los nuevos estudios de Siegler demuestran es que un sistema tiene que alcanzar estabilidad —lo que yo he denominado «maestría conductual»— antes de que el niño pueda desarrollar nuevas estrategias. Los nuevos hallazgos de Siegler parecen especialmente relevantes para el modelo RR (véase también Resnick y Greeno, 1990).

⁸ Esta diferenciación precoz parece darse también en la notación escrita de los números y las letras mucho antes de que el niño sepa leer (Tolchinsky-Landsmann, 1991; Tolchinsky-Landsmann y Karmiloff-Smith, 1992). Más aún, en una serie de experimentos recientes (Karmiloff-Smith, Grant, Jones y Cuckle, 1991) hemos comprobado que los niños admiten que «mesa», «pensar» y «techo» son palabras, pero se muestran reacios a aceptar que «tres» y otros números también lo sean. Como decía un niño de cinco años: «Tres es una especie de palabra, pero no es una palabra de verdad, es un número».

⁹ Al contar conjuntos preagrupados, se obtienen dos números: el intragrupo (seis conchas por grupo) y el intergrupo (número total de grupos). El producto de estos dos números parece un caso de multiplicación.

¹⁰ Lo mismo sucede en el caso del lenguaje en ausencia de la estimulación ambiental adecuada (Curtiss, 1977).

¹¹ Véase Davis y Perusse, 1988, y los comentarios adjuntos a este artículo.

¹² Véase también Capaldi y Miller, 1988.

Capítulo 5

¹ Veáse Johnson y Morton (1991) y una versión reducida en Morton y Johnson (1991).

² Veáse también Johnson y Morton, 1991.

³ Sigue habiendo distintos puntos de vista sobre esta cuestión. Frye *et al.* (1983) afirman que los niños pequeños no distinguen los mundos humano y no humano.

⁴ Adrien *et al.* (1991) hacen un análisis muy interesante basado en el estudio de películas caseras en las que encuentran indicios de diferencias en los niños autistas desde muy pequeños.

⁵ Bruner (1974-75). Veáse también Leslie y Happé (1989).

⁶ Ver, por ejemplo, Bruner (1974-75 y 1978).

⁷ En Premack (1988) puede encontrarse un nuevo análisis, especialmente revelador, de la cuestión de si las especies no humanas tienen o no teoría de la mente.

⁸ Esta distinción fue introducida en los debates sobre el desarrollo de la teoría de la

mente por Wellman (1983) y Wimmer y Perner (1983). Véase también Gopnik y Astington (1988, 1991). A lo largo de la mayor parte de este capítulo, voy a utilizar la distinción que se hace en la filosofía de la mente entre contenidos proposicionales y actitudes proposicionales, con el fin de evitar embarcarme en una larga discusión sobre las diferencias entre las nociones de Vygotski de «representación de segundo orden», el uso que hace Leslie de las expresiones «representación de segundo orden» y «metarrepresentación», el que hace Perner de «metarrepresentación» y «meta-modelos», el mío propio de «metarrepresentación» y «operadores meta-procedimentales», el uso que hace Flavell de «meta-cognición», y otros muchos usos de estos términos que se encuentran en la bibliografía evolutiva de las dos últimas décadas.

[9] Una posibilidad es que haya una capacidad metarrepresentacional de dominio general que se aplicaría a los protodeclarativos, que son de dominio específico, de resultas de lo cual surgirían como productos emergentes las actitudes proposicionales.

[10] Más detalles sobre esta importante distinción, que muchos psicólogos evolutivos emplean actualmente, pueden encontrarse en Astington y Gopnik (1991).

[11] Bates (1979) y Nicholich (1977) han demostrado que los niños pequeños capaces de fingir que beben de una taza vacía no son capaces aún de hacer que una muñeca u otra persona finjan. Asimismo, parece que los niños más pequeños son capaces de hacer juego de ficción con objetos reales antes que sin objetos.

[12] Según Perner (1991), los términos temporales como «mañana» también se desacoplan. Neil Smith señala que los términos deícticos (mañana, aquí, allí, etc.) no pueden representarse en el lenguaje del pensamiento y, por tanto, deben tener un estatus representacional especial, diferente del de verbos como «creer» y «pensar».

[13] Curiosamente, en algunas situaciones de resolución de problemas, como la de la Torre de Hanoi, a veces los niños pequeños pueden resolver una tarea por un procedimiento lingüístico (dando instrucciones verbales al experimentador), aunque tengan problemas para ejecutar ellos mismos la solución de la tarea (Klahr y Robinson, 1981).

[14] Mediante este término Perner parece tener en mente algo análogo a las representaciones que sostienen la maestría conductual en el modelo RR, es decir, representaciones almacenadas independientemente a las que pueden añadirse, pero que no están ligadas a, otras representaciones. A estas representaciones las he denominado «adjunciones representacionales» (a diferencia de las redescripciones representacionales y la reestructuración).

[15] Este nuevo desarrollo que plantea Perner tiene reminiscencias de teorías neo-piagetianas sobre el crecimiento de la capacidad de memoria a corto plazo (Case, 1989).

[16] Véase Zaitchik (1990) en defensa de una posición parecida. Freeman (1990) da convincentes argumentos en contra de ampliar la noción de teoría de la mente.

[17] Ver también Wimmer et al. (1988).

[18] Estos elementos están implícitos en la causalidad y la planificación. DasGupta y yo misma estamos estudiando estas demarcaciones temporales y procesos de planificación en niños normales de tres y cuatro años.

[19] Rolls (1991) sugiere que este es el papel que tiene el hipocampo. Eso va más allá de la supuesta especificidad de los cómputos de teoría de la mente.

[20] Frith (1989 y artículos anteriores) postula que el autismo implica también una deficiencia más general relacionada con lo que ella llama «coherencia central». Ésta no parece requerir metarrepresentaciones. Para más detalles sobre el desarrollo anormal veáse más adelante el capítulo 7.

[21] Veáse Carey (1985), Perner (991) y Wellman (1990), en donde se trata más extensamente la definición de «teoría».

Capítulo 6

¹ Es importante señalar que el uso del término «representación» difiere en función de cuál sea el el foco de estudio (para más detalles, ver Mandler, 1983, y Sperber, 1985). En la literatura tradicional sobre el dibujo, normalmente se usa «representación» para referirse a la forma externalizada que los niños plasman sobre el papel (es decir, lo dibujado), así como a la representación física del espacio mediante mapas y maquetas (Blades y Spencer, 1991; Liben y Downs, 1989). A lo largo de todo el libro se ha usado «representación» para referirse exclusivamente a algo interno en la mente del niño; usamos «notación» para referirnos al producto externo.

² Me gustaría agradecer a Rochel Gelman el permitirme ver las cintas de vídeo de uno de sus trabajos todavía no publicados; viéndolas me di cuenta de esta reveladora diferencia.

³ Para más detalles ver Tolchinsky-Landsmann y Karmiloff-Smith (1992).

⁴ No obstante, veáse McManus (1991) en defensa de un gen para la lectura.

⁵ Para más detalles sobre el experimento, veáse Karmiloff-Smith (1979c).

⁶ Recuérdense los argumentos sobre puntos finales y cardinalidad del capítulo 4.

⁷ Me gustaría agradecer a Fiona Spencer de la Open University, a Ceri Evans de la Universidad de Oxford y a un grupo de estudiantes italianos que trabajan con Anna-Emilia Berti en la Universidad de Padua el haberme enviado los resultados de sus proyectos de estudiantes.

Capítulo 7

¹ Una discusión completa del caso del autismo puede encontrarse en Frith, 1989; Leslie, 1990, y Rutter, 1987.

² Véase DasGupta y Frith (en curso de realización) en relación con la causalidad y DasGupta y Karmiloff-Smith (en curso de realización) en relación con la planificación y la resolución de problemas.

³ Véase también Changeux, 1985; Piatelli-Palmarini, 1989; y Johnson y Karmiloff-Smith, 1992.

⁴ Desde que leí el trabajo de Greenough, me dedico a leer, llena de optimismo, libros sobre cuestiones tan peliagudas como la conciencia mientras hago mis ejercicios diarios en la bicicleta estática.

⁵ Sin embargo, no tenemos por qué aceptar su idea de la fenocopia que se transmite a generaciones futuras (Piaget, 1967).

⁶ Lo mismo sucede cuando los niños adquieren el género gramatical (Karmiloff-Smith, 1979a) o habilidades aritméticas (Siegler y Crowley, 1991; Siegler y Jenkins, 1989).

⁷ Resulta curioso que tanto Piaget como los conexionistas se centren en las relaciones entre entradas y salidas no simbólicas, sensoriomotrices, y que ambos hayan evitado inicialmente el término «representación». Los autores de los primeros libros sobre conexionismo estaban orgullosos de haber obtenido dinámicas de sistemas «sin representaciones». Siempre tuve la impresión de que lo que llamaban «unidades ocultas» eran en realidad las representaciones de la red. Hace poco, los propios conexionistas han empezado a referirse a este nivel como la capa de representaciones internas.

Capítulo 8

¹ También puede consultarse el uso de sistemas de producción para simular el desarrollo por parte de Siegler (1989) y Newell (1991). También son interesantes los enfoques híbridos

entre procesamiento paralelo y sistema de producción secuencial tales como los de Anderson (1983), Just y Carpenter (1992) y Thibadeau *et al.* (1982), que incorporaban la noción de fuerza de producción a la elaboración de modelos de sistema de producción.

[2] Quisiera mostrar mi agradecimeinto especialmente a Elizabeth Bates, Jeff Elman y Jean Mandler de la Universidad de California, San Diego, por haberme convencido de asistir al Curso sobre Simulación de Redes Neuronales para Psicólogos del Desarrollo financiado por la fundación MacArthur. La experiencia de primera mano sobre simulaciones conexionistas que obtuve en ese curso me ayudó a comprender mejor las posibilidades de las redes PDP para el desarrollo. Cathy Harris y Virginia Marchmann fueron profesoras de primera. Quiero también dar las gracias a Jay McClelland y a todos sus colaboradores de la Universidad Carnegie Mellon por animarme a proseguir tras mis primeras incursiones en el campo de la simulación del desarrollo.

[3] Véase, sin embargo, la voluminosa crítica a este respecto de Pinker y Prince (1988) y Pinker (1989).

[4] Véase también Servan-Schreiber *et al.*, 1988.

[5] No está claro si el aprendizaje le habría resultado más fácil o más difícil a la red si los solapamientos entre las relaciones semánticas y gramaticales de las palabras se hubiesen representado de forma distribuida.

[6] Hace poco, han llegado a mi conocimiento algunos intentos interesantes; entre ellos, las descripciones reducidas de Hinton, las RAAM de Pollack, la esqueletización de Mozer y Smolensky, la descomposición de tareas mediante competición entre distintas redes de Jacobs, Jordon y Barto, la fragmentación [*chunking*] de Touretsky y la proyección de conjuntos de reglas simbólicas de McMillan.

BIBLIOGRAFÍA

Adrien, J. L., Faure, M., Perrot, A., Hameury, L., Garreau, B., Barthelemy, C., y Sauvage, D., 1981. «Autism and family home movies: Preliminary findings». *Journal of Autism and Developmental Disorders,* 21: 43-49.
Andersen, E. M., y Spain, B., 1977. *The Child with Spina Bifida.* Methuen.
Anderson, J. R., 1980. *Cognitive Psychology and Its Implications.* Freeman.
Anderson, M., 1992. *Intelligence and Development: A Cognitive Theory.* Oxford: Blackwell.
Antell, E., y Keating, D. P., 1983. «Perception of numerical invariance in neonates». *Child Development,* 54: 695-701.
Ashmead, D. H., y Perlmutter, M., 1980. «Infant memory in everyday life». En M. Perlmutter (ed.), *New Directions for Child Development: Children's Memory,* vol 10. S. Francisco: Jossey-Bass.
Astington, J. W., 1989. «Developing theories of mind: What develops and how do we go about explaining it?». Comunicación presentada en el Congreso de la Society for Research in Child Development, Kansas City.
Astington, J. W., y Gopnik, A., 1991. «Developing understanding of desire and intention». En A. Whiten (ed.), *Natural Theories of Mind: Evolution, Development and Simulation of Everyday Mindreading.* Oxford: Blackwell.
Atkinson, M., 1982. *Explanations in the Study of Child Language Development.* Cambridge: Cambridge University Press.
Au, T. K., y Markman, E. K., 1987. «Acquiring word meanings via linguistic contrast». *Cognitive Development,* 2: 217-236.
Baillargéon, R., 1986. «Representing the existence and the location of hidden objects: Object permanence in 6- and 8-month-old infants». *Cognition,* 23: 21 41.
—, 1987a. «Object permanence in 3.5- and 4.5-month-old infants». *Developmental Psychology,* 23: 655-664.
—, 1987b. «Young infants' reasoning about the physical and spatial properties of a hidden object». *Cognitive Developmenf,* 2: 170-200.

—, 1991. «Reasoning about the height and location of a hidden object in 4.5and 6.5-month-old infants». *Cognition,* 38, no. 1: 13-42.
Baillargéon, R., Graber, M., Devos, J., y Black, J., 1990. «Why do young infants fail to search for hidden objects?». *Cognition,* 36: 255-284.
Baillargéon, R., y Hanko-Summers, S., 1990. «Is the top object adequately supported by the bottom object? Young infants' understanding of support relations». *Cognitive Development,* 5: 29-53.
Baillargéon, R., Spelke, E., y Wasserman, S., 1986. «Object permanence in five month old infants». *Cognition,* 20: 191-208.
Baron, J., 1973. «Semantic development and conceptual development». *Cognition,* 2: 299-318.
Baron-Cohen, S., 1989a. «Are autistic children 'behaviorists'? An examination of their mental-physical and appearance-reality distinctions». *Journal of Autism and Developmental Disorders,* 19: 579-600.
—, 1989b. «Perceptual role-taking and proto-declarative pointing in autism». *British Journal of Developmental Psychology,* 7: 113-127.
—, 1991. «Precursors to a theory of mind: Understanding attention in others». En A. Whiten (ed.), *Natural Theories of Mind: Evolution, Development and Simulation of Everyday Mindreading.* Oxford: Blackwell.
Baron-Cohen, S., Leslie, A. M., y Frith, U., 1985. «Does the autistic child have a "theory of mind"?». *Cognition,* 21: 37-46.
—, 1986. «Mechanical, behavioural and intentional understanding of picture stories in autistic children». *British Journal of Developmental Psychology,* 4: 113-125.
Bates, E., 1979. *The Emergence of Symbols: Cognition and Communication in Infancy.* Academic Press.
—, 1991. «Developmental psychology and connectionism». Conferencia pronunciada en el Congreso de la Society for Research in Child Development, Seattle.
Bates, E., Benigni, L., Bretherton, I., Camaioni, L., y Volterra, V., 1979. *The Emergence of Symbols: Cognition and Communication in Infancy.* Academic Press.
Bates, E., y MacWhinney, B., 1987. «Competition, variation and language learning». En B. MacWhinney (ed.), *Mechanisms of Language Acquistion.* Erlbaum.
Bechtel, W., y Abrahamsen, A., 1991. *Connectionism and the Mind: An Introduction to Parallel Processing in Networks.* Blackwell.
Beilin, H., 1985. «Dispensable and core elements in Piaget's research program». *Genetic Epistemologist,* 13: 1-16.
—, 1989. «Piagetian theory». *Annals of Child Development,* 6: 85-131.
Bellugi, U., Marks, S., Bihrle, A. M., y Sabo, H., 1988. «Dissociation between language and cognitive functions in Williams Syndrome». En D. Bishop y K. Mogford (eds.), *Language Development in Exceptional Circumstances.* Churchill Livingstone.
Berthoud-Papandropoulou, I., 1978. «An experimental study of children's ideas about language». En A. Sinclair, R. J. Jarvella, y W. J. M. Levelt (eds.), *The Child's Conception of Language.* Springer-Verlag.

—, 1980. *La réfléction métalinguistigue chez l'enfant.* Imprimerie Nationale (Ginebra).
Bever, T. G., Mehler, J., y Epstein, J., 1968. «What children do in spite of what they know». *Science,* 162: 921-924.
Bialystok, E., 1986a. «Factors in the growth of linguistic awareness». *Child Development,* 86: 498-510.
Bialystok, E., 1986b. «Children's concept of word». *Journal of Psycholinguistic Research,* 15: 13-32.
—, 1992. «Symbolic representation of letters and numbers». *Cognitive Development,* 7, no. 3.
—, 1993. «Metalinguistic awareness: The development of children's ideas about language». En C. Pratt y A. F. Garton (eds.), *The Development and Use of Representation in Children.* Wiley.
Blades, M., y Spencer, C., 1987. «Young children's strategies when using maps with landmarks». *Journal of Environmental Psychology,* 7: 201-217.
Bloom, L., 1970. *Language Development: Form and Function in Emerging Grammars.* MIT Press.
Bloom, L., Lifter, K., y Broughton, J., 1985. «The convergence of early cognition and language in the second year of life: Problems in conceptualization and measurement». En M. Barrett (ed.), *Children's Single Word Speech.* Wiley.
Bloom P., 1990. «Syntactic distinctions in child language». *Journal of Child Language,* 17.
Boden, M. A., 1982. «Is equilibration important? A view from Artificial Intelligence». *British Journal of Psychology,* 73: 165-173.
Bolger, F., 1988. «Children's Notational Competence», tesis Doctoral, MRC Cognitive Development Unit y University College, Londres.
Bolger, F., y Karmiloff-Smith, A., 1990. «The development of communicative competence: Are notational systems like language?» *Archives de Psychologie,* 58: 257-273
Bonvillian, J. D., Orlansky, M. D., y Novack, L. L., 1983. «Developmental milestones: Sign language and motor development». *Child Development,* 54: 1.435-1.445.
Bornstein, B., 1963. «Prosopagnosia». En Halpern (ed.), *Problems of Dynamic Neurology,* Hadassah Medical Organisation, Jerusalén.
Bornstein, M., Ferdinarldsen, K., y Gross, C. G., 1981. «Perception of symmetry in mfancy». *Developmental Psychology,* 17: 82-86.
Bovet, M. C., Dasen, P. R., Inhelder, B., y Othenin-Girard, C., 1972. «Etapes de l'intélligence sensori-motrice chez l'enfant baoulé». *Archives de Psychologie,* 41: 363-386.
Bowerman, M., 1973. *Early Syntactic Development: A Crosslinguistic Study with Special Reference to Finnish.* Cambridge University Press.
—, 1989. «Learning a semantic system: What role do cognitive predispositions play?» En M. L. Rice y R. L. Schiefelbusch (eds.), *The Teachability of Language.* Paul H. Brookes.
Boysen, S. T., y Berntson, G. B., 1989. «The emergence of numerical competence

in the chimpanzee *(Pan troglodytes)*». En S. T. Parker y K. R. Gibson (eds.), *Language and Intelligence in Animals: Developmental Perspectives*. Cambridge University Press.

Braine, M. D. S., 1987. «What is learned in acquiring word classes? A step towards an acquisition theory». En B. MacWhinney (ed.), *Mechanisms of Language Acquisition*. Erlbaum.

Braine, M. D. S., 1991. «Whalt sort of innate structure is needed to «bootstrap» into syntax?», manuscrito, Nueva York University.

Bresnan, J. (ed.), 1982. *The Mental Representation of Grammatical Relations*. MIT Press

Broughton, J., 1978. «Development of concepts of self, mind, reality, and knowledge». En W. Damon (ed.), *New Directions for Child Development*. Jossey-Bass.

Brown, A. L., 1990. «Domailn-specific principles affect learning and transfer in children». *Cognitive Science,* 14: 107-133.

Brown, R. W., 1973. *A First Language: The Early Stages*. Harvard University Press.

Bruner, J. S., 1970. «The growth and structure of skill». En K. Connolly (ed.), *Mechanisms of Motor Development*. Academic Press. (Trad. castellana en J. Linaza, comp., *Acción, pensamiento y lenguaje*. Madrid. Alianza Editorial, 1986.)

—, 1974-75. «From communication to language: A psychological perspective». *Cognition* 3: 255-87. (Trad, castellana: «De la comunicación al lenguaje», en *Monografías de Infancia y Aprendizaje 1: La Adquisición del Lenguaje*, Madrid, 1982. Otra traducción en A. Perinat, comp., *La Comunicación Preverbal*, Barcelona, Avesta, 1988.)

—, 1978. «On prelinguistic prerequisites of speech». En R. N. Campbell y P. T. Smith, (eds.), *Recent Advances in the Psychology of Language: Language development and mother-child interaction*. Nueva York. Plenum Press.

Bryant, P., 1974. *Perception and Understanding in Young Children*. Methuen.

Butterworth, G. (ed.), 1981. *Infancy and Epistemology: An Evaluation of Piaget's theory*. Harvester.

Butterworth, G., 1991. «The ontogeny and phylogeny of joint visual attention». En A. Whiten (ed.), *Natural Theories of Mind: Evolution, Development and Simulation of Everyday Mindreading*. Blackwell.

Campbell, J. A., 1990. «Challenges for knowledge representation», comunicación presentada en el International Symposium on Computational Intelligence, Milán.

Capaldi, E. J., y Miller, D. J., 1988. «Counting in rats: Its functional significance and the independent cognitive processes that constitute it». *Journal of Experimental Psychology: Animal Behavior Processes,* 14: 3-17.

Caplan, D., 1985. «A neo-cartesian alternative». *Behavioral and Brain Sciences,* 8: 6-7.

Carey, S., 1982. «Semantic development: The state of the art». En E. Wanner y L. Gleitman (eds.), *Language Acquisition: The State of the Art*. Cambridge University Press.

Carey, S., 1985. *Conceptual Change in Childhood*. MIT Press.

—, 1988. «Conceptual differences between children and adults». *Mind and Language*, 3: 167-181.
—, 1990. «Procedures toddlers use to constrain word meanings: Speculations and a little data». En E. Dromi (ed.), *Cognition and Language: Early Childhood Years*. Ablex.
Carraher, T. N., Carraher, D. W., y Schliemann, A. D., 1985. «Mathematics in the streets and schools». *British Journal of Developmental Psychology*, 3: 21-29.
Case, R., 1978. «Intellectual development from birth to adulthood: A neo-Piagetian interpretation». En R. S. Siegler (ed.), *Children's Thinking: What Develops?* Erlbaum.
—, 1989. «A neo-Piagetian analysis of the child's undershnding of other people, and the internal conditions which motivate their behavior», comunicación presentada en el Biennial Meeting of Society for Research in Child Development, Kansas City.
Chandler, M. J., y Boyes, M., 1982. «Social-cognitive development». En B. B. Wolman (ed.), *Handbook of Developmental Psychology*. Prentice-Hall.
Changeux, J. P., 1985. *Neuronal Man: The Biology of Mind.* Pantheon. (Trad. castellana de la versión original francesa: *El Hombre Neuronal.* Madrid. Espasa Calpe, 1989.)
Chi, M. T. H., y Klahr, D., 1975. «Span and rate of apprehension in children and adults». *Journal of Experimental Child Psychology*, 19: 434-439.
Chiat, S., 1986. «Personal pronouns». En P. Fletcher y M. Garman (eds.), *Language Acquisition.* Cambridge University Press.
Choi, S., y Bowerman, M., 1991. «Learning to express motion event in English and Korean: The influence of language-specific lexicalization patterns». *Cognition*, 41: 83-121.
Chomsky, N., 1965. *Aspects of the Theory of Syntax.* MIT Press. (Trad. castellana: *Aspectos de la Teoría de la Sintaxis,* Madrid, Cátedra.)
—, 1975. *Reflections on Language.* Pantheon. (Trad. castellana: *Reflexiones sobre el Lenguaje.*)
—, 1981. *Lectures on Government and Binding.* Foris.
—, 1986. *Knowledge of Language: Its Nature, Origin and Use.* Praeger. (Trad. castellana: *El Conocimiento del Lenguaje: su naturaleza, origen y uso.* Madrid, Alianza, 1992).
—, 1988. *Language and Problems of Knowledge.* MIT Press. (Trad, castellana: *El Lenguaje y los Problemas del Conocimiento.* Madrid, Visor, 1991).
Cipolottl, L., Butterworth, B., y Denes, G., 1991. «A specific deficit for numbers in a case of dense acalculia». *Brain,* 114, 2619-2637.
Clark, A., 1987. «The kludge in the machine». *Mind and Language*, 2: 277-300.
—, 1989. *Microcognition: Philosophy, Cognitive Science, and Parallel Distributed Processing.* MIT Press.
Clark, A., y Karmiloff-Smith, A., 1993. «The Cognizer's Innards: a psychological and philosophical perspective on the development of thought». *Mind and Language*, 8: 487-519.
Clark, E. V., 1973. «What's in a word? On the child's acquisition of semantics in

his first language». En T. E. Moore (ed.), *Cognitive Development and the Acquisition of Language.* Academic Press.
—, 1978. «Awareness of language: Some evidence from what children say and do». En A. Sinclair, R. J. Jarvella y W. Levelt (eds.), *The Child's Conception of Language.* Springer-Verlag.
—, 1987. «The principle of contrast: A constraint on language acquisition». En B. MacWhinney (ed.), *Mechanisms of Language Acquistion.* Erlbaum.
Cohen, S. R., 1985. «The development of constraints on symbol-meaning structure in notation: Evidence from production, interpretation and forced-choice judgements». *Child Development,* 56: 177-195.
Cole, M., 1989. «Cultural psychology: A once and future discipline?». En J. J. Berman (ed.), *Cross-Cultural Perspectives: Nebraska Symposium on Motivation,* vol. 37 University of Nebraska Press.
Cole, M. y Scribner, S., 1974. *Culture and Thought: A Psychological Introduction.* Wiley. (Trad. castellana: *Cultura y Pensamiento,* México, Limusa, 1977.)
Cooper, R. G., Jr., 1984. «Early number development: Discovering number space with addition and subtraction». En C. Sophian (ed.), *Origins of Cognitive Skills.* Erlbaum.
Cossu, G., y Marshall, J. C., 1990. «Are cognitive skills a prerequisite for learning to read and write?» *Cognitive Neuropsychology,* 7: 21-40.
—, 1986. «Theoretical implications of the hyperlexia syndrome: Two new Italian cases». *Cortex,* 22: 579-589.
Cowan, R., 1987. «Assessing children's idea of one-to-one correspondence». *British Journal of Developmental Psychology,* 5: 149-154.
Cox, M. V., 1985. «One object behind another. Young children's use of array-specific or view-specific representations». En N. H. Freeman y M. V. Cox (eds.), *Visual Order: The Nature and Development of Pictorial Representation.* Cambridge University Press.
Crain, S., y Fodor, J. D., 1993. «Competence and performance in child language». En E. Dromi (ed.), *Language and Cognition: A Developmental Perspective.* Ablex.
Cromer, R. F., 1983. «Hierarchical planning disability in the drawings and constructions of a special group of severely aphasic children». *Brain and Cognition,* 2: 144-164.
—, 1994. «A case study of dissociation between language and cognition». En H. Tager-Flusberg (ed.), *Constraints on Language Acquisition: Studies of Atypical Children.* Erlbaum.
Curtiss, S., 1977. *Genie: A Psycholinguistic Study of a Modern Day «Wild Child.»* Academic Press.
Dasen, P., Inhelder, B., Lavallee, M., y Retschitzki, J., 1978. *Naissance de l'Intélligence chez l'Enfant Baoulé de Côte d'Ivoire.* Hans Huber.
Dasser, V., Ulbaeck, L., y Premack, D., 1989. «The perception of intention». *Science,* 243: 365-367.
Davis, A. M., 1985. «The canonical bias: Young children's drawing of familiar objects». En Freeman, N. H., y Cox, M. V. (eds.), *Visual Order: The Nature and Development of Pictorial Representation.* Cambridge University Press.

Davis, H., y Perusse, R., 1988. «Numerical competence in animals». *Behavioral and Brain Sciences*, 11: 561-615.
Dawson, G., Hill, D., Spencer, A., Galpert, L., y Watson, L., 1990. «Affective exchanges between young autistic children and their mothers». *Journal of Abnormal Child Psychology*, 18: 335-345.
Dean, A. L., Scherzer, E., y Chabaud, S., 1986. «Sequential ordering in children's representations of rotation movements». *Journal of Experimental Child Psychology*, 42: 99-114.
DeMany, L., McKenzie, B., y Vurpillot, E., 1977. «Rhythm perception in early infancy». *Nature*, 266: 718-719.
Dennett, D. C., 1971. «Intentional systems». *Journal of Philosophy*, 68: 87-106.
Dennett, D. C., 1978. *Brainstorms: Philosophical Essays on Mind and Psychology*. Bradford.
Diamond, A., 1985. «Development of the ability to use recall to guide action as indicated by infants' performance on A-not-B». *Child Development*, 56: 868-883.
diSessa, A., 1982. «Unlearning Aristotelian physics: A study of knowledge-based learning». *Cognitive Science*, 6: 37-75.
Dockrell, J., y Campbell, R., 1986. «Lexical acquisition strategies in the preschool child». En S. Kuczaj y M. Barrett (eds.), *The Development of Word Meaning*. Springer-Verlag.
Donaldson, M., 1978. *Children's Minds*. Fontana. (Trad. castellana: *La Mente de los Niños*, Madrid, Morata).
Dromi, E., 1987. *Early Lexical Development*. Cambridge University Press.
Eilers, R. E., Bull, D. H., Oller, K., y Lewis, D. C., 1984. «The discrimination of vowel duration by infants». *Journal of the Acoustical Society of America* 75: 1.213-1.218.
Eimas, P. H., Siqueland, E. R., Jusczyk, P., y Vigorito, J., 1971. «Speech perception in infants». *Science*, 171: 303-306.
Elman, J. L., 1990. «Finding structure in time». *Cognitive Science*, 14: 179-211.
—, 1991. «Distributed representations, simple recurrent networks, and grammatical structure». *Machine Learning*, 7:195-225.
Estes, D., Wellman, H. M., y Woolley, J. D., 1990. «Children's understanding of mental phenomena». En H. Reese (ed.), *Advances in Child Development and Behavior*. Academic Press.
Farah, M. J., 1990. *Visual Agnosia: Disorders of Object Recognition and What They Tell Us about Normal Vision*. MIT Press.
Feldman, H., y Gelman, R., 1987. «Otitis media and cognitive development». En J. F. Kavanagh (ed.), *Otitis Media and Child Development*. Nueva York.
Feldman, H., Goldin-Meadow, S., y Gleitman, L., 1978. «Beyond Herodotus: The creation of language by linguistically deprived deaf children». En A. Locke (ed.), *Action, Symbol, and Gesture: The Emergence of Language*. Academic Press.
Fernald, A., y Kuhl, P., 1981. «Fundamental frequency as an acoustic determinant of infant preference for motherese», comunicación presentada en el Congreso de la Society for Research in Child Development, Boston.

Fernandes, D. M., y Church, R. M., 1982. «Discrimination of the number of sequential events by rats». *Animal Learning and Behavior,* 10: 171-176.
Ferreiro, E., 1982. «The relationship between oral and written language: The children's viewpoints». En Y. Goodman, M. Hausler y D. Strickland (eds.), *Oral and Written language: Developmental Research:* The Impact on the Schools. National Council of Teachers.
Ferreiro, E., y Sinclair, H., 1971. «Temporal relations in language». *International Journal of Psychology,* 6: 39 47.
Ferreiro, E., y Teberovsky, A., 1979. *Los sistemas de escritura en el desarrollo del niño.* Siglo XXI Editores.
Fillmore, C. J., 1968. «The case for case». En E. Bach y R. T. Harms (eds.), *Universals in Linguistic Theory.* Holt, Rinehart and Winston.
Fischer, K. W., 1980. «A theory of cognitive development: The control and construction of hierarchies of skills». *Psychological Review,* 87: 477-531.
Flavell, J. H., 1988. «The development of children's knowledge about the mind: From cognitive connections to mental representations». En J. Astington, P. L. Harris y D. R. Olson (eds.), *Developing Theories of Mind.* Cambridge University Press.
Flavell, J. H., Everett, B. A., Croft, K., y Flavell, E. R., 1981. «Young children's knowledge about visual perception: Further evidence for the Level 1/Level 2 distinction». *Developmental Psychology,* 17: 99-103.
Fodor, J. A., 1976. *The Language of Thought.* Harvester. (Trad. castellana: *El Lenguaje del Pensamiento,* Madrid, Alianza, 1986.)
—, 1978. «Propositional attitudes». *Monist,* 68: 501-523.
—, 1983. *The Modularity of Mind.* MIT Press. (Trad. castellana: *La Modularidad de la Mente.* Madrid. Morata, 1086.)
—, 1985. «Fodor's guide to mental representation: The intelligent auntie's vademecum». *Mind,* 94: 76-100.
—, 1987. *Psychosemantics: The Problem of Meaning in the Philosophy of Mind.* MIT Press. (Trad. castellana: *Psicosemántica.* Madrid. Tecnos, 1994.)
Forguson, L., y Gopnik, A., 1988. «The ontogeny of common sense». En J. Astington, P. L. Harris y D. R. Olson (eds.), *Developing Theories of Mind.* Cambridge University Press.
Fowler, C. A., Smith, M. R., y Tassinary, L. G., 1986. «Perception of syllable timing by prebabbling infants». *Journal of the Acoustical Society of America,* 79: 814-825.
Freeman, N. H., 1980. *Strategies of Representation in Young Children: Analysis of Spatial Skills and Drawing Processes.* Academic Press.
—, 1987. «Current problems in the development of representational picture production». *Archives de Psychologie,* 55: 127-152.
—, 1990. Manuscrito sin publicar, Bristol University.
Frith, U. 1989. *Autism: Explaining the Enigma.* Blackwell. (Trad. castellana: *Autismo: hacia una explicación del enigma.* Madrid. Alianza, 1991.)
Frye, D. Rawling, P., Moore, C., y Myers, I., 1983. «Object-person discrimination and communication at 3 and 10 months». *Developmental Psychology,* 19: 303-309.

Frydman, O., y Bryant, P., 1988. «Sharing and the understanding of number equivalence by young children». *Cognitive Development,* 3: 323-339.
Fuson, K. C., 1988. «Children's counting and concepts of number». En C. J. Brainerd (ed.), *Springer Series in Cognitive Development.* Springer-Verlag.
Fuson, K., Richards, J., y Brians, D., 1982. «The acquisition and elaboration of the number word sequence». En C. J. Brainerd (ed.), *Children's Logical and Mathematical Cognition.* Springer-Verlag.
Gallistel, C. R., 1990. *The Organization of Learning.* MIT Press.
Gallistel, C. R., y Gelman, R., 1991. «The what and how of counting». En W. F. Kesser A. Ortony y F. Craik (eds.), *Essays in Honor of George Mandler.* Erlbaum.
Gardner, H., 1985. *Frames of Mind: The Theory of Multiple Intelligences.* Basic Books.
Gardner, R. A., y Gardner, B. T., 1969. «Teaching sign language to a chimpanzee». *Science,* 165: 664-672. (Trad. castellana en V. Sánchez de Zavala, comp., *Sobre el Lenguaje de los Antropoides,* Madrid, Siglo XXI, 1976.)
Garnham, A., 1991. «Did two farmers leave or three? Comment on Starkey, Spelke & Gelman: Numerical abstraction by human infants». *Cognition,* 39: 167-170.
Gazdar, G., 1982. «Phrase structure grammar». En P. Jacobson y G. Pullum (eds.), *The Nature of Syntactic Representation.* Reidel.
Gelman, R., 1982. «Accessing onetoone correspondence: Still another paper about conservation». *British Journal of Psychology,* 73: 209-220.
—, 1990a. «Structural constraints on cognitive development». *Cognitive Science,* 14: 39.
—, 1990b. «First principles organize attention to and learning about relevant data: Number and animate-inanimate distinction as examples». *Cognitive Science,* 14: 79-106.
Gelman, R., y Cohen, M., 1988. «Qualitative differences in the way Down's Syndrome and normal children solve a novel counting problem». En L. Nadel (ed.), *The Psychobiology of Down's Syndrome.* MIT Press.
Gelman, R., Cohen, M., y Hartnett, P., 1989. «To know mathematics is to go beyond thinking that "Fractions aren't numbers"». En *Proceedings of the Eleventh Annual Meeting of the North American Chapter.* International Group for Psychology of Mathematics of Education.
Gelman, R., y Gallistel, C. R., 1978. *The Child's Understanding of Number.* Harvard University Press.
Gelman, R., y Greeno, J. G., 1989. «On the nature of competence: Principles for understanding in a domain». En L. B. Resnick (ed.), *Knowing and Learning: Issues for a Cognitive Science of Instruction.* Erlbaum.
Gelman, R., Massey, C. M., y McManus, M., 1991. «Characterizing supporting environments for cognitive development: Lessons from children in a museum». En J. M. Levine y L. B. Resnick (eds.), *Perspectives on Socially Shared Cognition.* American Psychological Association.
Gelman, R., y Meck, E., 1986. «The notion of principle: The case of counting». En J. Hiebert (ed.), *The Relationship Between Procedural and Conceptual Competence.* Erlbaum.

Gelman, S. A., y Coley, J. D., 1991. «Language and categorization: The acquisition of natural kind terms». En S. A. Gelman y J. P. Brynes (eds.), *Perspectives on Language and Thought: Interrelations in Development*. Cambridge University Press.

Gelman, S. A., y Markman, E., 1986. «Categories and induction in young children». *Cognition*, 23: 183-209.

Gerhardt, J., 1988. «From discourse to semantics: The development of verb morphology and forms of self-reference in the speech of a 2-year-old». *Journal of Child Language*, 15: 337-393.

Gerken, L., 1987. «Telegraphic speech does not imply telegraphic listening». *Papers and Reports on Child Language Development*, 26: 48-55.

Gerken, L., Landau, B., y Remez, R. E., 1990. «Function morphemes in young children's speech perception and production». *Developmental Psychology*, 26: 204-216.

Gibson, E. J., 1970. «The development of perception as an adaptive process». *American Scientist*, 58: 98-107.

Gibson, E. J., y Spelke, E., 1983. «The development of perception». En J. H. Flavell y E. Markman (eds.), *Cognitive Development* (volume 3 of P. H. Mussen's *Handbook of Cognitive Psychology*), Wiley.

Galliéron, C., 1976. «Décalages et sériation». *Archives de Psychologie* 44, Monographie 3.

—, 1982. «Conservation: Forty-five years later. *Journal of Structured Learning*» 7: 167-174.

Gleitman, L., 1990. «The structural sources of verb meanings». *Language Acquisition*, 1: 355.

Gleitman, L. R., Gleitman, H., y Shipley, E. F., 1972. «The emergence of the child as grammarian». *Cognition*, 1: 137-164.

Gleitman, L. R., Gleitman, H., Landau, B., y Wanner, E., 1988. «Where learning begins: Initial representations for language learning». En F. Newmeyer (ed.), *The Cambridge Linguistic Survey*, vol. III: *Language: Psychological and Biological Aspects*. Cambridge University Press. (Trad. castellana: Madrid, Visor, 1993.)

Gleitman, L. R., y Wanner, E., 1982. «Language acquisition: The state of the state of the art». En E. Wanner y L. R. Gleitman (eds.), *Language Acquisition: State of the Art*. Cambridge University Press.

Gold, R. S., 1978. «On the meaning of non-conservation». En A. M. Lesgold, J. W. Pellegrino, S. D. Fokkema y R. Glaser (eds.), *Cognitive Psychology and Instruction*. Plenum.

Gold, R. S., 1985. «The "failure to communicate a change of mind" explanation of young children's non-conservation responses». *Journal of Genetic Psychology*, 146: 171-180.

—, 1987. *The Description of Cognitive Development: Three Piagetian themes*. Oxford University Press.

Goldin-Meadow, S., y Feldman, H., 1979. «The development of language-like communication without a language model». *Science*, 197: 401-403.

Golinkoff, R. M., 1983. «The preverbal negotiation of failed messages: Insights

into the transition period». En R. M. Golinkoff (ed.), *The Transition from Prelinguistic to Linguistic Communication*. Erlbaum.
Golinkoff, R. M., Harding, C. G., Carlson-Luden, V., y Sexton, M., 1984. «The infant's perception of causal events: The distinction between animate and inanimate objects». En L. P. Lipsitt (ed.), *Advances in Infancy Research*, Ablex.
Golinkoff, R. M., y Hirsh-Pasek, K., 1990. «Let the mute speak: What infants can tell us about language acquisition». *Merrill-Palmer Quarterly*, 36: 67-92.
Gómez, J. C., 1991. «Visual behaviour as a window for reading the mind of others in primates». En A. Whiten (ed.), *Natural Theories of Mind: Evolution, Development and Simulation of Everyday Mindreading*. Blackwell.
Gonzales, R. C., y Wintz, P., 1977. *Digital Image Processing*. Addison-Wesley.
Goodnow, J. J., y Levine, R. A., 1973. «The grammar of action: Sequence and syntax in children's copying». *Cognitive Psychology*, 4: 82-98.
Goodson, B. D., y Greenfield, P. M., 1975. «The search for structural principles in children's manipulative play: A parallel with linguistic development». *Child Development*, 46: 734-746.
Gopnik, A., y Astington, J., 1988. «Children's understanding of representational change and its relation to the understanding of false-belief and the appearance-reality distinction». *Child Development*, 59: 26-37.
—, 1991. «Theoretical explanations of children's understanding of the mind». *British Journal of Developmental Psychology*, 9: 7-13.
Gopnik, A., y Graf, P., 1988. «Knowing how you know: Young children's ability to identify and remember the sources of their beliefs». *Child Development*, 59: 26-37.
Gordon, P., 1991. «The Piraha tribe of Amazonia», coloquio, University of Pittsburgh.
Greenfield, P. M., Nelson, K., y Saltzman, E., 1972. «The development of rule-bound strategies for manipulating seriated cups: A parallel between action and grammar». *Cognitive Psychology*, 3: 291-310.
Greenfield, P. M., y Schneider, L., 1977. «Building a tree structure: The development of hierarchical complexity and interrupted strategies in children's construction activity». *Developmental Psychology*, 13: 299-313.
Greenfield, P. M., y Smith, J. H., 1976. *The Structure of Communication in Early Language Development*. Academic Press.
Greenough, W. T., Black, J. E., y Wallace, C. S., 1987. «Experience and brain development». *Child Development*, 58: 539-559.
Groen, G., y Resnick, L. B., 1977. «Can preschool children invent addition algorithms?» *Journal of Educational Psychology*, 69: 645-652.
Gruber, H. E., y Voneche, J., 1977. *The Essential Piaget*. Routledge & Kegan Paul.
Hadenius, A. M., Hagberg, B., Hyttnas-Bensch, K., y Sjogren, I., 1962. «The natural prognosis of infantile hydrocephalus». *Acta Paediatrica*, 51: 117-118.
Halford, G. S., 1982. *The Development of Thought*. Erlbaum.
Hall, D. G., 1991. «Acquiring word meanings: How children constrain the possibilities», comunicación presentada en la Annual Conference of the British. Psychological Society: Developmental Section, Cambridge.

Harris, P. L., 1989. «Object permanence in infants». En A. Slater y J. G. Bremner (eds.), *Infant Development*. Erlbaum.
Hawkins, J., 1983. *Word Order Universals*. Academic Press.
Hermelin, B., y O'Connor, N., 1983. «Flawed genius or Clever Hans?» *Psychological Medicine,* 13: 479-481.
—, 1986. «Idiot savant calendrical calculators: Rules and regularities». *Psychological Medicine,* 16: 885-893.
—, 1989. «Intelligence and musical improvisation». *Psychological Medicine,* 19: 447-457.
Hirsch-Pasek, K., Gleitman, H., Gleitman, L. R., Golinkoff, R., y Naigles, L., 1988. «Syntactic bootstrapping: Evidence from comprehension», comunicación presentada en la Boston Language Conference.
Hirsch-Pasek, K., Golinkoff, R., Fletcher, A., DeGaspe Beaubien, F., y Cauley, K., 1985. «In the beginning: One-word speakers comprehend word order», comunicación presentada en la Boston Language Conference.
Hirsh-Pasek, K., Kemler-Nelson, D. G., Jusczyk, P. W., Wright Cassidy, K., Druss, B., y Kennedy, L., 1987. «Clauses are perceptual units for young infants». *Cognition,* 26: 269-286.
Horn, G., y Johnson, M. H., 1989. «Memory systems in the chick: Dissociations and neuronal analysis». *Neuropsychologia,* 27: 122.
Horton, M. S., y Markman, E. M., 1980. «Developmental differences in the acquisition of basic and superordinate categories». *Child Development,* 51: 708-719.
Hoyles, C., 1985. «Culture and Computers in the Mathematics Classroom», conferencia Inaugural, University of London Institute of Education Publications.
Hughes, M., 1986. *Children and Number: Difficulties in Learning Mathematics*. Blackwell.
Huttenlocher, J., y Smiley, P., 1987. «Early word meanings: The case for object names». *Cognitive Psychology,* 19: 63-89.
Hyams, N., 1986. *The Acquisition of Parameterized Grammars,* Reidel.
Inhelder, B., y Piaget, J., 1958. *The Growth of Logical Thinking from Childhood to Adolescence*. Basic Books. (Trad. castellana de la versión original francesa: *De la lógica del niño a la lógica del adolescente,* Buenos Aires, Paidós, 1972.)
Johnson, M. H., 1988. «Memories of mother». *New Scientist,* 18 (febrero): 60-62.
—, 1990a. «Cortical maturation and the development of visual attention in early infancy». *Journal of Cognitive Neuroscience* 2: 81-95.
—, 1990b. «Cortical maturation and perceptual development». En H. Bloch y B. I. Bertenthal (eds.), *Sensory Motor Organisations and Development in Infancy and Early Childhood*. Kluwer.
—, (1993). «Constraints on cortical plasticity». En M. H. Johnson (ed.), *Brain Development and Cognition: A Reader*. Blackwell.
Johnson, M. H., y Bolhuis, J. J., 1991. «Imprinting, predispositions and filial preference in the chick». En R. J. Andrew (ed.), *Neural and Behavioural Plasticity*. Oxford University Press.
Johnson, M. H., Bolhuis, J. J., y Horn, G., 1985. «Interaction between acquired

preferences and developing predispositions during imprinting». *Animal Behaviour,* 33: 1.000-1.006.
Johnson, M. H., Dziurawiec, S., Ellis, H., y Morton, J., 1991. «Newborns' preferential tracking of facelike stimuli and its subsequent decline». *Cognition* 40: 1-19.
Johnson, M. H., y Horn, G., 1988. «The development of filial preferences in the darkreared chick». *Animal Behavior,* 36: 675-683.
Johnson, M. H., y Karmiloff-Smith, A., 1989. «The right tools for the job?» (comentario sobre «Spontaneous tool use and sensorimotor intelligence in *Cebus* compared with other monkeys and men»). *Behavioral and Brain Sciences,* 12: 600.
—, 1992. «Can neural selectionism be applied to cognitive development and its disorders?». *New Ideas in Psychology,* 10: 35-46.
Johnson, M. H., y Morton, J., 1991. *Biology and Cognitive Development: The Case of Face Recognition.* Blackwell.
Johnson, J. S., y Newport, E. L., 1989. «Critical period effects in second language learning: the influence of maturational state on the acquisition of English as a second language». *Cognitive Psychology,* 21: 60-99.
Johnson-Laird, P. N., 1982. «Thinking as a skill». *Quarterly Journal of Experimental Psychology,* 34A. 1-29.
Jusczyk, P. W., 1990. «How to get Dis-connected: A user's manual». *Contemporary Psychology,* 35: 645-646.
Jusczyk, P. W., y Bertoncini, J., 1988. «Viewing the development of speech perception as an innately guided learning process». *Language and Speech,* 31: 217-238.
Jusczyk, P., Hirsh-Pasek, K., Kemler-Nelson, D., Kennedy, L., Woodward, A., y Piwoz, J., 1988. «Perception of acoustic correlates of major phrasal units by young infants», manuscrito sin publicar, University of Oregon.
Just, M. A., y Carpenter, P. A., 1992. «A capacity theory of comprehension: Individual differences in working memory». *Psychological Review,* 1: 122-149.
Kacelnik, A., y Houston, A. I., 1984. «Some effects of energy costs on foraging strategies». *Animal Behaviour,* 32: 609-614.
Karmiloff-Smith, A., 1971a. «The Development Of Children's Thinking». UNRWA/ UNESCO publication P/EP/6, 147.
—, 1971b. «Selected Aspects of Piaget's Theory: Implications for a Theoretical Basis to the Education Programme of UNRWA/UNESCO». UNWRA/ UNESCO publication P/EP/7, 128.
—, 1975. «Les Métaphores dans l'action chez les enfants de 5 et de 12 ans», comunicación presentada en el Symposium of the International Center for Genetic Epistemology, Ginebra.
—, 1979a. *A Functional Approach to Child Language.* Cambridge University Press.
—, 1979b. «Micro- and macro-developmental changes in language acquisition and other representational systems». *Cognitive Science,* 3: 81-118.
—, 1979c. «Problem-solving procedures in children's construction and representation of closed railway circuits». *Archives de Psychologie,* 1807: 37-59.

—, 1980. «Psychological processes underlying pronominalization and non-pronominalization in children's connected discourse». En J. Kreiman y E. Ojedo (eds.), *Papers from the Parasession on Pronouns and Anaphora.* Chicago Linguistics Society.
—, 1981. «Getting developmental differences or studying child development?» *Cognition,* 10: 151-158.
—, 1983. «A new abstract code or the new possibility of multiple codes?» *Behavioral and Brain Sciences,* 6 (1): 149-150.
—, (1984). Children's problem solving. En M. E. Lamb, A. L. Brown y B. Rogoff (eds.), *Advances in Developmental Psychology,* vol. III. Erlbaum.
—, 1985. «A constructivist approach to modelling linguistic and cognitive development». *Archives de Psychologie,* 53: 113-126.
—, 1986. «From metaprocesses to conscious access: Evidence from children's metalinguistic and repair data». *Cognition,* 23: 95-147.
—, 1987. A developmental perspective on human consciousness. Invited Address, British Psychological Society Annual Conference, Sussex.
—, 1988. «The child is a scientist, not an inductivist». *Mind and Language,* 3 (3): 183-195.
—, 1990a. «Constraints on representational change: Evidence from children's drawing». *Cognition,* 34: 57-83.
—, 1990b. «The human printout facility: Extending biological constraints by cultural tools, or "Electronic mail is ruining evolution!"», conferencia pronunciada en la Conference on Domain Specificity and Cultural Knowledge, University of Michigan.
—, 1990c. «Piaget and Chomsky on language acquisition: Divorce or Marriage?» *First Language,* 10: 255-270.
—, 1991. «Beyond modularity: Innate constraints and developmental change». En S. Carey y R. Gelman (eds.), *Epigenesis of Mind: Essays in Biology and Knowledge.* Erlbaum.
Karmiloff-Smith, A., e Inhelder, B. 1974/75. «If you want to get ahead, get a theory». *Cognition,* 3: 195-212. (Trad. castellana: «Si quieres avanzar, hazte con una teoría», en M. Carretero y J. A. García Madruga, comps., *Lecturas sobre razonamiento y resolución de problemas,* Madrid, Alianza, 1984.)
Karmiloff-Smith, A., Bellugi, U., Klima, E., y Grant, J., 1991. Comunicación para la British Psychological Society's Developmental Annual Conference, Cambridge.
Karmiloff-Smith, A., Grant, J., Jones, M.-C., y Cuckle, P., 1991. «Rethinking metalinguistic awareness: Representing and accessing knowledge about what counts as a word», manuscrito no publicado.
Karmiloff-Smith, A., Johnson, H., Grant, J., Jones, Karmiloff, Y.-N., Bartrip, J., y Cuckle C., 1993. «From sentential to discourse functions: Detection and explanation of speech repairs in children and adults». En *Discourse Processes* 16: 565-589.
Katz, N., Baker, E., y Macnamara, J., 1974. «What's in a name? A study of how children learn common and proper names». *Child Development,* 45: 469-473.

Kazak, S., Collis, G., y Lewis, V., 1991. «Autistic children's ability to attribute "knowing" and "guessing" to themselves and others», comunicación presentada en la Annual Conference of British Psychological Society, Developmental Section, Cambridge.
Keil, F. C., 1979. *Semantic and Conceptual Development: An Ontological Perspective,* Harvard University Press.
—, 1986. «On the structure-dependent nature of shges of cognitive development». En I. Levin (ed.), *Stage and Structure: Reopening the Debate.* Ablex.
—, 1989. *Concepts, Kinds and Cognitive Development.* MIT Press.
—, 1990. «Constraints on constraints: Surveying the epigenetic landscape». *Cognitive Science,* 14: 135-168.
—, 1991. «Godzilla vs. Mothra and the Sydney Opera House: Boundary conditions on functional architecture in infant visual perception and beyond». *Mind and Language,* 6 (3): 239-251.
Kellman, P. J., y Spelke, E. S. 1983. «Perception of partly occluded objects in infancy». *Cognitive Psychology,* 15: 483-524.
Kitcher, P., 1982. «Genes». *British Journal for the Philosophy of Science,* 33: 337-359.
—, 1988. «The child as parent of the scientist». *Mind and Language,* 3: 217-228.
Klahr, D., 1992. «Information-processing approaches to cognitive development». En Bornstein, M. H., y Lamb, M. E. (eds.), *Developmental Psychology: An advanced textbook, third edition.* Erlbaum.
Klahr, D., y Dunbar, K., 1988. «Dual search space during scientific reasoning». *Cognitive Science,* 12: 1-48.
Klahr, D., Langley, P., y Neches, R. (eds.), 1987. *Production System Models of Learning and Development.* MIT Press.
Klahr, D., y Robinson, M., 1981. «Formal assessment of problem-solving and planning processes in preschool children». *Cognitive Psychology,* 13:113-148.
Klima, E., y Bellugi, U., 1979. *The Signs of Language.* Harvard University Press.
Klin, A., 1988. «The Emergence of Self, Symbolic Functions and Early Infantile Autism», tesis doctoral, London School of Economics and Political Science.
—, 1991. «Young autistic children's listening preferences in regard to speech: A possible characterization of the symptom of social withdrawal». *Journal of Autism and Developmental Disorders,* 21: 29-42.
Kosslyn, S. M., Cave, C. B., Provost, D. A., y von Gierke, S. M., 1988. «Sequential processes in image generation». *Cognitive Psychology,* 20: 319-343.
Kosslyn, S. M., Heldmeyer, K. H., y Locklear, E. P., 1977. «Children's drawings as data about internal representations». *Journal of Experimental Child Psychology,* 23: 191-211.
Kuhl, P. K., 1983. «The perception of auditory equivalence classes for speech in early infancy». *Infant Behaviour and Development,* 6: 263-285.
Kuhn, T., 1962. *The Structure of Scientific Revolutions.* University of Chicago Press. (Trad. castellana: *La estructura de las revoluciones científicas.* México. FCE.)
Kuhn, D., Amsel, E., y O'Loughlin, M., 1988. *The Development of Scientific Thinking Skills.* Academic Press.

Kuhn, D., y Phelps, E., 1982. «The development of problem-solving strategies». En H. Reese (ed.), *Advances in Child Development and Behavior*, vol. 17. Academic Press.

Lachter, J., y Bever, T. G., 1988. «The relation between linguistic structure and associative theories of language learning: A constructive critique of some connectionist learning models». *Cognition*, 28: 195-247.

Landau, B., y Gleitman, L., 1985. *Language and Experience: Evidence from the Blind Child.* Harvard University Press.

Langley, P., Simon, H. A., Bradshaw, G. L., y Zytkow, J. M., 1987. *Scientific Discovery: Computational Explorations of the Creative Processes.* MIT Press.

Lashley, K. S., 1951. «The problem of serial order in behavior». En L. A. Jeffress (ed.), *Cerebral Mechanisms in Behaviors: The Hixon Symposium.* Wiley.

Laszlo, J. I., y Broderick, P. A., 1985. «The perceptual-motor skill of drawing». En N. H. Freeman y M. V. Cox (eds.), *Visual Order: The Nature and Development of Pictorial Representation.* Cambridge University Press.

Lawson, G., Baron, J., y Siegel, L., 1974. «The role of number and length cues in children's quantitative judgements». *Child Development*, 45: 731-736.

Lenneberg, E., 1967. *Biological Foundations of Language.* Wiley. (Trad. castellana: *Fundamentos biológicos del lenguaje.* Madrid. Alianza, 1975.).

Leslie, A. M., 1984. «Infant perception of a manual pickup event». *British Journal of Developmental Psychology*, 2: 19-32.

—, 1987. «Pretense and representation: The origins of "theory of mind"». *Psychological Review*, 94: 412-426.

—, 1988. «The necessity of illusion: Perception and thought in infancy». En L. Weiskrantz (ed.), *Thought Without Language.* Oxford University Press.

—, 1990. «Pretence, autism and the basis of "theory of mind"». *The Psychologist* 3: 120-123.

Leslie, A. M., y Frith, U., 1987. «Metarepresentation and autism: How not to lose one's marbles». *Cognition*, 27: 291-294.

—, 1990. «Prospects for a cognitive neuropsychology of autism: Hobson's choice». *Psychological Review*, 97: 122-131.

Leslie, A. M., y Happé, F., 1989. «Autism and ostensive communication: The relevance of metarepresentation». *Development and Psychopathology*, 1: 205-212.

Lewis, D., 1969. *Convention: A Philosophical Study.* Harvard University Press.

Li, K., y Karmiloff-Smith, A. 1991a. Cognitive Constraints on Notations: Encoding States versus Transformations. Manuscrito no publicado.

—, 1991b. Adapting notions to the Communicative Needs of Children of Different Ages, manuscrito en preparación.

Liben, L. S., y Downs, R. M., 1989. «Understanding maps as symbols: The development of map concepts in children». En H. W. Reese (ed.), *Advances in Child Development*, vol. 22. Academic Press.

Logan, G. D., 1988. «Toward an instance theory of automatization». *Psychological Review*, 95 (4): 492-527.

Luria, A. R., y Tzvetkova, L. S., 1978. «Disturbance of intellectual function in pa-

tients with front lobe lesions». En M. Cole (ed.), *The Selected Writings of A. R. Luria.* Sharp.
MacNamara, J., 1982. *Names for Things: A Study of Human Learning.* MIT Press.
MacWhinney, B., 1978. «The acquisition of morphophonology». *Monographs of the Society for Research in Child Development,* 43: 1.
MacWhinney, B., 1987. «The competition model». En B. MacWhinney (ed.), *Mechanisms of Language Acquisition.* Erlbaum.
Madore, B. F., y Freedman, W. L., 1987. «Self-organizing structures». *American Scientist,* 75: 252-259.
Mandler, G., y Shebo, B. J., 1982. «Subitizing: An analysis of its component processes». *Journal of Experimental Psychology: General,* 111: 1-22.
Mandler, J. M., 1983. «Representation». En J. Flavell y E. Markman (eds.), *Handbook of Child Psychology,* vol. 3. Wiley.
—, 1988. «How to build a baby: On the development of an accessible representational system». *Cognitive Development,* 3: 113-136.
—, (1992). «How to build a baby II: Conceptual primitives». *Psychological Review.*
Mandler, J. M., y Bauer, P. J., 1988. «The cradle of categorization: Is the basic level basic?». *Cognitive Development,* 3: 247-264.
Maratsos, M. P., 1976. *The Use of Definite and Indefinite Reference in Young Children.* Cambridge University Press.
Maratsos, M., y Chalkley, M. A., 1980. «The internal language of children's syntax. The ontogenesis and representation of syntactic categories». En K. Nelson (ed.), *Children's Language,* vol. II. Erlbaum.
Markman, E., 1979. «Classes, collections, and principles of psychological organization», comunicación presentada en el Biennial Meeting of Society for Research in Child Development, San Francisco.
Markman, E. M., 1987. «How children constrain the possible meanings of words». En U. Neisser (ed.), *Concepts and Conceptual Development: Ecological and Intellectual Factors in Categorization.* Cambridge University Press.
—, 1989. *Categorization and Naming in Children: Problems of Induction.* MIT Press.
—, 1990. «Constraints children place on word meanings». *Cognitive Science,* 14: 57-77.
Markman, E. M., y Wachtel, G. F., 1988. «Children's use of mutual exclusivity to constrain the means of words». *Cognitive Psychology,* 20: 121-157.
Marler, P., 1991. «The instinct to learn». En S. Carey and R. Gelman (eds.), *Epigenesis of the Mind: Essays in Biology and Knowledge.* Erlbaum.
Marr, D., 1976. «Artificial intellligence: A personal view». *Artificial Intelligence,* 9: 37-48.
Marr, D., 1982. *Vision: A Computational Investigation into the Human Representation and Processing of Visual Information.* Freeman. (Trad. castellana: *La visión,* Madrid, Alianza Editorial, 1985.)
Marshall, J. C., 1980. «The new organology». *Behavioral and Brain Sciences* 2: 472-473.
—, 1984. «Multiple perspectives on modularity». *Cognition,* 17: 209-242.

Marshall, J. C., y Morton, J., 1978. «On the mechanics of EMMA». En A. Sinclair, R. J. Javella, y W. Levelt (eds.), *The Child's Conception of Language.* Springer-Verlag.
Marslen-Wilson, W. D., Levy, E., y Tyler, L. K., 1982. «Producing interpretable discourse». En R. J. Jarvella y W. Klein (eds.), *Speech, Place and Action.* Wiley.
Marslen-Wilson, W. D., y Tyler, L. K., 1987. «Against modularity». En J. L. Garfield (ed.), *Modularity in Knowledge Representations and Natural-Language Understanding.* MIT Press.
Massey, C., y Gelman, R., 1988. «Preschoolers' ability to decide whether pictured or unfamiliar objects can move themselves». *Developmental Psychology*, 24: 307-317.
Maurer, D., 1976. «Infant visual perception: Methods of study». En L. B. Cohen y P. Salapatek (eds.), *Infant Perception: From Sensation to Cognition,* vol. 1. Academic Press.
McClelland, J. L., 1989. «Parallel distributed processing: Implications for cognition and development». En R. G. M. Morris (ed.), *Parallel Distributed Processing: Implications for Psychology and Neurobiology.* Oxford University Press.
—, 1990. «Toward a theory of information processing in graded, random, interactive networks». *Attention and Performance* 14.
—, 1991. Conferencia pronunciada en el Congreso de la Society for Research in Child Development, Seattle.
McClelland, J. L., y Jenkins, E., 1990. «Nature, nurture and connectionism: Implications for connectionist models for cognitive development». En K. van Lehn (ed.), *Architectures for Intelligence.* Erlbaum.
McClelland, J. L., Rumelhart, D. E., y PDP Research Group., 1986. *Parallel Distributed Processing: Explorations in the Microstructure of Cognition,* vol. 2. MIT Press. (Trad. castellana: *Introducción al Procesamiento Distribuido en Paralelo.* Madrid: Alianza, 1992.)
McGarrigle, J., y Donaldson, M., 1975. «Conservation accidents». *Cognition*, 3: 341-350.
McManus, C., y Bryden, M. P., 1993. «The neurobiology of handedness, language and cerebral dominance: A model for the molecular genetics of behaviour». En M. H. Johnson (ed.), *Brain Development and Cognition: A Reader.* Blackwell.
McManus, I. C., 1991. Evolution of a genetic basis for reading and writing within the historical time-period., manuscrito no publicado, University College London.
McShane, J., 1979. «The development of naming». *Linguistics*, 17: 879-905.
—, 1991. *Cognitive Development.* Blackwell.
McTear, M. 1987. *The Articulate Computer.* Blackwell.
Mehler, J., y Bertoncini, J. 1988. «Development: A question of properties, not change?». *Cognition*, 115: 121-133.
Mehler, J., y Fox, R. (eds.), 1985. *Neonate Cognition: Beyond the Blooming Buzzing Confusion.* Erlbaum.
Mehler, J., Lambertz, G., Jusczyk, P., y Amiel-Tison, C. 1986. «Discrimination de

la langue maternelle par le nouveau-né». *Comptes Rendues de l'Academie des Sciences* 303, Série 111: 637-640.
Meier, R. P., y Newport, E. L., 1990. «Out of the hands of babes: On a possible sign advantage in language acquisition». *Language,* 66: 1-23.
Meltzoff, A. N., 1988. «Infant imitation and memory: Nine-month-olds in immediate and deferred tests». *Child Development,* 59: 217-225.
Meltzoff, A. N., 1990. «Towards a developmental cognitive science: The implications of cross-modal matching and imitation for the development of memory in infancy». *Annals of the New York Academy of Sciences,* 608: 1-37.
Merriman, W. E., y Bowman, L. L., 1989. «The mutual exclusivity bias in children's word learning». *Monographs of the Society for Research in Child Development,* 220.
Moore, D., Benenson, J., Reznick, S., Peterson, M., y Kagan, J., 1987. «Effect of auditory numerical information on infants' looking behavior: Contradictory evidence». *Developmental Psychology,* 23: 665-670.
Morton, J., 1986. «Developmental contingency modelling». En P. van Geehrt (ed.), *Theory Building in Development Psychology.* Elsevier.
Morton, J., y Johnson, M. H., 1991. «CONSPEC and CONLERN: A two-process theory of infant face recognition». *Psychological Review,* 98: 164-181.
Moshman, D., 1979. «To really get ahead, get a metatheory». En D. Kuhn (ed.), *Intellectual Development Beyond Childhood: New Directions for Child Development,* vol. 5. Jossey Bass.
Mounoud, P., 1986. «Similarities between developmental sequences at different age periods». En I. Levin (ed.), *Stage and Structure: Reopening the Debate.* Ablex.
Movellan, J. R., y McClelland, J. L., 1991. «Learning continuous probability distributions with the contrastive Hebbian algorithm». TR.PDP.CNS.91.2.
Mundy, P., y Sigman, M., 1989. «The theoretical implications of joint-attention deficits in autism». *Development and Psychopathology* 1: 173-183.
Nelson, K., 1973. «Structure and strategy in learning to talk». *Monographs of the Society for Research in Child Development,* no. 149.
—, 1986. *Event Knowledge, Structure and Function in Development.* Erlbaum.
—, 1988. «Constraints on word learning?». *Cognitive Development,* 3: 221-246.
Neville, H. J., 1991. «Neurobiology of cognitive and language processing: Effects of early experience». En K. R. Gibson y A. C. Petersen (eds.), *Brain Maturation and Cognitive Development: Comparative and Cross-Cultural Perspectives.* Aldine de Gruyter.
Newell, A., 1990. *Unified Theories of Cognition.* Harvard University Press.
Newport, E. L., 1981. «Constraints on structure: Evidence from American Sign Language and language learning». En W. A. Collins (ed.), *Aspects of the Development of Competence: Minnesota Symposia on Child Psychology,* vol. 14. Erlbaum.
—, 1990. «Maturational constraints on language learning». *Cognitive Science,* 11-28.
Newport, E. L., y Supalla, T. En prensa. «A critical period effect in the acquisition of a primary language». *Science.*

Nicolle, J., 1965. *La Symétrie*. Presses Universitaires de France.
Nicolich, L. M., 1977. «Beyond sensorimotor intelligence: Assessment of symbolic maturity through analysis of pretend play». *Merrill-Palmer Quarterly*, 23: 89-99.
Nooteboom, S., 1980. «Speaking and unspeaking: Detection and correction of phonological and lexical errors in spontaneous speech». En V. A. Fromkin (ed.), *Errors in Linguistic Performance*. Academic Press.
Norris, R., y Millan, S., 1991. Theory of mind: New directions. Social Psychology seminar, University of Oxford.
O'Connor, N., y Hermelin, B., 1984. «Idiot savant calendrical calculators: Maths or memory?» *Psychological Medicine*, 14: 801-806.
Olson, D. R., 1988. «On the origins of beliefs and other intentional states in children». En J. Astington, P. L. Harris, y D. R. Olson (eds.), *Developing Theories of Mind*. Cambridge University Press.
Olson, D. R., Astington, J. W., y Harris, P. L., 1988. «Introduction». En J. Astington, P. L. Harris y D. R. Olson (eds.), *Developing Theories of Mind*. Cambridge University Press.
Olson, D. R., y Bialystok, E., 1983. *Spatial Cognition*. Erlbaum.
Oyama, S., 1985. *The Ontogeny of Information: Developmental Systems and Evolution*. Cambridge University Press.
Parisi, D., 1990. Connectionism and Piaget's sensory-motor intelligence, comunicación presentada en el simposio sobre «Evolution and Cognition: The Heritage of Jean Piaget's epistemology», Bérgamo, Italia.
Pascual-Leone, J. 1976. «On learning and development, Piagetian-style: II. A critical historical analysis of Geneva's research programme». *Canadian Psychological Review*, 17: 270-280.
—, 1987. «Organismic processes for neo-Piagetian theories: A dialectical causal account of cognitive development». *International Journal of Psychology*, 22: 531-570.
Pemberton, E. F., y Nelson, K. E., 1987. «Using interactive graphic challenges to foster young children's drawing ability». *Visual Arts Research*, 13: 29-41.
Perner, J., 1988. «Developing semantics for theories of mind: From propositional attitudes to mental representation». En J. W. Astington, P. L. Harris y D. R. Olson (eds.), *Developing Theories of Mind*. Cambridge University Press.
—, 1991. *Understanding the Representational Mind*. MIT Press. (Trad. castellana: *La comprensión de la mente representacional*. Barcelona. Paidós, 1994.)
Perner, J., Leekam, S., y Wimmer, H., 1987. «Three-year-olds' difficulty with false belief: The case for a conceptual deficit». *British Journal of Developmental Psychology*, 5: 125-137
Perner, J., y Wimmer, H., 1985. «"John thinks that Mary thinks that . . .": Attribution of second-order false beliefs by 5- to 10-year-old children». *Journal of Experimental Child Psychology* 39: 437-471.
Peters, A. M., 1983. *The Units of Language Acquisition*. Cambridge University Press.
Peterson, S. E., Fox, P. T., Posner, M. I., Mintun, M., y Raichle, M. E., 1989. «Posi-

tron emission tomography studies of the processing of single words». *Journal of Cognitive Neuroscience,* 1: 153-170.
Petitto, A. L., 1978. Mathematical Thinking in Tailors and Merchants in Ivory Coast, tesis doctoral, Cornell University.
Petitto, L. A., 1987. «On the autonomy of language and gesture: Evidence from the acquisition of personal pronouns in American Sign Language». *Cognition,* 27: 1-52.
Philips, W. A., Inall, M., y Lauder, E., 1985. «On the discovery, storage and use of graphic descriptions». En N. H. Freeman y M. V. Cox (eds.), *Visual Order: The Nature and Development of Pictorial Representation.* Cambridge University Press.
Piaget, J., 1929. *The Child's Conception of the World.* Routledge and Kegan Paul. (Trad. castellana de la edición original francesa: *La representación del mundo en el niño,* Madrid, Morata, 1973.)
—, 1932. *The Moral Judgement of the Child.* Kegan Paul, Trench Trubner. (Trad. castellana de la edición original francesa: *El Criterio Moral en el Niño,* Barcelona, Fontanella, 1971.)
—, 1951. *Play, Dreams and Imitation in Childhood.* Routledge & Kegan Paul. (Trad. castellana de la edición original francesa: *La formación del Símbolo en el Niño,* México, Fondo de Cultura Económica, 1961.)
Piaget, J., 1952b. *The Origins of Intelligence in Children.* International University Press. (Trad. castellana de la edición original francesa: *El Nacimiento de la Inteligencia en el Niño,* Barcelona, Crítica, 1985.)
—, 1955a. *The Child's Construction of Reality.* Routledge and Kegan Paul. (Trad. castellana de la edición original francesa: *La Construcción de lo Real en el Niño,* Barcelona, Crítica, 1985.)
—, 1955b. *The Language and Thought of the Child.* Meridian Books. (Trad. castellana de la edición original francesa: *El lenguaje y el pensamiento en el niño,* Buenos Aires, Guadalupe, 1972.)
—, 1967. *Biologie et Connaissance.* Gallimard. (Trad. castellana: *Biología y Conocimiento,* México, Siglo XXI, 1969.)
—, 1968. «Quantification, conservation, and nativism». *Science,* 162: 976-979.
Piaget, J., e Inhelder, B., 1948. *La Representation de l'Espace chez l'Enfant.* Presses Universitaires de France.
Piaget, J., y Karmiloff-Smith. A. 1990. «Un cas particulier de symétrie inferentielle». En J. Piaget (ed.), *Recherches sur les Categories.* Presses Universitaires de France.
Piaget, J., Karmiloff-Smith, A., y Bronckart, J. P., 1978. «Généralisations rélatives à la pression et à la réaction». En J. Piaget (ed.), *Recherches sur la Généralisation.* Presses Universitaires de France.
Piaget, J. y Szeminska, A., 1952a. *The Child's Conception of Number.* Humanities Press. (Trad. castellana de la edición original francesa: *La génesis del número en el niño,* Buenos Aires, Guadalupe, 1967.)
Piatelli-Palmarini, M., 1989. «Evolution, selection, and cognition: From «learning» to parameter setting in biology and the study of language». *Cognition,* 31:1-44.

Pinker, S., 1984. *Language Learnability and Language Development.* Harvard University Press.
—, 1987. «The bootstrapping problem in language acquisition». En B. MacWhinney (ed.), *Mechanisms of Language Acquisition.* Erlbaum.
—, 1989a. *Learnability and Cognition: The Acquisition of Argument Structure.* MIT Press.
—, 1989b. «Rules of language». *Science,* 253: 530-534.
Pinker, S., y Mehler, J. (eds.), 1988. «Connectionism and symbol systems: Special issue». *Cognition,* 28.
Pinker, S., y Prince, A., 1988. «On language and connectionism: Analysis of a Parallel Distributed Processing model of language acquisition». *Cognition,* 28: 73-193.
Plunkett, K., y Marchman, V., 1991. «U-shaped learning and frequency effects in a multilayered perceptron: Implications for child language acquisition». *Cognition,* 38: 43-102.
Poizner, H., Klima, E. S., y Bellugi, U., 1987. *What the Hands Reveal about the Brain.* MIT Press.
Posner, M. 1., y Snyder, C. R. R., 1975. «Facilitation and inhibition in the processing of signals». En P. M. A. Rabbitt y S. Dornic (eds.), *Attention and Performance.* Academic Press.
Posner, M. 1., Peterson, S. E., Fox, P. T., y Raichle, M. E., 1988. «Localization of cognitive functions in the human brain». *Science,* 240: 1627-1631.
Premack, D., 1975. «Putting a face together». *Science,* 188: 228-236.
—, 1986. *Gavagai! Or the Future History of the Animal Language Controversy.* MIT Press.
—, 1988. «Does the chimpanzee have a theory of mind?» revisited. En R. Byrne y A. Whitten (eds.), *Machiavellian Intelligence.* Clarendon Press.
—, 1990. «Words: What are they, and do animals have them?» *Cognition,* 37: 197-212.
Premack, D., y Premack, A. J., 1983. *The Mind of an Ape.* Norton. (Trad. castellana: *La mente del simio.* Madrid. Debate, 1988.)
Premack, D., y Woodruff, G., 1978. «Does the chimpanzee have a theory of mind?». *Behavioral and Brain Sciences,* 1: 515-526.
Pylyshyn, Z. W., 1980. «Computation and cognition: Issues in the foundations of cognitive science». *Behavioral and Brain Sciences,* 3: 111-132.
—, 1987. «What's in a mind?». *Synthese,* 70: 97-122.
Quine, W. V. O. 1960. *Word and Object.* MIT Press. (Trad. castellana: *Palabra y Objeto.)*
Reddy, V. 1991. «Playing with others' expectations: Teasing and mucking about· in the first year». En A. Whitten (ed.), *Natural Theories of Mind: Evolution, Development and Simulation of Everyday Mindreading.* Blackwell.
Reichmann, R., 1978. «Conversational coherency». *Cognitive Science,* 2: 283-327.
Resnick, L. B., 1986. «The development of mathematical intuition». En M. Perlmutter (ed.), *Perspectives on Intellectual Development: Minnesota Symposia on Child Psychology,* vol. 19. Erlbaum.

Resnick, L. B., y Greeno, J. G., 1990. «Conceptual growth of number and quantity», manuscrito no publicado.
Restle, F., 1970. «Theory of serial pattern learning: Structural trees». *Psychological Review*, 77: 481 495.
Rilling, M., 1967. «Number of responses as a stimulus in fixed interval and fixed ratio schedules». *Journal of Comparative and Physiological Psychology* 63: 60-65.
Rilling, M., y McDiarmid, C., 1965. «Signal detection in fixed ratio schedules». *Science*, 148: 526-527.
Ristau, C. A., 1988. «Thinking, communicating and deceiving: Means to master the social environment». En G. Greenburg y E. Tobach (eds.), *Evolution of Social Behavior and Integrative Levels*. Erlbaum.
Roeper, T., 1987. «The modularity of meaning in language acquisition». En S. Modgil y C. Modgil (eds.), *Noam Chomsky: Consensus and Controversy*. Falmer.
Rolls, E. T., 1991. «Theoretical and neurophysiological analysis of the functions of the primate hippocampus in memory». *Cold Spring Harbor Symposia in Quantitative Biology*, 55: 995-1006.
Rumelhart, D. E., McClelland, J. L., y the PDP Research Group., 1986. *Parallel Distributed Processing: Explorations in the Microstructure of Cognition*, vol. 1. MIT Press. (Trad. castellana: *Introducción al procesamiento distribuido en paralelo*, Madrid, Alianza Editorial, 1992).
Rutkowska, J. C., 1987. «Computational models and developmental psychology». En J. C. Rutkowska y C. Cook (eds.), *Computation and Development*. Wiley.
Rutkowska, J. C., 1991. «Looking for 'constraints' in infants' perceptual-cognitive development». *Mind and Language*, 6 (3): 215-238.
Rutter, M., 1983. «Cognitive deficits in the pathogenesis of autism». *Journal of Child Psychology and Psychiatry*, 24: 513-531.
Saxe, G. B., 1981. «Body parts as numerals: A developmental analysis of numeration among remote Oksapmin village populations in Papua New Guinea». *Child Development*, 52: 306-316.
Schaffer, H. R. (ed.), 1977. *Studies in Mother-Infant Interaction*. Academic.
Schank, R. C., y Abelson, R. P., 1977. *Plans, Goals and Understanding: An Inquiry into Human Knowledge Structures*. Erlbaum. (Trad. castellana: *Planes, metas y comprensión*, Barcelona, Paidós.)
Schauble, L., 1990. «Belief revision in children: The role of prior knowledge and strategies for generating evidence». *Journal of Experimental Child Psychology*, 1: 31-57.
Schlesinger, 1. M., 1971. «The grammar of sign language and the problem of linguistic universals». En J. Morton (ed.), *Biological and Social Factors in Psycholinguistics*. Logos.
Schmandt-Besserat, D., 1977. «An archaic recording system and the origins of writing». *Syro-Mesopotamian Studies*, 1/2: 132.
—, 1978. «The earliest precursor of writing». *Scientific American*, 238: 38-47.
—, D. 1981. «From tokens to tablets: A revaluation of the so called "numerical tablets"». *Visible Language*, 15: 321-344.
Schmidt, H. H., Spelke, E. S., y LaMorte, X., 1986. «The development of Gestalt

perception in infancy». Artículo presentado en la International Conference on Infant Studies, Los Angeles.
Schneider, W. 1987. «Connectionism: Is it a paradigm shift for psychology?» *Behaviour Research Methods, Instruments and Computers 19* (2): 73-83.
Schultz, T. R., l991a. «Simulating stages of human cognitive development with connectionist models». En L. Birnbaum y G. Collins (eds.), *Machine Learning: Proceedings of the Eighth International Workshop*. Morgan Kaufmann.
—, 1991b. «A cascade-correlation model of balance scale phenomena», manuscrito no publicado.
Seidenberg, M. S., 1985. «Evidence from great apes concerning the biological bases of language». En A. Marras y W. Demopolous (eds.), *Language Learnability and Concept Acquisition*. Ablex.
Seidenberg, M. S., 1993. «Connectionism without tears». En S. Davis (ed.), *Connectionism: Theory and Practice*. Oxford University Press.
Seidenberg, M. S., y Petitto, L. A., 1987. «Communication, symbolic communication, and language». *Journal of Experimental Psychology, General*, 116: 279-287.
Selfe, L., 1985. «Anomalous drawing development: Some clinical studies». En N. H. Freeman y M. V. Cox (eds.), *Visual Order: The Nature and Development of Pictorial Representation*. Cambridge University Press.
Servan-Schreiber, D., Cleeremans, A., y McClelland, J. L., 1988. «Encoding Sequential Structure in Simple Recurrent Networks». Informe técnico CMU-CS-88-183, Computer Science Department, Carnegie-Mellon University.
Shallice, T. 1988. *From Neuropsychology to Mental Structure*. Cambridge University Press
Shatz, M., 1983. «Communication». En P. H. Mussen (ed.), *Handbook of Child Psychology*, vol. 3: *Cognitive Development*. Wiley.
Shiffrin, R. M., y Schneider, W., 1977. «Controlled and automatic human information processing. 11: Perceptual learning, automatic attending, and a general theory». *Psychological Review*, 84: 127-190.
Shipley, E. F., y Shepperson, B., 1990. «Countable entities: Developmental changes». *Cognition*, 34: 109-136.
Siegler, R. S. (ed.), 1978. *Children's Thinking: What Develops?* Erlbaum.
Siegler, R. S., 1981. «Developmental sequences within and between concepts». *Monographs of the Society for Research in Child Development*, 46 (189).
—, 1989a. «Mechanisms of cognitive development». *Annual Review of Psychology*, 40: 453-479.
—, 1989b. «How domain-general and domain-specific knowledge interact to produce strategy choices». *Merrill-Palmer Quarterly*, 35 (1):1-26.
Siegler, R. S., y Crowley, K., 1991. «The microgenetic method: A direct means for studying cognitive development». *American Psychologist*, 46 (6): 60-620.
Siegler, R. S., y Jenkins, E., 1989. *How Children Discover New Strategies*. Erlbaum.
Siegler, R. S., y Robinson, M., 1982. «The development of numericlal understanding». En H. W. Reese y L. P. Lipsett (eds.), *Advances in Child Development and Behavior*, vol. 16. Academic.

Sigman, M., Mundy, P., Sherman, T., y Ungerer, J., 1986. «Social interactions of autistic, mentally retarded, and normal children and their calegivers». *Journal of Child Psychology and Psychiatry*, 27: 647-656.
Sinclair, H., 1971. «Sensorimotor action patterns as the condition for-the acquisition of syntax». En R. Huxley y E. Ingrams (eds.), *Language Acquisition: Models and Methods*. Academic Press.
—, 1987. Language: «A gift of nature or a homemade tool?». En S. Modgil y C. Modgil (eds.), *Noam Chomsky: Consensus and Controversy*. Falmer.
Sinclair, A., Siegrist, F., y Sinclair, H., 1983. «Young children's ideas about the written number systems». En D. Rogers y J. Sloboda (eds.), *The Acquisition of Symbolic Skills*. Plenum.
Skinner, B. F., 1953. *Science and Human Behaviour*. Macmillan.
Slater, A., 1988. «Habituation and visual fixation in infants: Information processing, reinforcement, and what else?» *Cahiers de Psychologie Cognitive*, 8: 517-523.
Slater, A., 1990. «Size constancy and complex visual processing at birth». Poster presentado en la Fourth European Conference on Developmental Psychology, University of Stirling.
Slater, A., y Bremner, J. G. (eds.), 1989. *Infant Development*. Erlbaum.
Slater, A., Earle, D. C., Morison, V., y Rose, D., 1985. «Pattern preferences at birth and their interaction with habituation-induced novelty preferences». *Journal of Experimental Child Psychology*, 39: 37-54.
Slater, A., y Morison, V., 1991. «Visual attention and memory at bilth». En M. J. Weiss y P. Zelazo (eds.), *Newborn Attention*. Ablex.
Slater, A., Morison, V., y Rose, D., 1983. «Perception of shape by the newborn baby». *British Journal of Developmental Psychology*, 1:135-142.
Slater, A., Morison, V., Somers, M., Mattock, A., Brown, E., y Taylor, D., 1990. «Newborn and older infants' perception of partly occluded objecls». *Infant Behaviour and Development*, 13: 33-49.
Slobin, D. I., 1973. «Cognitive prerequisites for the development of grammar». En C. A. Ferguson y D. I. Slobin (eds.), *Studies of Child Language Development*. Holt, Rinehart and Winston.
Slobin, D. I., 1985. «Crosslinguistic evidence for the language-making capacity». En Slobin, D. I. (ed.), *Crosslinguistic study of child language*. Erlbaum.
Smith, L., 1989. «In defense of perceptual similarity», comunicación presentada en el Biennial Meeting of the Society for Research in Child Development, Kansas City.
Soja, N., Carey, S., y Spelke, E., 1985. «Constraints on word learning», comunicación presentada en el Biennial Meeting of the Society for Research in Child Development, Toronto.
Sokol, S. M., Goodman-Schulman, R., y McCloskey, M., 1989. «In defense of a modular architecture for the number-processing system». *Journal of Experimental Psychology*, 118, no. 1: 105-110.
Sophian, C., y Adams, N., 1987. «Infants' understanding of numerical transformations». *British Journal of Developmental Psychology*, 5: 257-264.
Spelke, E. S., 1985. «Preferential-looking methods as tools for the study of cogni-

tion in infancy». En G. Gottlieb y N. A. Krasnegor (eds.), *Measurement of Audition and Vision in the First Year of Postnatal Life: A Methodological Overview.* Ablex.

—, 1988. «Where perceiving ends and thinking begins: The apprehension of objects in infancy». En A. Yonas (ed.), *Perceptual Development in Infancy.* Erlbaum.

—, 1990. «Principles of object perception». *Cognitive Science,* 14: 29-56.

—, 1991. «Physical knowledge in infancy: Reflections on Piaget's theory». En S. Carey y R. Gelman (eds.), *Epigenesis of the Mind: Essays in Biology and Knowledge.* Erlbaum.

Spelke, E. S., Breinlinger, K., Macomber, J., y Jacobson, K. «Origins of knowledge». *Psychological Review,* 99: 605-632.

Sperber, D., 1985. «Anthropology and psychology: Towards an epidemiology of representations». *Man,* 20: 74-89.

Sperber, D., y Wilson, D., 1986. *Relevance: Communication and Cognition.* Blackwell.

Spring, D. R., y Dale, P. S., 1977. «Discrimination of linguistic stress in early infancy». *Journal of Speech and Hearing Research* 20: 224-232.

Starkey, P., y Cooper, R. G., 1980. «Perception of number by human infants». *Science,* 200: 1.033-1.035.

Starkey, P., Gelman, R., y Spelke, E., 1983. «Detection of 1-to-1 correspondences by human infants». *Science,* 210: 1.033-1.035.

—, 1985. «Response to Davis, Albert & Baron's Detection of number or numerousness by human infants». *Science,* 228: 1.222-1.223.

Starkey, P., Spelke, E. S., y Gelman, R., 1983. «Detection of intermodal correspondences by human infants». *Science,* 222: 179-181.

—, 1990. «Numerical abstraction by human infants». *Cognition,* 36: 97-127.

Stich, S., 1983. *From Folk Psychology to Cognitive Science.* MIT Press.

Stiles-Davies, J., 1987. Comunicación presentada en el MacArthur Workshop on the Production of Drawing, San Diego.

Strauss, M. S., y Curtis, L. E., 1981. «Infants' perception of numerosity». *Child Development,* 52: 1146-1152.

—, 1984. «Development of numerical concepts in infancy». En C. Sophian (ed.), *Origins of Cognitive Skills.* Erlbaum.

Streri, A., y Spelke, E. S., 1988. «Haptic perception of objects in infancy». *Cognitive Psychology,* 20: 1-23.

Sullivan, J. W., y Horowitz, F. D., 1983. «The effects of intonation on infant attention: The role of the rising intonation contour». *Journal of Child Language,* 10: 521-534.

Swischer, L. P., y Pinsker, E. J., 1971. «The language characteristics of hyperverbal, hydrocephalic children». *Developmental Medicine and Child Neurology* 13: 746-755.

Tager-Flusberg, H., 1989. «An analysis of discourse ability and internal state lexicons in a longitudinal study of autistic children», comunicación presentada en el Biennial Meeting of Society for Research in Child Development, Kansas City.

Tager-Flusberg, H., Calkins, S., Nolin, T., Baumberger, T., Anderson, M., y Chad-

wick-Dias, A., 1990. «A longitudinal study of language acquisition in autistic and Down Syndrome children». *Journal of Autism and Developmental Disorders,* 20: 1-20.
Tanz, C., 1980. *Studies in the Acquisition of Deictic Terms.* Cambridge University Press.
Taylor, M., y Gelman, S. A., 1988. «Adjectives and nouns: Children's strategies for learning new words». *Child Development,* 59: 411-419.
Tew, B., 1979. «The "cocktail party syndrome" in children with hydrocephalus and spina bifida». *British Journal of Disorders of Communication,* 14: 89-101.
Thelen, E., 1989. «Self-organization in developmental processes: Can systems approaches work?». En M. Gunnar y E. Thelen (eds.), *Systems and Development. Minnesota Symposium in Child Psychology,* vol. 22. Erlbaum.
Thibadeau, R., Just, M. A., y Carpenter, P. A., 198Z. «A model of the time course and content of reading». *Cognitive Science,* 6:157-203.
Tolchinsky-Landsmann, L., 1986. «Literacy development and pedagogical implications: Evidences from the Hebrew written system», comunicación presentada en el World Congress of International Reading Association, Londres.
—, 1990. «Early writing development: Evidence from different orthographic systems». En M. Spoolders (ed.), *Literacy Acquisition.*
Tolchinsky-Landsmann, L., y Karmiloff-Smith. A., 1992. «Children's understanding of notations as domains of knowledge versus referential-communicative tools». *Cognitive Development,* 7, núm. 3: 287-300.
Tolchinsky-Landsmann, L., y Levin, I., 1985. «Writing in preschoolers: An age related analysis». *Applied Psycholinguistics,* 6: 319-339.
—, 1987. «Writing in four to six years old: Representation of semantic and phonetic similarities and differences». *Journal of Child Language,* 14: 127-144.
Tollefsrud-Anderson, L., Campbell, R. L., Starkey, P., y Cooper, R. G., 1994. «Number conservation: Distinguishing quantifier from operator solutions». En C. Meljac y J. Bideaud (eds.), *Pathways to Number.* Erlbaum.
Trevarthen, C., 1987. «Sharing makes sense: Intersubjectivity and the making of an infant's meaning». En K. Steele y T. Threadgold (eds.), *Language Topics: Essays in Honour of Michael Halliday.* Benjamins.
Tunmer, W. E., Bowey, J. A., y Grieve, R., 1983. «The development of young children's awareness of the word as a unit of spoken language». *Journal of Psycholinguistic Research,* 12: 567-594.
Turkewitz, G., y Kenny, P. A., 1982. «Limitations on input as a basis for neural organization and perceptual development: A preliminary theoretical statement». *Developmental Psychobiology,* 15: 357-368.
Tyler, L. K., 1981. Syntactic and interpretative factors in the development of language comprehension». En W. Deutsch (ed.), *The Child's Construction of Language.* Academic.
—, 1983. «The development of discourse mapping processes: The online interpretation on anaphoric expressions». *Cognition,* 13: 309-341.
—, 1988. «Spoken language comprehension in a fluent aphasic patient». *Cognitive Neuropsychology,* 5: 375-400.

—,1992. *Spoken Language Comprehension: An Experimental Approach to Disordered and Normal processing.* MIT Press.
Tyler, L. K., y Marslen-Wilson, W. D., 1978. «Some developmental aspects of sentence processing and memory». *Journal of Child Language,* 5: 113-129.
—, 1981. «Children's processing of spoken language». *Journal of Verbal Learning and Verbal Behaviour,* 20: 400-416.
Udwin, O., Yule, W., y Martin, N., 1987. «Cognitive abilities and behavioural characteristics of children with ideopathic infantile hypercalcaemia». *Journal of Child Psychology and Psychiatry,* 28: 297-309.
Udwin, O., y Yule, W., 1991. «A cognitive and behavioural phenotype in Williams Syndrome». *Journal of Clinical and Experimental Neuropsychology,* 2: 232-244.
Valian, V., 1986. «Syntactic categories in the speech of young children». *Developmental Psychology,* 22: 562-579.
—, 1990. «Null subjects: A problem for parameter-setting models of language acquisition». *Cognition,* 35: 105-122.
Van Geehrt, P., 1991. «A dynamic systems model of cognitive and language growth». *Psychological Review,* 98: 3-53.
Van Sommers, P., 1984. *Drawing and Cognition: Descriptive and Experimental Studies of Graphic Production Processes.* Cambridge University Press.
Vinter, A., 1984. *L'Imitation chez le Nouveau-né.* Delalchaux & Niestlé.
—, 1986. «The role of movement in eliciting early imitation». *Child Development,* 57: 66-71.
von Glaserfeld, H., 1982. «Subitizing: The role of figural patterns in the development of numerical concepts». *Archives de Psychologie,* 50: 191-218.
Vygotski, L., 1962. *Thought and Language.* MIT Press. (Trad. castellana: *Pensamiento y lenguaje,* Buenos Aires, La Pléyade; trad., castellana de la versión original rusa de 1982: Madrid, Visor, 1993.)
Warden, D. A., 1976. «The influence of context on children's use of identifying expressions and references». *British Journal of Psychology,* 67: 101-112.
Waxman, S. R., 1985. «Hierarchies in Classification and Language: Evidence from Preschool Children», tesis doctoral, University of Pennsylvania.
Wellman, H. M., 1983. «Metamemory revisited». En M. T. H. Chi (ed.), *Trends in Memory Development.* Karger.
—, 1988. «First steps in the child's theorizing about the mind». En J. W. Astington, P. L. Harris y D. R. Olson (eds.), *Developing Theories of Mind.* Cambridge University Press.
—, 1990. *The Child's Theory of Mind.* MIT Press.
Wellman, H. M., y Miller, K. G., 1986. «Thinking about nothing: Development of concepts of zero». *British Journal of Developmental Psychology,* 4: 31 42.
Wilks, Y., 1982. «Machines and Consciousness». Informe CSCM-8, Cognitive Studies Centre, University of Essex.
Willats, J., 1977. «How children learn to draw realistic pictures». *Quarterly Journal of Experimental Psychology,* 29: 367-382.
Willats, P. 1989. «Development of problem-solving». En A. Slater y J. G. Bremner (eds.), *Infant Development.* Erlbaum.

Wimmer, H., Hogrefe, J., y Sodian, B., 1988. «A second stage in the child's conception of mental life: Understanding informational access as a source of knowledge». En J. Astington, P. Harris, y D. Olson (eds.), *Developing Theories of Mind.* Cambridge University Press.
Wimmer, H., y Perner, J., 1983. «Beliefs about beliefs. Representation and constraining function of wrong beliefs in young children's understanding of deception». *Cognition,* 13: 103-128.
Winner, E., y Gardner, H., 1977. «The comprehension of metaphor in brain damaged patients». *Brain,* 100: 717-729.
Wynn, K. 1990. «Children's understanding of counting». *Cognition,* 36: 155-193.
Zaitchik, D., 1990. «When representations conflict with reality: The preschooler's problem with false beliefs and "false" photographs». *Cognition,* 35: 41-68.
—, 1991. «Is only seeing really believing?». Sources of true belief in the false belief task. *Cognitive Development,* 6 (1): 91-103.
Zaslavsky, C., 1973. *Africa Counts.* Prindle, Weber & Schmidt.

ÍNDICE ANALÍTICO

Abrahamsen, A., 49, 216, 217, 221.
Acceso consciente al conocimiento, 19-20, 33-36, 42, 43, 46, 71-76, 78, 83, 192, 203, 205, 228-230.
Acción y reacción, 109-110.
Actitudes y contenidos proposicionales, 157-161, 164, 167, 169.
Activación cerebral, estudios de, 22, 98.
Adquisición del conocimiento, diferentes formas de, 34-35.
Ambiente, papel del, 59, 63, 150, 153, 177, 201, 225, 230-231, 237.
Anderson, J. R., 19.
Animado/inanimado, distinción, 107-111, 150.
Antell, E., 125-126.
Arquitectura de von Neumann, 217.
Artículos, adquisición de los, 78-85.
Astington, J. 166.
Atención conjunta, 152-153.
Au, T. K., 135.
Autismo, 26, 147, 151-153, 162, 171-172, 207-208.
Autocorrecciones lingüísticas, 84-87.

Baillargéon, R., 54, 102-104, 105, 111-112.
Baron-Cohen, S., 152, 153, 163, 170.
Bates, E., 153, 212, 216.
Bechtel, W., 49, 216, 217, 221.
Beilin, H., 213.

Bellugi, U., 56, 175, 207, 210.
Bever, T. G., 123, 139, 225.
Bialystok, E., 137, 140, 176.
Bloom, L., 60, 64.
Bloom, P., 67.
Bolger, F., 192.
Bootstrapping, 68-70.
  Ver Facilitación.
Broughton, J., 148.
Brown, A. L., 151.
Bruner, J. S., 18, 152, 153, 200.
Bryant, P., 122, 131-133.
Butterworth, G., 102, 152, 153.

Cambio conductual, 38-39, 212, 213.
Caras, reconocimiento de, 26, 149, 207, 208.
Carey, S., 35, 62, 63, 110, 142, 148, 151.
Carraher, T. N., 138, 139.
Ceguera y aprendizaje del lenguaje, 63, 69.
Cerebro, crecimiento y estadios, 206.
Chandler, M. J., 148, 166.
Changeux, J. P., 28, 34.
Chiat, S., 60.
Chimpancé, 17, 29, 51-52, 88, 89, 156, 157, 173, 174, 206, 235-237.
  Ver también Especies no humanas.
Chomsky, N., 26, 28, 34, 55, 67, 88, 99.
Clark, A., 48, 49, 231, 232.
Clark, E. V., 62, 63.
Clase abierta, palabras de, 75-78.

Codificación múltiple, 43, 52, 79, 84-85, 223, 224, 229, 231-232, 236.
Cohen, S., 192.
Cole, M., 138, 153.
Conciencia metalingüística, 51-53, 71-74, 89, 208.
Conductismo: su visión del desarrollo, 25, 45, 75.
Conexionismo:
arquitectura básica del, 217-220.
y cambio madurativo, 220-221.
críticas del, 219, 221-222, 224, 228-232.
y especificidad de dominio, 221-222.
e innotismo, 220-221.
y maestría conductual, 22-223.
y representaciones explícitas, 228-230.
Conocimiento de los bebés, su estatus representacional, 104, 106, 203.
Conocimiento verbalmente expresable, 83-85, 191.
Constructivo, 27-29, 204, 211, 216.
Creatividad del conocimiento humano, 23, 27, 35, 39, 52, 53, 65, 193, 201-202, 228-229, 235-238.
Creencia falsa, 41, 163-169.
Cultura, 153-154.

Dawson, G., 152.
Déficits pragmáticas, 171, 208.
Dennett, D., 148, 164, 231.
Dependencia de la estructura:
sensibilidad infantil a, 58-59, 66-68.
en modelos conexionistas, 223-228.
Desarrollo anormal, 26, 147, 150-153, 162, 171-172, 183, 184, 206-210.
Desarrollo, principios generales frente a mecanismos específicos, 215-216.
Despliegue genético frente a dinámica epigenética, 21-22, 28-29.
Diagramas de flujo, 216, 232-233.
Diamond, A., 105.
Dibujo y escritura, 177-180.
Dominio, 23-24, 203-204.
Ver también Microdominio.
Dominio específico, perspectiva sobre el desarrollo, 22, 25-27, 53, 56-62, 93-101, 124-127, 149-151, 176-178, 204-205.
en el desarrollo anormal, 210.
y conexionismo, 217-222.
Dominio general y perspectiva sobre el desarrollo, 18, 24-25, 53-56, 91, 119-121, 148, 175-176, 204-205, 220.
Donaldson, M., 121-122.
Down, síndrome de, 26, 209, 210.

Elman, J., 219, 221, 223-228.
Emergentes, propiedades, 27, 213.
En directo y procesamiento, 21, 40, 47, 48, 71, 76-77, 208-210, 212, 228, 232.
Encapsulamiento informativo, 19, 21, 221.
Endógeno, cambio de origen, 34, 38, 45, 188, 201-202.
Engaño:
en especies no humanas, 154-157.
en niños, 162-163.
Epigénesis, 27, 28, 34, 153-155, 211, 216.
Escritura y dibujo de ficción, 178-180.
Especies no humanas, 20, 51-52, 149, 155-159, 161, 173-174, 211, 235-237.
Estado mental, verbos de, 158-161, 166.
Estados mentales, 147, 153, 155, 156.
Exógeno, cambio de origen, 34, 37, 45-46, 188, 202.
Explícitas, representaciones, 35-37, 41-42, 83, 164-167, 169-171, 180-182, 191, 228-232, 235-236.

Facilitación semántica y sintáctica.
Farah, M., 208.
Feldman, H., 60, 205.
Ferreiro, 55, 175-176, 179.
Flavell, J., 148, 166.
Flexibilidad del conocimiento humano, 23, 26, 27, 35, 40, 52, 53, 66, 193, 201, 228, 236.
Flexibilidad inter-representacional, 40, 42, 46, 193-194, 236.
Fodor, J. A., 17-24, 28, 148, 151, 204, 221.
Fodor, J. D., 67.
Forguson, L., 166.
Freeman, N., 201, 202.
Frydman, O., 131-133.

Funciones discursivas de los marcadores lingüísticos, 85-88.
    conocimiento metalingüístico de las, 86-88, 230.
Fuson, K. C., 131.

Gallistel, C. R., 19, 119, 124, 128-131, 133-134, 138-139, 144-145, 173.
Gardner, H., 208.
Gelman, R., 26, 108-110, 117, 119, 122, 124, 128-141, 150.
Género gramatical, 222.
Gerhart, J., 161, 166.
Gerken, L. A., 79.
Gestalt, principios perceptivos, 95-97.
Gestos y lenguaje de signos, 59-61.
Gilliéron, C., 200.
Gleitman, L., 59, 62, 68-70.
Gold, R. S., 123, 124.
Goldin-Meadow, S., 60.
Gómez, J. C., 157.
Gopnik, A., 166.
Gramatical, conocimiento:
    en niños, 51-53, 71-74, 89, 207-208.
    en sistemas conexionistas, 225-228.
Grant, J., 209, 210.
Gravedad y relaciones de soporte:
    en niños mayores, 111-116.
    en simulaciones conexionistas, 219-220, 225-228.
    sensibilidad de los bebés a, 101, 112.
Greenfield, P. M., 200.
Greenough, W. T., 211.

Habituación/desahabituación, paradigma de, 30-33, 177.
Hall, D. G., 62, 65, 135.
Harris, P. L., 103.
Hermelin, B., 35, 137.
Hirsh-Pasek, K., 59, 66-68.
Horn, G., 149.
Hoyles, C., 119.
Hughes, M., 137, 179.
Humor en la infancia, 154.
Icónico-esquemáticos, formatos representacionales, 63, 64, 70, 105.

«Idiotas sabios», 26, 183.
Ilusión de Müller-Lyer, 19.
Impenetrabilidad cognitiva: *ver* encapsulamiento informativo.
Implícitas, representaciones, 82, 83, 180-181, 190, 192, 199-200, 203, 220, 223-228, 231.
Impronta, 149.
Informe verbal, 41-43, 223, 225, 229.
    Ver también Metaconocimiento.
Inhelder, B., 112, 113, 200.
Innotismo, 18, 21-22, 26, 29, 230, 237.
    Ver también Predisposiciones.

Johnson, M. H., 21, 28, 33, 99, 149, 211.
Juego de ficción, 41, 54, 159-162, 165-168.
Jusczyk, P. W., 58, 216.

Karmiloff-Smith, A., 48, 60, 72, 76, 79, 80, 85-87, 112, 113, 117, 118, 121, 137, 142, 174, 178, 180, 186-188, 192, 195-197, 208, 210.
Katz, N., 66.
Kazak, S., 162.
Klahr, D., 35, 48, 123, 212, 215-216.
Klima, E., 175, 210.
Klin, A., 151.
Kuhn, D., 35, 212.
Kuhn, T., 115.

Lachter, J., 225.
Landau, B., 69.
Laszlo, J., 174.
Lenguaje de signos, 60-61, 72, 73, 174, 175.
Lenguaje del pensamiento, 21.
Lesiones cerebrales:
    en adultos, 26, 152, 183, 207.
    en niños, 26, 147, 151-153, 162, 171-172, 183, 206-210.
Leslie, A. M., 148, 159-162, 169-171, 205.
Li, K., 192.

MacWhinney, B., 212.
Maestría conductual, 35, 44, 45, 46, 70-71, 74, 81, 185, 191-194, 209, 220, 222-223, 236.
    Ver también modelo 22.

Mandler, G., 128.
Mandler, J. M., 54, 63, 64, 71, 97, 98, 102, 105, 107, 175.
Maratsos, M., 79.
Marchmann, V., 221.
Markman, E. M., 62, 64-65, 122, 135.
Marler, P., 28, 203, 235, 237.
Marshall, J., 183.
Marslen-Wilson, W. D., 23, 86.
Massey, C., 108, 110, 150.
McClelland, J. L., 212, 216-219, 230, 231.
McShane, J., 64.
Mehler, J., 47, 58, 59, 216.
Meltzoff, A. N., 54, 205.
Metaconocimientos, 42-43, 70, 167-169, 208.
Metarrepresentación, 159, 169-170.
Microdominio, 23, 24, 36-37, 231.
Millan, S., 162.
Modelo de estadios del desarrollo, 24, 29, 37, 206, 212, 213, 216-217.
Modelo fásico del desarrollo, 44-45.
Modelos híbridos, 232.
Modularidad y especificidad de dominio, 57, 203-204.
Módulos:
   y conexionismo, 225.
   definición de Fodor, 17-21, 161.
   preespecificados frente a proceso de modularización, 21-23, 27, 28, 53, 57-59, 61-62, 125-126, 150, 151, 161, 184, 204, 207, 222.
   y teoría de la mente, 151.
Morton, J., 149, 211, 216.
Mundo mental y mundo físico, 148, 151, 152, 155.
Mundy, P., 152.

Nelson, K., 64, 216.
Neoprogetianos, 220.
Neuropsicología:
   de adultos, 26, 207-208.
   de usuarios de lenguaje de signos, 61.
   del desarrollo, 26, 206-210.
Neville, H. J., 21, 28.
Newport, E., 60, 73.
Norris, R., 62.

Objetos, percepción de, 93-95, 99.
Off-line, véase Reflexión en diferido.
Olson, D. R., 147, 160, 166, 167, 174.
On-line, véase En directo.
Ordenador, simulación del desarrollo por:
   enfoque simbólico, 215-217.
   enfoque conexionista, 217-233.
Ordenadores, 48.
Output, véase Salida.
Oyama, S., 28.

Palabras:
   conocimiento metalingüístico de los niños sobre, 75-78, 229.
Palabras de clase cerrada, 75-78.
Paradigma de atención preferente, 32-33, 59, 60, 67, 68, 151.
Paradigmas experimentales para el estudio de los bebés, 30-33, 177.
Parisi, D., 212.
PDP:
   postulados de desarrollo presuntuosos, 217.
   postulados de desarrollo prometedores, 217.
   procesamiento distribuido en paralelo, 217-219.
Pemberton, E., 202.
Permanencia del objeto, 92-93, 101-103.
Perner, J., 163, 166-171, 191, 205, 208.
Peters, A., 75.
Petitto, L. A., 60, 138.
Piaget, J. y teoría piagetiana, 18, 22, 24-31, 37, 53-55, 91-93, 109, 113, 119-121, 127, 138, 140, 147, 148, 151, 158-162, 176, 187, 200, 203-206, 210-213, 216.
Piatelli-Palmerini, M., 34, 216.
Pinker, S., 69, 216.
Plasticidad del desarrollo cerebral temprano, 21, 28, 34, 211.
Plunkett, K., 221.
Poizner, H., 28.
Predisposiciones, 17, 22, 33-34, 56, 203, 205.
   y conexionismo, 219-220.
Predisposiciones innatas, 17, 22.
Preferencia de la lengua materna, 58-59.

Preferencia de la voz maternal, 151.
Procedimiento compilado, 199-200.
Procesos metaprocedimentales, 191.
Producto frente a proceso, 179. 201.
Propagación hacia atrás, 218.
Protodeclarativos, 152-153, 157.
Protoimperativos, 152-153, 157.
Psicología de creencias y deseos, 163-164.
Psicología del sentido común, 147, 151, 169.
Pylyshyn, Z. W., 18.

Reconocimiento de congéneres: 148-151.
Recuento, principios del, 129-131.
Reddy, V., 154, 155.
Redescripción representacional (RR), 33-46, 63, 64, 87, 116, 140-141, 192-200, 205, 229-230.
Redescripciones reducidas: *ver* Representaciones comprimidas.
Reflexión en diferido: 76-77, 210.
Reichmann, R., 86.
Representación simbólica en niños, 54, 63-65, 70, 96-98, 102-106, 175-176.
Representaciones: *ver* Explícitas e Implícitas.
Representaciones codificadas lingüísticamente, 42-43, 165, 200, 223-224, 231-232, 236.
Representaciones comprimidas, 48.
Representaciones de segundo orden, 159-161.
Representaciones desacopladas, 159-160.
Representaciones distribuidas, 217-219.
Representaciones locales, 217.
Representaciones procedimentales, 19, 35-37, 39, 40, 44, 59, 71-73, 77, 81-82, 192-194, 198-200.
Representaciones sensoriomotrices, 27-30, 53-56, 68.
Resnick, L. B., 136-137, 139.
Restricciones:
    deterministas, 65.
    sobre el desarrollo, 30.
    sobre el lenguaje, 56, 229.
    probabilistas, 65.
    sobre la redescripción representacional, 39-40, 44-45, 192-198, 205, 230.
    semánticas, 62.
    sintácticas, 66-68.
    sobre la escritura y el número, 181.
Restricciones secuenciales, 199-201.
Restricciones sobre su aprendizaje, 62-66.
Ristau, C. A., 155.
Rumelhart, D. E., 217.
Rutkowska, J. C., 48.

Salida, sistemas de, 28.
Schank, R., 216.
Schultz, T., 220, 230.
Seidenberg, M., 88.
Sensibilidad de los bebés a la lengua materna, 58-59.
Shallice, T., 26, 208.
Shatz, M., 192.
Siegler, R. S., 113, 117, 123, 132, 212, 230.
Sigman, M., 152.
Sinclair, A., 137, 179.
Sinclair, H., 55, 56, 137.
Síndrome de Williams, 26, 183, 207-210.
Sistemas centrales, 19-21.
Sistemas de producción, 216.
Sistemas dinámicos, 212, 216, 219, 226-229, 232.
Sistemas no lineales, 217-220.
Slater, A., 31, 97, 99, 102, 103, 176, 177.
Slobin, D. I., 82.
Smith, L., 108.
Sordos, 28, 59-61, 174-175.
Spelke, E. S., 26, 28, 46, 47, 93, 94, 96-101, 103-105, 135.
Sperber, D., 171.
Starkey, P., 126, 127, 129.
Strauss, M. S., 146.
Subilización, 128.

Tager-Flusberg, H., 152.
Tanz, C., 60, 79.
Teberosky, A., 175.
Thelen, E., 28, 212, 219.
Teoría de la mente:
    como módulo, 160-161.

en especies no humanas, 155-158.
enfoque de dominio específico, 148-151.
enfoque de dominio general, 167-171.
enfoque piagetiano, 148.
y construcción general de teorías, 171-172.
y el lenguaje, 161-163.
Teorías, construcción de, 34, 41, 51, 73, 77, 89, 105-106, 109-110, 112-118, 171-172, 212-213.
Tolchinsky-Landsmann, L., 137, 174, 176-180.
Tollefsrud-Anderson, L., 123, 140.
Trevarthen, C., 153.
Tyler, L. K., 23, 86, 208.

U, desarrollo en forma de, 38-40, 72-73.
Udwin, O., 56, 207.

Valian, V., 60.
van Geehrt, P., 216-217.

Violaciones:
de las descripciones verídicas del mundo, 164.
de las expectativas como forma de humor, 154-155.
de las fronteras entre escritura, número y dibujo, 193.
de los sistemas de escritura y número, 180-182.
Vygotski, L., 153.

Warden, D., 79.
Wellman, H. M., 142, 166.
Willats, P., 104.
Wilson, D., 171.
Wimmer, H., 163, 166.
Wynn, K., 131.

Zaitchik, D., 162-163.